胸怀天下 大国担当

人民日报国际评论「和音」

人民日报国际部◎编

人民日报出版社

北 京

图书在版编目（CIP）数据

胸怀天下　大国担当：人民日报国际评论"和音"/
人民日报国际部编 .—北京：人民日报出版社，
2023.11

ISBN 978-7-5115-8032-0

Ⅰ.①胸…　Ⅱ.①人…　Ⅲ.①时事评论—世界—文集
Ⅳ.① D5-53

中国国家版本馆 CIP 数据核字（2023）第 200196 号

书　　　名：胸怀天下　大国担当：人民日报国际评论"和音"
　　　　　　XIONGHUAI TIANXIA　DAGUO DANDANG：RENMIN RIBAO GUOJI PINGLUN "HEYIN"
编　　　者：人民日报国际部

出 版 人：刘华新
责任编辑：蒋菊平　李　安
版式设计：九章文化

出版发行：人民日报出版社
社　　　址：北京金台西路 2 号
邮政编码：100733
发行热线：（010）65369509　65369527　65369846　65369512
邮购热线：（010）65369530　65363527
编辑热线：（010）65369528
网　　　址：www.peopledailypress.com
经　　　销：新华书店
印　　　刷：大厂回族自治县彩虹印刷有限公司
法律顾问：北京科宇律师事务所　（010）83622312

开　　　本：710mm×1000mm　1/16
字　　　数：273 千字
印　　　张：16.75
版次印次：2024 年 2 月第 1 版　　2024 年 2 月第 1 次印刷

书　　　号：ISBN 978-7-5115-8032-0
定　　　价：48.00 元

目录

第三章　从历史和哲学高度回答时代之问

第四章　彰显理性、自信、负责任的大国担当

第五章　推动全球发展事业不断向前

第六章　为动荡变化的世界注入更多稳定性

第七章 "中国之治"有着坚实的民主基础

壹

中国特色大国外交砥砺前行

我们全面推进中国特色大国外交，推动构建人类命运共同体，坚定维护国际公平正义，倡导践行真正的多边主义，旗帜鲜明反对一切霸权主义和强权政治，毫不动摇反对任何单边主义、保护主义、霸凌行径。

书写构建人类命运共同体的新篇章

中国将继续与各方携手，站在历史正确的一边，站在人类进步的一边，为实现世界永续和平发展，为推动构建人类命运共同体而不懈奋斗

"世界各国风雨同舟、团结合作，才能书写构建人类命运共同体的新篇章。"在二〇二二年新年贺词中，习近平主席如是阐述应对时代挑战、共创美好未来的中国主张。新的一年，胸怀天下、面向未来的中国，将以更开阔的格局、更高远的志向、更坚定的行动同各国携手前行，为充满不稳定性不确定性的世界走向光明未来贡献力量。

2021年，一个充满嬗变与挑战的年份。世纪疫情延宕反复，经济复苏艰难曲折，国际形势变乱交织。"世界怎么了、我们怎么办"的时代之问萦绕世人脑海，时代课题摆在所有国家面前。纵使世事纷繁、暗流涌动，历史前进的步伐不会停止，人类渴求进步的梦想不曾褪色。新冠病毒频繁变异，团结合作必将构筑起坚强防线；供应链产业链阻点频现，世界走向开放合作的大势不可阻挡；环境气候挑战迫在眉睫，改变地球未来的行动共识正在不断扩大；分裂世界的地缘政治威胁抬头，多边主义成为越来越多国家的坚定选择。

2021年，是党和国家历史上具有里程碑意义的一年。中国共产党迎来百年华诞，中共十九届六中全会通过中国共产党第三个历史决议；第一个百年奋斗目标胜利实现，在中华大地全面建成小康社会，历史性地解决了绝对贫困问题；"十四五"开局良好，中国迈上全面建设社会主义现代化国家新征程。在全球视线中，中国共产党带领亿万人民创造彪炳史册的光辉成就，为人类发展进步事业作出重要贡献。新时代的中国踔厉奋发、笃行不怠，在世界大变局中开创新局、在世界乱局中化危为机，为破解时代难题、拓展发展新机带来了宝

贵启示。

"中国好，世界才更好"的认识更加深入人心。"我同外国领导人及国际组织负责人电话沟通、视频连线时，他们多次赞扬中国抗疫和为全球疫情防控所作的贡献。截至目前，中国累计向 120 多个国家和国际组织提供 20 亿剂新冠疫苗。"正如习近平主席所说，全球抗疫中的中国贡献无可替代，践行构建人类命运共同体理念的中国行动无比坚定。

大国要有大国的样子，要展现更多责任担当。世界进入动荡变革期，中国的积极作为弥足珍贵。面对冷战思维回潮，中国高举多边主义火炬，倡导全人类共同价值，坚定维护以联合国为核心的国际体系和以国际法为基础的国际秩序；面对"筑墙""脱钩"带来的分裂威胁，中国坚持主动扩大高水平开放，为世界带来"开放的春风"；面对日益突出的全球发展瓶颈，中国倡导各国坚持以人民为中心，提出并推进落实全球发展倡议，短短 3 个多月就得到联合国机构等国际组织以及近百个国家的响应支持；面对气候变化等全球性挑战，中国主张各国利益共生、权利共享、责任共担，引领国际社会形成共建美好世界的最大公约数。

再过一个多月，北京冬奥会、冬残奥会就要开幕了。举办一届彰显友谊与团结精神的奥运盛会，世界对中国充满期待，中国已经做好准备。从"一起向未来"的主题口号中，人们普遍感受到信心与暖意。人类只有一个地球，人类也只有一个共同的未来。面对共同挑战，人类只有和衷共济、和合共生这一条出路。新年已经到来，新征程已经开启。中国将继续与各方携手，站在历史正确的一边，站在人类进步的一边，为实现世界永续和平发展，为推动构建人类命运共同体而不懈奋斗。

《人民日报》（2022 年 01 月 02 日　第 02 版）

以实际行动推动构建人类命运共同体

循正道、应潮流、顺民心，中国特色大国外交之路定能越走越宽广

外交是国家意志的集中体现，外交风范展现着一个国家的国家形象、价值理念和精神特质。党的十八大以来，在以习近平同志为核心的党中央坚强领导下，中国特色大国外交全面推进，展现出与时俱进、担当有为、开放包容的中国特色、中国风格、中国气派，赢得国际社会广泛赞誉，显著提升了中国的国际影响力、感召力、塑造力。

中国特色大国外交彰显守正创新的大国气派。从中华优秀传统文化"义以为上""亲仁善邻"等理念中汲取智慧启示，中国提出真实亲诚理念、正确义利观、亲诚惠容周边外交理念、共建"一带一路"倡议、全球发展倡议、全球安全倡议等新理念新主张新倡议；继承和发展新中国外交基本原则和优良传统，中国鲜明提出推动建设新型国际关系、推动构建人类命运共同体、弘扬全人类共同价值等重要理念和主张。在波澜壮阔的外交实践中，中国特色大国外交坚持以对外工作优良传统和时代特征相结合为方向塑造中国外交的独特风范，为中国外交注入丰富的时代内涵。

中国特色大国外交坚持立己达人的世界情怀。中国共产党是为中国人民谋幸福的政党，也是为促进人类进步事业而奋斗的政党。无论国际风云如何变幻，中国始终是世界和平的建设者、全球发展的贡献者、国际秩序的维护者。一次又一次在国际舞台上响亮回答时代之问，汇聚起推动世界和平发展的磅礴力量；一批又一批中国"蓝盔"为世界和平英勇出征，被誉为"维和行动的关键因素和关键力量"；一个又一个共建"一带一路"项目落地生根，结出造福共建国家人民的累累硕果……中国特色大国外交以行践言，生动诠释"世界好，中国才能好;中国好,世界才更好"。

中国特色大国外交拥有开放包容的宽广胸襟。建设开放包容的世界是推动构建人类命运共同体的题中应有之义。经济层面,中国倡导同舟共济,促进贸易和投资自由化便利化,推动经济全球化朝着更加开放、包容、普惠、平衡、共赢的方向发展;文明层面,中国倡导尊重世界文明多样性,以文明交流超越文明隔阂、文明互鉴超越文明冲突、文明共存超越文明优越;国际关系层面,中国积极发展全球伙伴关系,建立起全方位、多层次、立体化的对外关系新格局;全球治理层面,中国倡导坚持真正的多边主义,以公平正义为理念引领全球治理体系变革。中国以更加开放包容的姿态加强同世界各国的互容、互鉴、互通,以实际行动推动构建人类命运共同体。

中国特色大国外交展现重情尚义的崇高品格。中国外交有原则、重情谊、讲道义、谋公正。一封封真挚的回信、一次次亲切的互动,习近平主席亲自推动民心相通,赋予中国特色大国外交丰富的人文情怀。在全球100多个国家和地区,一株株菌草成为"致富草",被誉为"生活的新希望";向120多个国家和国际组织提供超过22亿剂新冠疫苗,中国为弥合全球"免疫鸿沟"贡献重要力量……面对变乱交织的世界,中国特色大国外交传递着温暖与希望,为共创人类美好未来注入信心和力量。

为人民谋幸福、为民族谋复兴、为世界谋大同,这是中国共产党的天下情怀,也是中国特色大国外交的使命担当。循正道、应潮流、顺民心,中国特色大国外交之路定能越走越宽广,为推动构建人类命运共同体、促进世界和平与发展作出新的更大贡献。

《人民日报》(2022年06月23日　第07版)

行大道　利天下　得人心

新时代的中国外交之所以取得举世瞩目的成就，一个重要原因是在变乱交织的时代背景下为国际社会共克时艰、携手前进发挥了重要引领作用

党的十八大以来，在以习近平同志为核心的党中央坚强领导下，中国特色大国外交踔厉奋发、攻坚克难，取得了全方位、开创性历史成就。构建人类命运共同体成为引领时代潮流和人类前进方向的鲜明旗帜，高质量共建"一带一路"为共建国家发展注入重要动力，全球发展倡议在关键时刻引领国际社会重振全球发展事业，全球安全倡议为应对国际安全挑战提供综合方案……新时代的中国始终把自身发展置于人类发展的宏大坐标系，不断汇聚中国人民与世界人民利益的最大公约数，坚定不移站在历史正确的一边，站在人类进步的一边，行大道、利天下、得人心。

伟大的事业之所以伟大，不仅因为这种事业是正义的、宏大的，而且因为推进这种事业就必须战胜与之相伴的巨大困难和挑战。新时代的中国外交之所以取得举世瞩目的成就，一个重要原因是在变乱交织的时代背景下为国际社会共克时艰、携手前进发挥了重要引领作用。十年来，国际形势复杂严峻，风险挑战前所未有。国际力量对比深刻调整，单边主义、保护主义、霸权主义、强权政治对世界和平与发展威胁上升，逆全球化思潮上升，世界进入新的动荡变革期。站在历史十字路口，直面重重时代挑战，中国坚持开放、不搞封闭，坚持互利共赢、不搞零和博弈，坚持主持公道、伸张正义，始终是世界和平发展的正能量。

新时代的中国提出构建人类命运共同体理念，引领国际社会准确把握历史大势，开辟通往光明未来的正确道路。构建人类命运共同体理念顺应各国相互

联系和彼此依存比过去任何时候都更频繁、更紧密的时代现实，为徘徊于十字路口的世界指明了前进方向。自提出这一重大理念以来，中国不断对其内涵进行丰富完善，明确建设相互尊重、公平正义、合作共赢的新型国际关系，擘画建设持久和平、普遍安全、共同繁荣、开放包容、清洁美丽的世界的总体布局，提出各方向各领域的命运共同体建设目标，让这一重大理念凝聚起更大的国际共识，为人类进步事业发挥更加突出的引领作用。联合国秘书长古特雷斯指出，"我们践行多边主义的目的，就是要构建人类命运共同体"。

新时代的中国积极践行人类命运共同体理念，以实际行动维护世界和平与发展，推动历史车轮向着光明的目标前进。不畏险阻才能实现梦想，行而不辍才能抵达远方。构建人类命运共同体，关键在行动。十年来，中国积极参与全球治理体系改革和建设，坚定维护以联合国为核心的国际体系、以国际法为基础的国际秩序、以联合国宪章宗旨和原则为基础的国际关系基本准则，坚定维护和践行真正的多边主义，积极推动经济全球化朝着更加开放、包容、普惠、平衡、共赢的方向发展。中国积极推动政治解决国际和地区热点问题，深入参与气候变化、减贫、反恐、维护网络安全等领域国际合作。中国开展抗击新冠肺炎疫情国际合作，发起新中国成立以来最大规模的全球紧急人道主义行动，向众多国家特别是发展中国家提供物资援助、医疗支持、疫苗援助和合作。今天，中国作为世界和平建设者、全球发展贡献者、国际秩序维护者的国际形象更加深入人心。国际社会更加深刻地认识到，中国发展是属于全人类进步的伟大事业。

习近平总书记指出："我们生活的世界充满希望，也充满挑战。我们不能因现实复杂而放弃梦想，不能因理想遥远而放弃追求。"当前，百年变局和世纪疫情叠加影响，国际形势中不稳定、不确定、不安全因素日益突出。但是，和平与发展的时代主题没有变，各国人民对美好生活的追求没有变，国际社会同舟共济、合作共赢的历史使命也没有变。新的征程上，中国将继续同国际社会一道，汇聚合作共赢的伟力，战胜前进道路上的各种挑战，向着构建人类命运共同体的目标勇毅前行。

《人民日报》（2022 年 09 月 30 日　第 09 版）

新时代中国外交的根本遵循和行动指南
——大国外交砥砺前行①

习近平外交思想为新时代中国外交提供了根本遵循和行动指南，为解决全球重大问题贡献了中国智慧和中国方案，为推动人类发展与进步凝聚了共识与合力

　　"以整体意识、全球思维、人类情怀打量这个世界，正是中国的大国外交提供的新'世界观'""中国提供了一种'新的可能'，这就是摒弃丛林法则、不搞强权独霸、超越零和博弈，开辟一条合作共赢的文明发展新道路"……新时代中国特色大国外交全面推进，为进入新的动荡变革期的世界带来新启迪、新活力和新希望，赢得国际社会广泛赞誉和积极支持。

　　世事纷繁多元应，纵横当有凌云笔。党的十八大以来，面对风云激荡的国际形势，以习近平同志为核心的党中央创造性地提出一系列富有中国特色、体现时代精神、引领人类进步潮流的新理念新主张新倡议，形成了习近平外交思想。作为习近平新时代中国特色社会主义思想的重要组成部分，习近平外交思想深刻回答了中国外交举什么旗、走什么路、追求什么目标，以及新形势下中国需要什么样的外交、怎样办外交等重大问题，为新时代中国外交提供了根本遵循和行动指南，为解决全球重大问题贡献了中国智慧和中国方案，为推动人类发展与进步凝聚了共识与合力。

　　习近平外交思想洞悉规律、把握大势，为中国特色大国外交提供时代坐标。习近平外交思想坚持辩证唯物主义和历史唯物主义，运用正确的历史观、大局观、角色观，在国际风云变幻中揭示了人类社会发展的内在规律。面对世界之变、时代之变、历史之变，习近平总书记作出世界正在经历百年未有之大变局、

第一章　中国特色大国外交砥砺前行　　009

进入新的动荡变革期等重大论断。面对中国同外部世界关系变化，中国科学分析外部环境演变，明确中国发展仍然处于重要战略机遇期，机遇和挑战都有新的发展变化，机遇更具战略性、可塑性，挑战更具复杂性、全局性。这一系列重大战略判断，为擘画和推进中国特色大国外交提供了坚实的理论依据，为把中国人民的利益与世界人民的共同和根本利益结合起来、在中国与世界各国的良性互动和互利共赢中推进中国发展开辟了广阔天地。

习近平外交思想胸怀天下、引领时代，为中国特色大国外交指明奋斗方向。在构建人类命运共同体这一重大理念指引下，新时代的中国坚持和平发展道路，立志走出一条具有中国特色的发展之路，摒弃了西方"国强必霸"的传统思维。中国积极推动构建相互尊重、公平正义、合作共赢的新型国际关系，探索国与国交往的新型模式，积极打造全球伙伴关系。中国倡导和平、发展、公平、正义、民主、自由的全人类共同价值，超越了所谓"普世价值观"的历史局限。中国提出高质量共建"一带一路"，倡导共商共建共享，以公平正义为理念引领全球治理体系改革，摈弃了"零和博弈""赢者通吃"的陈旧逻辑。近年来，无论是突如其来的新冠肺炎疫情，还是外溢效应波及全球的地缘冲突，都昭示世人，国际社会唯有携手构建人类命运共同体才能因应时代变局、推动历史进步。

习近平外交思想维护公理、捍卫正义，为中国特色大国外交明确使命担当。新时代的中国旗帜鲜明主张要和平不要战乱，要发展不要贫困，要开放不要封闭，要合作不要对抗，要团结不要分裂，要公平不要霸凌。中国始终倡导践行真正的多边主义，推动国际关系民主化。中国树立团结抗疫的国际标杆，以实际行动推动构建人类卫生健康共同体。中国提出全球发展倡议和全球安全倡议，倡导构建全球发展共同体，主张人类是不可分割的安全共同体。中国坚定不移同世界上一切进步力量携手前进，中国特色大国外交愈益从容自信，为变乱交织的世界增添了确定性和稳定性。"中国是维护世界和平的关键力量""中国坚定支持多边主义，为维护国际公平正义作出重要贡献"……国际社会称赞，中国的发展是世界和平力量的增长、正义力量的增长。

在习近平外交思想正确指引下，中国特色大国外交坚持党的领导和中国特色社会主义道路，在世界大变局中开创新局、在世界乱局中化危为机，取得了全方位、开创性历史成就。中国理念、中国方案回答世界之问、历史之问、时代之问，有力推动世界百年未有之大变局向着有利于人类文明进步方向演变。构建人类命运共同体理念载入多项联合国决议等重要文件，149 个国家、32 个国际组织参与共建"一带一路"，100 多个国家和包括联合国在内的多个国际组织积极响应和支持全球发展倡议，70 多个国家赞赏和支持全球安全倡议……在历史发展的关键当口，中国坚定站在历史正确的一边、站在人类进步的一边，坚定引领和平、发展、合作、共赢的前进方向，为促进世界和平发展作出重要贡献。

为人民谋幸福、为民族谋复兴，为世界谋大同、为人类谋进步，中国共产党初心如磐、使命在肩。踏上新征程，中国特色大国外交将坚持以习近平新时代中国特色社会主义思想特别是习近平外交思想为指引，统筹中华民族伟大复兴战略全局和世界百年未有之大变局，踔厉奋发、勇毅前行，为实现中华民族伟大复兴的中国梦、为推动构建人类命运共同体作出新的更大贡献。

《人民日报》（2022 年 10 月 02 日　第 03 版）

中国国际影响力、感召力、塑造力显著提升
——大国外交砥砺前行②

在习近平外交思想指引下，中国外交战胜了许多艰难险阻，办成了不少大事要事，取得了全方位、开创性历史成就

今日之中国，不仅是中国之中国，而且是世界之中国。党的十八大以来，中国特色社会主义进入新时代。在习近平外交思想指引下，中国外交战胜了许多艰难险阻，办成了不少大事要事，取得了全方位、开创性历史成就，中国国际影响力、感召力、塑造力显著提升，谱写了中国特色大国外交的时代华章。

当今世界，国际力量对比深刻调整，单边主义、保护主义、霸权主义、强权政治对世界和平与发展威胁上升，逆全球化思潮上升，世界进入新的动荡变革期。面对复杂严峻的国际形势和前所未有的外部风险挑战，以习近平同志为核心的党中央统筹中华民族伟大复兴战略全局和世界百年未有之大变局，高举构建人类命运共同体旗帜，紧扣服务民族复兴、促进人类进步这条主线推进中国特色大国外交。

新时代的中国坚持走和平发展道路，推动建设新型国际关系，为国际关系健康发展注入正能量。立足于人类前途命运的宏大视野，中国提出构建人类命运共同体的重要理念，成为中国与世界深刻关联互动的鲜明标识。中国开创性提出建设相互尊重、公平正义、合作共赢的新型国际关系，开辟结伴而不结盟、对话而不对抗的国与国交往新路。中国积极探索并大力推动构建总体稳定、均衡发展的大国关系框架，秉持亲诚惠容理念和与邻为善、以邻为伴的周边外交方针深化同周边国家关系，秉持正确义利观和真实亲诚理念加强同广大发展中国家团结合作，同110多个国家和地区组织建立不同形式的伙伴关系，形成全

方位、多层次、立体化的全球伙伴关系网络。不断扩大的"朋友圈",标注了中国与世界互动的新高度。

新时代的中国坚定不移奉行互利共赢的开放战略,为世界共同发展增添新动力。从北京亚太经合组织领导人非正式会议作出启动亚太自贸区进程的重大决定,勾画建设亚太互联互通网络的新蓝图,到二十国集团领导人杭州峰会达成28份具体成果文件,首次把发展问题置于全球宏观政策框架的突出位置,首次制定落实联合国2030年可持续发展议程行动计划,首次采取集体行动支持非洲和最不发达国家工业化,树立起新的"全球标杆",再到连续举办四届中国国际进口博览会,宣布一系列扩大开放新举措,持续引领全球开放合作之风,中国特色大国外交持续推动开放合作,为建设共同繁荣的世界作出重要贡献。10年来,中国积极推动共建"一带一路"高质量发展,推动创设亚洲基础设施投资银行、新开发银行,设立丝路基金,推动《区域全面经济伙伴关系协定》生效实施……国际人士指出,中国积极推动与各国共同发展,为全球发展事业开辟更加光明的未来。

新时代的中国高举真正的多边主义旗帜,积极参与全球治理体系改革和建设。作为最大的发展中国家和联合国安理会常任理事国,中国坚定维护国际关系基本准则,推动国际关系民主化,旗帜鲜明反对霸权主义和强权政治,维护国际公平正义。中国提出构建人类卫生健康共同体,为共同守护人类生命健康提供遵循;中国以前所未有的雄心和行动应对气候变化、维护生物多样性,推动共建全球生态文明,共同构建人与自然生命共同体;中国提出并推动落实全球发展倡议,倡导构建全球发展共同体,推动全球发展迈向平衡协调包容新阶段;中国提出全球安全倡议,致力于携手各方破解全球安全治理难题,成为构建人类命运共同体理念在安全领域的生动实践。联合国秘书长古特雷斯赞赏中方长期以来在支持多边主义、推动国际合作与可持续发展等方面发挥的关键作用,表示同中国的伙伴关系是联合国和多边主义的重要支柱。

浩渺行无极,扬帆但信风。远见卓识的中国方案、重情尚义的中国承诺、言出必行的中国担当、和而不同的中国智慧,既立足于应对现实挑战,又着眼于建设人类更美好未来。中国将始终坚持和平发展、开放发展、合作发展、共同发展,与各国携手前行,为维护世界和平、促进共同发展不断作出新贡献。

《人民日报》(2022年10月04日　第03版)

共同推进构建人类命运共同体的伟大进程
——大国外交砥砺前行③

> 构建人类命运共同体理念顺应历史大势和时代潮流，从根本上回应了世界各国追求发展进步的共同诉求，凝聚了各国人民建设美好未来的最大公约数

"有人说，她是野草；有人说，她是生命；她，是食物，也是药物；她，是希望的象征……"在非洲南部国家莱索托，流传着一首关于菌草的民歌。小小菌草，在100多个国家落地生根，成为造福广大发展中国家人民的"幸福草"。这是新时代的中国携手各国共谋发展的缩影，体现出中国推动构建人类命运共同体的真诚意愿和不懈努力。

构建人类命运共同体理念顺应历史大势和时代潮流，从根本上回应了世界各国追求发展进步的共同诉求，凝聚了各国人民建设美好未来的最大公约数。构建人类命运共同体多次写入双多边合作文件和联合国多项决议，激荡起全球广泛共鸣和普遍共识，展现出强大的生命力与感召力。正如不少国际人士所指出的："时代意识很强的中国共产党，总能在不同的历史时期敏锐捕捉到时代演进的信号"，"构建人类命运共同体是超越民族国家意识形态的'全球观'，为推动世界和平与发展开辟了新路径。"构建人类命运共同体展现出鲜明的真理性、时代性和实践性，成为引领时代潮流和人类前进方向的鲜明旗帜。

构建人类命运共同体以建设新型国际关系为前提和路径，走出了一条国与国交往的新路。习近平主席在倡导推动构建人类命运共同体的同时，开创性地提出推动建设相互尊重、公平正义、合作共赢的新型国际关系。中国主张各国和各国人民应该共同推动建设新型国际关系，共同享受尊严、共同享受发展成果、共同享受安全保障。在全球治理层面，中国提出构建网络空间命运共同体、

人类卫生健康共同体、人与自然生命共同体、海洋命运共同体等倡议；在双边层面，中国同巴基斯坦、柬埔寨、老挝、哈萨克斯坦、乌兹别克斯坦等国家构建命运共同体；在地区层面，中国致力于打造周边命运共同体、亚太命运共同体、中国—东盟命运共同体、上海合作组织命运共同体、中非命运共同体、中阿命运共同体、中拉命运共同体……构建人类命运共同体理念日益深入人心，不断凝聚起维护和践行多边主义、加强全球治理的全球共识。联合国秘书长古特雷斯指出，"我们践行多边主义的目的，就是要建立人类命运共同体"。

构建人类命运共同体是人类应对全球性挑战的必由之路，开辟了增进各国人民福祉的光明大道。"人类命运共同体理念从全人类的共同利益出发，勾勒了人类发展的未来蓝图。"外国政党政要的话，道出了这一重要理念的深远世界意义。为推动构建人类命运共同体，中国提出共建"一带一路"倡议，携手各方打造当今世界范围最广、规模最大的国际合作平台；中国发起新中国成立以来规模最大的全球紧急人道主义行动，为全球疫情防控注入源源不断的动力；中国提出全球发展倡议，得到100多个国家和包括联合国在内的多个国际组织积极响应和支持，60多个国家加入"全球发展倡议之友小组"；中国提出全球安全倡议，70多个国家赞赏和支持……中国理念和行动充分展现推动构建人类命运共同体的大国担当。柬埔寨西哈努克港经济特区员工的日子越来越有奔头，成千上万巴基斯坦家庭用上了安全稳定的放心电，塞尔维亚斯梅代雷沃钢厂重新焕发生机，肯尼亚和埃塞俄比亚民众乘上了现代化的火车……中国与各方携手构建人类命运共同体的行动，正在让许多国家人民对美好生活的向往变成现实。

构建人类命运共同体是一个美好的目标，也是一个需要一代又一代人接力跑才能实现的目标。中国将继续与各方携手，共同推进构建人类命运共同体的伟大进程，共同为人类开创持久和平、普遍安全、共同繁荣、开放包容、清洁美丽的美好未来。

《人民日报》（2022年10月05日　第03版）

坚定不移走和平发展道路
——大国外交砥砺前行④

无论国际风云如何变幻，中国始终是世界和平的建设者、全球发展的贡献者、国际秩序的维护者。中国愿继续同世界各国一道共谋和平、共护和平、共享和平

联合国总部大楼前，雕塑"打结的手枪"引发人们对战争与和平的思考。回首最近100多年的历史，人类经历了血腥的热战、冰冷的冷战。免于战争、缔造和平、共谋发展，是一代代人的共同愿望。

一个国家、一个民族要振兴，就必须在历史前进的逻辑中前进、在时代发展的潮流中发展。习近平总书记深刻指出：什么是当今世界的潮流？答案只有一个，那就是和平、发展、合作、共赢。中国以坚持和平发展为战略抉择，探索走出一条与传统大国崛起不同的和平发展道路，在中国与世界各国的良性互动和互利共赢中开拓前进，实现维护中国国家利益与促进世界和平发展的有机统一。

中国坚定不移走和平发展道路，来源于中华文明的深厚渊源，来源于对实现中国发展目标条件的认知，来源于对世界发展大势的把握。从"强不执弱，富不侮贫"到"国虽大，好战必亡"，从"己所不欲，勿施于人"到"化干戈为玉帛"，对和平、和睦、和谐的追求深深植根于中华民族的精神世界之中，深深溶化在中国人民的血脉之中。近代以后，中国人民遭受列强的侵略、凌辱、掠夺达百年以上，但中国人民不是从中学到弱肉强食的强盗逻辑，而是更加坚定了维护和平的决心。新中国成立70多年来，我们从未主动挑起一次冲突，从未侵占别国一寸土地，从未发动过一场代理人战争，从未参加过任何一个军

事集团，是全世界和平纪录最好的大国。

中国坚定不移走和平发展道路，为促进全球共同发展贡献力量。中国积极推动南南合作和南北对话，增强发展中国家自主发展能力；本着"授人以渔"理念向发展中国家提供真诚无私的援助，给予大量物质、技术、人员和智力支持等；中国推动创设亚洲基础设施投资银行、新开发银行等多边金融机构，努力提升新兴市场和发展中国家在国际事务中的代表性和发言权……中国不断将自身发展机遇同世界各国分享，为世界和平稳定与发展繁荣作出重要贡献。中国提出全球发展倡议，倡导构建全球发展共同体，体现出将自身发展与世界发展相统一的全球视野和大国担当。外国政要指出，中国始终坚持多边主义，为促进世界和平与发展发挥了重要作用，作出了重大贡献。

中国坚定不移走和平发展道路，为维护国际和地区安全贡献力量。从奉行防御性国防政策，到将"坚持和平发展道路"载入宪法；从向国际社会庄严承诺在任何时候和任何情况下都不首先使用核武器、无条件不对无核国家和无核武器区使用和威胁使用核武器，到积极参与国际军控和防扩散进程；从成为联合国第二大维和摊款国和联合国安理会常任理事国中派遣维和人员最多的国家，到在乌克兰问题、中东问题、伊朗核问题、朝鲜半岛问题、阿富汗问题等国际和地区热点问题上积极发挥建设性作用，中国坚定维护以联合国为核心的国际体系和以国际法为基础的国际秩序，始终是世界和平发展的正能量。在世界进入新的动荡变革期之际，中国郑重提出全球安全倡议，倡导坚持共同、综合、合作、可持续的安全观，推动构建均衡、有效、可持续的安全架构，努力走出一条对话而不对抗、结伴而不结盟、共赢而非零和的新型安全之路，为消弭国际冲突根源、实现世界长治久安提供遵循、指明方向。国际社会普遍认为，中国是"当今世界需要的一股和平的力量"。

中国坚定不移走和平发展道路，必须坚守维护国家核心利益的底线，对侵犯中国主权、安全、发展利益和民族尊严的行为作出有力回击。面对霸权主义和强权政治，只有敢于斗争、善于斗争，才能守护和平发展的底线。只有坚定捍卫中国人民选择的道路和制度，有力挫败外部势力干涉中国内政、损害中国合法权益，坚决反制滥用国家安全借机大搞所谓单边制裁和"长臂管辖"，坚定维护国家和民族的尊严以及企业和公民的正当权益，中国的和平发展道路才能走得通、走得顺。中国以坚定的意志、扎实的行动、有力的举措，构筑起捍卫国家主权、安全、发展利益和民族尊严的坚强防线，既维护和塑造了有利于国家发展和民族复兴的良好外部环境，也为世界和平发展创造了有利条件。

和平与发展是人类的永恒期望，是世界各国的共同事业。在和平与发展的马拉松跑道上奋勇向前，当是各国共同的追求。无论国际风云如何变幻，中国始终是世界和平的建设者、全球发展的贡献者、国际秩序的维护者。中国愿继续同世界各国一道共谋和平、共护和平、共享和平，为推动构建人类命运共同体而不懈奋斗。

《人民日报》（2022 年 10 月 07 日　第 03 版）

共建"一带一路"促进共同发展繁荣

——大国外交砥砺前行⑤

老挝人民的铁路梦成为现实，柬埔寨进入"高速公路时代"，马尔代夫有了跨海大桥，白俄罗斯有了自己的轿车制造业，非洲有了电气化铁路和轻轨……一个个互利共赢的故事，正是共建"一带一路"促进共同发展繁荣的生动写照。

2013 年金秋，习近平主席提出共建"一带一路"倡议。历经 9 年耕耘，从夯基垒台、立柱架梁到落地生根、持久发展，共建"一带一路"取得实打实、沉甸甸的成就。习近平主席指出："中国的发展得益于国际社会，也愿为国际社会提供更多公共产品。我提出'一带一路'倡议，旨在同沿线各国分享中国发展机遇，实现共同繁荣。" 9 年来，世界日益清晰地看到，"一带一路"是大家携手前进的阳光大道，共建"一带一路"倡议源于中国，机会和成果属于世界。

共建"一带一路"是促进全球开放合作、完善全球经济治理的中国方案，标注了国际经济合作的新高度。共建"一带一路"坚持"拉手"而不是"松手"，坚持"拆墙"而不是"筑墙"，不断推进政策沟通、设施联通、贸易畅通、资金融通和民心相通，持续为构建开放型世界经济注入动力。在保护主义抬头、经济全球化遭遇逆风的背景下，中国主动扩大对外开放，携手各方共建"一带一路"，充分展现引领开放合作的大国格局和担当。在和平赤字、发展赤字、信任赤字、治理赤字有增无减，人类社会面临严峻挑战的当下，共建"一带一路"所展现的天下情怀、开放气度、共赢精神，更加凸显其时代价值。

"六廊六路多国多港"的互联互通架构基本形成，中欧班列成为贯通亚欧大陆的国际运输大动脉，促进共建各国经济深度融合的规则标准"软联通"不断推进。数据显示，2013 年至 2021 年，中国同"一带一路"共建国家累计货物贸易额近 11 万亿美元，双向投资超过 2300 亿美元，加强联通带来的发展机遇充分显现。在世界贸易组织前总干事帕斯卡尔·拉米看来，当前全球化面临各种问题和挑战，中国提出的"一带一路"倡议将成为全球化未来的引擎。

共建"一带一路"是促进共同发展繁荣、推动构建人类命运共同体的重要实践，书写了全球发展史的新篇章。人类社会越来越朝着安危与共、荣损相依的命运共同体迈进。共建"一带一路"顺应这一历史大势，秉持共商共建共享原则，摒弃制度模式偏见，超越意识形态藩篱，想的是自己要过好、也要让别人过好，信的是众人拾柴火焰高、互帮互助走得远。新冠肺炎疫情发生后，各方守望相助，共克时艰，推动共建"一带一路"继续前行，向国际社会传递了信心和力量，为全球抗疫合作和经济复苏作出了重要贡献。如今，共建"一带一路"倡议核心理念已被写入联合国、二十国集团、亚太经合组织、上合组织等国际组织和多边机构重要文件，充分说明这是一个凝聚广泛合作共识的国际公共产品。

知者行之始，行者知之成。共建"一带一路"跨越不同地域、不同发展阶段、不同文明，迄今已有 140 多个国家和 30 多个国际组织共同参与。从数字丝绸之路、创新丝绸之路到绿色丝绸之路、健康丝绸之路，共建"一带一路"合作的内涵不断丰富，互利合作的活力不断释放。在共建"一带一路"合作框架下，大批项目落地，让越来越多共建国家的民众从中受益，靠双手改变了自己和家人的命运；中国与共建国家启动 50 多家"一带一路"联合实验室建设，不少国家开始拥有当地"制造"和"智造"……共建"一带一路"紧紧抓住发展这个最大公约数，用实实在在的行动助力打造一个更加美好的未来。国际人士认为，共建"一带一路"是中国推动构建人类命运共同体的具体行动，是中国为人类走向共同发展繁荣作出的重大贡献。

共建"一带一路"承载着人们对文明交流的渴望、对和平安宁的期盼、对共同发展的追求、对美好生活的向往，将继续担当文明沟通的使者，成为拉近国家间关系的纽带，帮助各国共享发展成果，打造甘苦与共、命运相连的发展共同体。中国将继续与各方一道，推动共建"一带一路"高质量发展，打造造福各国人民的世纪工程，为构建人类命运共同体作出新的更大贡献。

《人民日报》（2022 年 10 月 11 日 第 03 版）

始终不渝做全球发展的贡献者
——大国外交砥砺前行⑥

中国将继续坚持以人民之心为心、以天下之利为利，携手各方全力以赴推进落实全球发展倡议，朝着构建高质量伙伴关系的正确方向奋进，共创繁荣发展新时代

成立国际民间减贫合作网络，首批已有来自 17 个国家和地区的相关机构加入；同近 40 个国家和地区的 150 家机构共同筹建世界职业技术教育发展联盟；中国—太平洋岛国应对气候变化合作中心落地；同 13 个国家开展新冠疫苗联合生产……中国携手各方落实全球发展倡议，早期收获不断显现，为面临严峻挑战的全球发展事业注入关键动力。

环顾世界，全球发展进程遭受严重冲击，南北差距、复苏分化、发展断层、技术鸿沟等问题更加突出。联合国开发计划署不久前发布报告指出，全球有超过 90% 的国家受多重危机影响面临发展困境。国际货币基金组织总裁格奥尔基耶娃近日表示，世界经济遭受了多重冲击，正经历一场根本性转变：从一个相对可预测的世界，转变成一个更加脆弱的世界。联合国秘书长古特雷斯警告：世界面临的各种风险让可持续发展目标更加遥不可及，我们有一张很长的"待办事项"。

发展是人类社会的永恒主题，是实现人民幸福的关键。作为世界上最大的发展中国家，中国始终把发展作为第一要务，如期打赢脱贫攻坚战，全面建成小康社会，为全球发展事业作出重要贡献。中国秉持人类命运共同体理念，始终把自身发展置于人类发展的坐标系中，始终把中国人民利益同各国人民共同利益结合起来，不断扩大同各国的互利合作，推动实现共同发展繁荣。

在全球发展事业的关键当口，中国提出全球发展倡议，以构建全球发展共同体为目标，秉持发展优先、以人民为中心等理念，重点推进减贫、粮食安全、抗疫和疫苗、发展筹资、气候变化和绿色发展、工业化、数字经济、数字时代互联互通等领域合作，倡导将发展置于全球宏观政策框架的突出位置，构建更加平等均衡的全球发展伙伴关系，推动多边发展合作进程协同增效，加快落实联合国2030年可持续发展议程，充分展现中国始终做全球发展贡献者的大国担当。全球发展倡议为共同推动全球发展迈向平衡协调包容新阶段搭建了合作平台、指明了可行路径，得到100多个国家和包括联合国在内的多个国际组织响应支持，60多个国家加入"全球发展倡议之友小组"。

为者常成，行者常至。今年6月，习近平主席主持全球发展高层对话会并发表重要讲话，宣布中方落实全球发展倡议的一系列重要举措，为动员全球发展资源、加快落实联合国2030年可持续发展议程作出中国贡献。对话会发布一份覆盖八大领域、包含32项举措的成果清单，包括成立全球减贫与发展伙伴联盟、发起"促进粮食生产专项行动"、建立国际疫苗创新与研发合作联盟等，为落实全球发展倡议规划了路径。不久前，中方在纽约主持召开"全球发展倡议之友小组"部长级会议，表示愿与联合国发展机构加强战略对接，同"全球发展倡议之友小组"国家一道，为落实联合国2030年可持续发展议程再采取七大行动，包括发布全球发展倡议项目库首批项目清单，包括减贫、粮食安全、工业化等领域50个务实合作项目和1000个倡议重点领域能力建设项目。中国高度重视落实全球发展倡议，有力增强了各方信心。国际社会认为，中国是全球发展倡议的提出者，更是负责任的落实者，全球发展倡议聚众智、汇合力、重行动，将有力推动全球发展事业迈上新台阶。

中国始终致力于共同凝聚促进发展的国际共识、共同营造有利于发展的国际环境、共同培育全球发展新动能、共同构建全球发展伙伴关系，让发展成果更多更公平惠及每一个国家、每一个人。中国设立"中国—联合国和平与发展基金"并宣布加大投入，把南南合作援助基金整合升级为"全球发展和南南合作基金"，向160多个国家和国际组织提供各类援助。中国积极开展菌草援外，在全球100多个国家和地区，一株株菌草成为"致富草"，被誉为"生活的新希望"；中国杂交水稻在数十个国家和地区推广种植，大幅提高当地水稻产量，助力提升粮食安全水平；中国新冠疫苗跨越山海，为弥合全球"免疫鸿沟"作出重要贡献……中国行动有力推动全球发展，为共创人类美好未来注入重要信心和力量。

心合意同，谋无不成。在人类追求幸福的道路上，一个国家、一个民族都不能少。在重振全球发展事业的进程中，国际社会必须拧成一股绳、铆足一股劲。中国将继续坚持以人民之心为心、以天下之利为利，携手各方全力以赴推进落实全球发展倡议，朝着构建高质量伙伴关系的正确方向奋进，共创繁荣发展新时代。

《人民日报》（2022 年 10 月 12 日　第 03 版）

营造公道正义、共建共享的安全格局
——大国外交砥砺前行⑦

世界之变、时代之变、历史之变正以前所未有的方式展开，给人类提出了必须严肃对待的挑战。世纪疫情阴霾未散，地缘冲突再起波澜；世界经济复苏乏力，发展鸿沟日益加剧；气候治理等课题待解，数字治理等难题又至。如何统筹维护传统领域和非传统领域安全，如何统筹发展与安全两件大事，这是人类共同面临的重大问题。

继去年9月在第七十六届联合国大会一般性辩论上提出全球发展倡议后，习近平主席今年4月在博鳌亚洲论坛2022年年会开幕式上提出全球安全倡议。全球安全倡议以"六个坚持"为核心要义，即坚持共同、综合、合作、可持续的安全观；坚持尊重各国主权、领土完整；坚持遵守联合国宪章宗旨和原则；坚持重视各国合理安全关切；坚持通过对话协商以和平方式解决国家间的分歧和争端；坚持统筹维护传统领域和非传统领域安全。"六个坚持"明确了有效维护世界和平安宁的理念指引、基本前提、根本遵循、重要原则、必由之路和应有之义，回答了"世界需要什么样的安全理念、各国怎样实现共同安全"的时代课题，为破解全球安全治理难题、消弭国际冲突根源、实现世界长治久安贡献了中国方案。

全球安全倡议顺应各国人民建设普遍安全世界的共同追求。和平是人民的永恒期望。面对层出不穷的各种传统和非传统安全威胁，全球安全倡议倡导以和合理念超越西方传统的零和、霸权逻辑，以共赢思维应对复杂交织的安全挑战，以团结精神适应深刻调整的国际格局，为世界各国走出一条共建、共享、共赢的安全之路指明了前进方向。全球安全倡议得到70多个国家赞赏和支持，充分表明这一倡议顺人心、合民意。国际人士认为，这一重要倡议旨在实现共同安全和可持续安全，是对维护全球安全的重大贡献。

全球安全倡议契合国际社会维护真正多边主义的迫切需要。当前，个别国家固守冷战对抗的陈旧思维，热衷于搞排他性"小圈子""小集团"，借多边之名行单边之实，借规则之名行"双标"之实，借民主之名行霸权之实，严重破坏国际安全秩序，加剧全球安全治理赤字。全球安全倡议根植于真正的多边主义理念，呼吁世界各国遵守联合国宪章宗旨和原则，摒弃冷战思维，反对单边主义，不搞集团政治和阵营对抗，坚持安全应建立在国与国相互尊重、共同遵守以联合国为核心的国际体系和以国际法为基础的国际秩序基础上，为从多边主义层面完善全球安全治理明确了重要原则、奠定了重要基础、凝聚了团结力量。

　　全球安全倡议响应各国开创疫后美好世界的普遍愿望。安全是发展的前提，发展是安全的保障。全球安全倡议包含统筹安全和发展的整体思维与辩证法则，与全球发展倡议相互呼应、相辅相成，能够为促进世界经济复苏、建设共同繁荣的世界创造条件。巴基斯坦总理夏巴兹指出，没有安全就没有发展，全球安全倡议将同全球发展倡议产生协同效应。巴西瓦加斯基金会国际法教授埃万德罗·卡瓦略表示，这两大倡议对维护国际体系稳定、促进经济发展繁荣具有重要意义。

　　全球安全倡议植根于新中国独立自主的和平外交政策与实践，来源于独具中国特色的外交传统与智慧。从提出解决巴勒斯坦问题的四点主张、促进中东和平稳定五点倡议，到推动伊朗核问题全面协议恢复履约谈判、积极推进朝鲜半岛问题政治解决进程，再到推动成立阿富汗邻国协调合作机制……中国始终坚持和平发展理念，始终坚持履行国际责任，始终坚持通过对话协商以和平方式解决热点问题。乌克兰危机发生以来，中国立足是非曲直，恪守客观公正，为化解危机、缓和局势贡献中国智慧。"中国在维护世界和平安全方面发挥越来越重要的作用。"菲律宾前总统阿罗约认为，中国和平发展的示范效应将带动更多国家共同落实全球安全倡议。

　　凡益之道，与时偕行。全球安全倡议顺应世界和平、发展、合作、共赢的大势，有利于各方共同开辟迈向持久和平和普遍安全的康庄大道。中国愿同世界上所有爱好和平、致力发展的国家和人民携手同行，落实好全球安全倡议，营造公道正义、共建共享的安全格局，汇聚起构建人类命运共同体的强大合力。

《人民日报》(2022 年 10 月 13 日　第 03 版)

推动树立平等、互鉴、对话、包容的文明观
——大国外交砥砺前行⑧

中国将以更加开放的姿态拥抱世界，以更有活力的文明成就贡献世界。中国将与各方一道，坚定不移推动不同文明相互尊重、和谐共处，让文明交流互鉴成为增进各国人民友谊的桥梁、推动人类社会进步的动力、维护世界和平的纽带

"我们真诚呼吁，世界各国弘扬和平、发展、公平、正义、民主、自由的全人类共同价值，促进各国人民相知相亲，尊重世界文明多样性，以文明交流超越文明隔阂、文明互鉴超越文明冲突、文明共存超越文明优越，共同应对各种全球性挑战。"习近平总书记在党的二十大报告中再次强调推动文明交流互鉴的重要意义。

"物之不齐，物之情也。"文明多样性是人类社会的基本特征。每一种文明都扎根于自己的生存土壤，凝聚着一个国家、一个民族的非凡智慧和精神追求，都有自己存在的价值。以什么样的态度对待不同文明，事关人类文明进步，事关世界和平发展。党的十八大以来，习近平总书记站在世界和谐、人类进步的高度，提出文明交流互鉴重要主张，倡导不同国家、不同民族、不同文明互学互鉴、共同进步，推动树立平等、互鉴、对话、包容的文明观，展现出独具魅力的东方智慧和虚怀若谷的大国气度。

中华文明经历了5000多年的历史变迁，但始终一脉相承，积淀着中华民族最深层的精神追求，代表着中华民族独特的精神标识，为中华民族生生不息、发展壮大提供了丰厚滋养。新时代的中国，正在进行着人类历史上最为宏大而独特的实践创新。中国共产党领导人民成功走出中国式现代化道路，创造了人类文明新形态。与此同时，中国从各国人民对美好未来的共同追求出发，倡导

弘扬全人类共同价值，推动构建人类命运共同体。中国主张加强文明交流互鉴，夯实构建人类命运共同体的人文基础，要坚持相互尊重、平等相待，坚持美人之美、美美与共，坚持开放包容、互学互鉴，坚持与时俱进、创新发展。国际人士称赞，中国倡导多元文明和平共存，已成为世界范围内交流往来的催化剂。

中华文明是在中国大地上产生的文明，也是同其他文明不断交流互鉴而形成的文明。新时代的中国，始终致力于推动文明交流互鉴，为推动多元文明繁荣发展注入重要动力。首倡亚洲文明对话大会，搭建亚洲乃至世界文明交流互鉴的重要平台；呼吁传承和平合作、开放包容、互学互鉴、互利共赢的丝路精神，致力于把"一带一路"建设成文明之路；举办中国共产党与世界政党高层对话会、中国共产党与世界政党领导人峰会，推动把世界多样性和各国差异性转化为发展活力和动力；推动在上海合作组织框架内构建人文共同体，推动金砖国家合作机制形成政治、经济、人文"三轮驱动"……和合共生的中国方案，为国际合作拓展文化内涵，为开启人类发展进步的美好未来提供智慧之钥。哈萨克斯坦自然科学院院士、著名汉学家克拉拉·哈菲佐娃指出："在中国引领下，文明交流互鉴将更加频繁，人与人的距离将越来越近。"

世界百年未有之大变局正在加速演进，世界进入新的动荡变革期。面对和平赤字、发展赤字、安全赤字、治理赤字加重的现实，人类更应推动文明交流互鉴，消除隔阂、偏见、仇视，播撒和平理念的种子，培育共同发展的参天大树，推动历史车轮向着光明的目标前进。文明只有姹紫嫣红之别，但绝无高低优劣之分。那些鼓噪"文明优劣论""文明冲突论""制度对抗论"的声音，那些试图组建"价值观同盟"、挑起意识形态对抗的做法，注定不得人心。各国应以海纳百川的宽广胸怀打破文明交往的壁垒，以兼收并蓄的态度汲取其他文明的养分，共同推动人类文明在交流互鉴中共同前进，为应对全球性挑战、推动人类发展进步提供源源不断的精神力量。

展望未来，中国将以更加开放的姿态拥抱世界，以更有活力的文明成就贡献世界。中国将与各方一道，坚定不移推动不同文明相互尊重、和谐共处，让文明交流互鉴成为增进各国人民友谊的桥梁、推动人类社会进步的动力、维护世界和平的纽带，为促进世界和平发展谱写崭新篇章。

《人民日报》（2022 年 10 月 22 日　第 03 版）

推动形成人与自然和谐共生新格局
——大国外交砥砺前行⑨

> 中国秉持人类命运共同体理念，携手各国书写一个又一个绿色发展故事，积极参与全球环境与气候治理，推动国际社会共同建设清洁美丽的世界

中国荒漠化防治成熟经验技术助力非洲建设"绿色长城"，增强非洲国家抵御撒哈拉沙漠南侵的能力；中国企业在巴基斯坦旁遮普省巴哈瓦尔布尔市真纳太阳能工业园投资建设光伏地面电站，用清洁能源解决了当地供电的燃眉之急；中国新能源装备和数字智能系统走进老挝首都万象，助力赛色塔综合开发区绿色低碳发展……新时代的中国坚持绿色发展，携手各国书写一个又一个绿色发展故事，为推动全球生态文明建设作出重要贡献。

党的十八大以来，中国坚持绿水青山就是金山银山的理念，坚持山水林田湖草沙一体化保护和系统治理，全方位、全地域、全过程加强生态环境保护，生态环境保护发生历史性、转折性、全局性变化，中华大地天更蓝、山更绿、水更清。与此同时，中国秉持人类命运共同体理念，积极参与全球环境与气候治理，推动国际社会共同建设清洁美丽的世界，成为全球生态文明建设的参与者、贡献者和引领者。

人不负青山，青山定不负人。中国把生态文明建设摆在全局工作的突出位置，走出了一条生产发展、生活富裕、生态良好的文明发展道路。10年来，中国单位国内生产总值二氧化碳排放下降34.4%，煤炭在一次能源消费中的占比从68.5%下降到了56%。如今，中国可再生能源开发利用规模、新能源汽车产销量稳居世界第一。中国森林覆盖率提高到24.02%，近十年为全球贡献了1/4的新增森林面积。中国上线全球最大的碳排放权交易市场，绿色越来

成为高质量发展的底色。国际人士指出，"中国给全球生态文明建设带来了希望之光"，"在建设生态文明方面，中国树立了一个很好的榜样"。

中国坚定践行多边主义，努力推动构建公平合理、合作共赢的全球环境治理体系。在气候变化巴黎大会、气候雄心峰会、领导人气候峰会、联合国生物多样性峰会、《生物多样性公约》第十五次缔约方大会领导人峰会等多边会议上，中国提出一系列加强全球环境治理的重要倡议和主张，推动各方维护多边共识、聚焦务实行动、加速绿色转型，为共同建设清洁美丽的世界注入重要信心和力量。中国率先发布《中国落实 2030 年可持续发展议程国别方案》，全面有效落实《联合国气候变化框架公约》及其《巴黎协定》，成为《生物多样性公约》及其议定书核心预算的最大捐助国。中国主动提出力争 2030 年前实现碳达峰、2060 年前实现碳中和，立志实现全球最高碳排放强度降幅，用全球历史上最短的时间实现从碳达峰到碳中和，被誉为"国际环境政策领域的一座里程碑"。

面对生态环境挑战，人类是一荣俱荣、一损俱损的命运共同体，没有哪个国家能独善其身。中国秉持"授人以渔"理念，积极帮助发展中国家提升绿色发展能力。为推动各方共同实现经济社会发展全面绿色转型，中国设立气候变化南南合作基金，成立昆明生物多样性基金，为太平洋岛国应对气候变化提供支持，将绿色发展工程纳入中非共同实施的"九项工程"，将气候变化和绿色发展纳入全球发展倡议重点合作领域。中国将生态文明领域合作作为共建"一带一路"重点内容，发起了系列绿色行动倡议，采取绿色基建、绿色能源、绿色交通、绿色金融等一系列举措，持续造福共建"一带一路"国家的民众。看得见、摸得着、有实效的绿色合作成果不断涌现，充分展现中国推动构建人与自然生命共同体的坚定决心。

中国共产党致力于以中国式现代化全面推进中华民族伟大复兴，人与自然和谐共生是中国式现代化的特色之一。尊重自然、顺应自然、保护自然，是全面建设社会主义现代化国家的内在要求。新征程上，中国将加快发展方式绿色转型，深入推进环境污染防治，提升生态系统多样性、稳定性、持续性，积极稳妥推进碳达峰碳中和，持续推进美丽中国建设。中国也将继续站在对人类文明负责的高度，积极应对气候变化，构建人与自然生命共同体，推动形成人与自然和谐共生新格局，为建设清洁美丽的世界作出新的贡献。

《人民日报》（2022 年 10 月 25 日 第 03 版）

展现中国特色、中国风格、中国气派
——大国外交砥砺前行⑩

"我们党立志于中华民族千秋伟业，致力于人类和平与发展崇高事业，责任无比重大，使命无上光荣。"习近平总书记在党的二十大报告中如是指出。透过中共二十大，国际社会深刻读懂中国共产党的天下情怀，充分感受到新时代中国立天下之正位、行天下之大道、谋世界之大同的使命担当。

当前，国际力量对比深刻调整，单边主义、保护主义、霸权主义、强权政治对世界和平与发展威胁上升，逆全球化思潮上升，世界进入新的动荡变革期。中国特色大国外交紧扣服务民族复兴、促进人类进步这条主线，高举和平、发展、合作、共赢旗帜，展现出与时俱进、担当有为、开放包容的中国特色、中国风格、中国气派，塑造了中国外交独特风范，赢得国际社会广泛认同和高度赞誉。

新时代中国特色大国外交守正创新，彰显大国气派。习近平总书记立足历史大势和世界全局，积极推进重大外交理论和实践创新，提出一系列富有中国特色、体现时代精神、引领人类发展进步潮流的新理念新主张新倡议。坚持从中华优秀传统文化中汲取智慧启示，提出推动构建人类命运共同体、推动构建新型国际关系，弘扬全人类共同价值、正确义利观、全球安全观、全球治理观等理念主张，为解决当代人类面临的难题贡献中国智慧；继承和弘扬新中国外交优良传统，并赋予新的时代内涵，提出共建"一带一路"、全球发展倡议、全球安全倡议等重大倡议，推动创设亚洲基础设施投资银行、新开发银行等多边金融机构，为促进世界和平发展提供中国方案。新时代中国特色大国外交在理论创新、实践创新中砥砺前行，不断开创新境界、展现新担当。

新时代中国特色大国外交立己达人，彰显世界情怀。中国始终把自身发展置于人类发展的坐标系中，始终把中国人民利益同各国人民共同利益结合起来，在同各国的友好合作中谋求共同发展，在与世界的交流交往中实现互利共赢。截至2021年底，中国已在24个共建"一带一路"国家建设了79个境外经贸合作区，累计投资430亿美元，为当地创造了34.6万个就业岗位；世纪疫情来袭，中国始终站在国际抗疫合作最前线，同180多个国家和国际组织分享疫情防控和诊疗方案，向34个国家派出38支医疗专家组，向120多个国家和国际组织提供超过22亿剂疫苗……国际人士评价，当前全球性挑战加剧，国际社会迫切需要对话、信任与合作，中国展现大国担当，得到许多国家认可与支持。

新时代中国特色大国外交开放包容，彰显宽广胸襟。习近平主席指出："一个更加开放包容的世界，能给各国带来更广阔的发展空间，给人类带来更繁荣的未来。"中国坚定不移推动建设开放型世界经济，推动经济全球化朝着更加开放、包容、普惠、平衡、共赢的方向发展；坚持维护文明多样性、促进文明对话与合作，坚定弘扬和平、发展、公平、正义、民主、自由的全人类共同价值；倡导构建相互尊重、公平正义、合作共赢的新型国际关系，全面发展同各国友好合作，走出一条国与国交往的新路；高举真正的多边主义旗帜，坚持共商共建共享的全球治理观，推动国际秩序和全球治理体系朝着更加公正合理的方向发展。

新时代中国特色大国外交重情尚义，彰显崇高品格。中国外交重友谊、负责任、讲信义、谋公正，中国说到的话、承诺的事，一定会做到、一定会兑现。为推动共建"一带一路"，中国举办两届"一带一路"国际合作高峰论坛，分别达成270多项、283项成果；为落实全球发展倡议，中国把南南合作援助基金整合升级为"全球发展和南南合作基金"，加大对中国—联合国和平与发展基金的投入，成立全球发展促进中心等；为加强中非合作，中国与非洲国家共同实施"十大合作计划""八大行动""九项工程"……中国在国际事务中始终恪守政治承诺，忠实履行责任义务，为变乱交织的世界注入稳定性确定性。

"只要共行天下大道，各国就能够和睦相处、合作共赢，携手创造世界的美好未来。"习近平总书记在二十届中共中央政治局常委同中外记者见面时强调。新时代新征程上，中国将继续坚定站在历史正确的一边，站在人类文明进步的一边，顺大势，担大义，行大道，谋大同，同世界上一切进步力量携手，为开创人类更加美好的未来贡献力量。

《人民日报》（2022年10月31日 第03版）

一起向未来

北京冬奥会、冬残奥会是一场和平友谊的盛会、一场团结合作的盛会、一场鼓舞世界的盛会！

展现团结、韧性和国际合作的重要契机

举办一届精彩、非凡、卓越的奥运盛会，是 14 亿多中国人民对奥林匹克运动的又一次热情拥抱，有利于促进冬季冰雪运动的普及发展，有利于增进与世界各国人民的了解和友谊

伴随着《一起向未来》的优美旋律，北京冬奥会的脚步越来越近。"经过几年努力，各项筹备工作基本就绪，我们完全有信心、有能力为世界奉献一届精彩、非凡、卓越的奥运盛会。"习近平总书记近日在北京考察 2022 年冬奥会、冬残奥会筹办备赛工作时的坚定话语，充分彰显中国兑现向国际社会作出的庄严承诺，办好北京冬奥会、冬残奥会的信心，充分表明阳光、富强、开放的中国拥抱世界、共创美好未来的美好愿望。

办好北京冬奥会、冬残奥会，这是中国与世界的美好约定。2015 年 7 月 31 日，在国际奥委会第 128 次全会上，北京携手张家口获得第二十四届冬季奥林匹克运动会的举办权。当天，习近平总书记在致申办冬奥会代表团的贺信中提出，把 2022 年冬奥会办成一届精彩、非凡、卓越的奥运盛会。同一天在致信国际奥委会主席巴赫时，习近平主席强调："我们将兑现全部承诺，同世界各国人民一道，同国际奥委会一起共同见证奥林匹克冬季运动发展和奥林匹克精神传播的新境界。"

为兑现向国际社会作出的庄严承诺，中国 6 年多来付出了不懈努力。中国提出绿色、共享、开放、廉洁的办奥理念和简约、安全、精彩的办赛要求。从"北京 2022 年冬奥会筹备工作起步迅速，并在正确的轨道上前行"，到"北京冬奥会筹备工作务实高效，充满活力"，再到"对举办一届安全的冬奥会充满信心""这届冬奥会将为全球冬季运动开启一个新时代"，国际奥委会一直积极

评价北京冬奥会筹备工作，充分肯定中国为国际奥林匹克事业作出的贡献。"相信中国将为世界奉献一届精彩纷呈的奥运盛会"……国际社会对中国充满信心，热切期盼北京之约，期待北京再次为世界带来惊喜。

2008 年，北京奥运会成功举办，标志着中国用百年时间圆满回答了著名的"奥运三问"。2022 年，成功举办一届精彩、非凡、卓越的奥运盛会，是 14 亿多中国人民对奥林匹克运动的又一次热情拥抱，有利于促进冬季冰雪运动的普及发展，有利于增进与世界各国人民的了解和友谊。这些年，连通三大赛区的世界首条时速 350 公里的智能高铁——京张高铁正式通车，"雪如意""冰丝带"的精彩亮相，"水立方"到"冰立方"的成功转换，"带动 3 亿人参与冰雪运动"的目标提前实现……透过北京冬奥会的筹备过程，世界一次次见证了中国人民新时代奋斗圆梦的故事。

在新冠肺炎疫情仍在全球肆虐的当下，北京冬奥会肩负着让奥林匹克运动促进人类相互理解与交流的重要使命。此前，第七十六届联合国大会协商一致通过北京冬奥会奥林匹克休战决议，强调北京冬奥会将是展现人类团结、韧性和国际合作宝贵价值的契机；第十届奥林匹克峰会以及二十国集团、中非合作论坛、中国—拉共体论坛、上海合作组织等多边机制都发出了支持北京冬奥会的强音。国际社会对北京冬奥会的支持，彰显了各方同舟共济、战胜疫情、维护和平、一起向未来的美好期盼，"相信北京冬奥会将成为本着和平、团结和友谊精神将世界聚集在一起的难忘时刻"。

"让我们一起向未来！"这豪迈的话语，是中国向各方发出的携手同行的诚挚邀请。中国定将不负国际奥委会"这是一个安全的、历史性的选择"的期待，北京冬奥会定将在奥林匹克运动发展史上留下浓墨重彩的一笔。

《人民日报》(2022 年 01 月 07 日　第 03 版)

为冬奥会打下美丽中国底色

绿色办奥，体现出中国坚定不移走生态优先、绿色低碳发展道路的历史自觉，展现出中国积极参与全球气候和环境治理的责任担当

1月23日，北京冬奥村预开村；1月25日，国家体育场"鸟巢"、国家游泳中心"冰立方"、国家速滑馆"冰丝带"三大冬奥场馆全面进入赛时运行模式……随着北京冬奥会的临近，各国代表团将有机会近距离体验氢燃料车保障出行、低碳环保的奥运场馆等，感知中国的绿色办奥理念，见证绿色冬奥所彰显的美丽中国底色。

绿色办奥是中国向国际社会作出的坚定承诺。2015年8月，国际奥委会投票决定将2022年冬奥会举办权交给北京后不久，习近平总书记就提出了坚持绿色办奥、共享办奥、开放办奥、廉洁办奥的要求。"绿色办奥，就要坚持生态优先、资源节约、环境友好，为冬奥会打下美丽中国底色""要突出绿色办奥理念，把发展体育事业同促进生态文明建设结合起来"……2017年以来，习近平总书记5次实地考察冬奥会筹办工作，为绿色办奥指明方向、提供遵循。

北京冬奥会坚持绿色低碳标准，为国际赛事树立了可持续发展的新标杆。建设低碳场馆，所有场馆都达到绿色建筑标准，4个冰上场馆使用新型二氧化碳制冷剂，建成超过5万平方米超低能耗示范工程，三大赛区26个场馆全面使用低碳能源，在奥运史上首次实现场馆"绿电"全覆盖；构建低碳交通体系，节能与清洁能源车辆在赛时车辆中占比超八成；使用6个2008年北京奥运会场馆……国际奥委会北京冬奥会协调委员会主席小萨马兰奇表示，北京冬奥会将成为"最绿色"的奥运会。美国库恩基金会主席罗伯特·库恩指出，北京冬奥会为全球应对气候变化、推动可持续发展作出了贡献。

绿色办奥，体现出中国坚定不移走生态优先、绿色低碳发展道路的历史自觉。中国把生态文明建设放在突出地位，融入中国经济社会发展各方面和全过程。建立健全绿色低碳循环发展经济体系，持续推动产业结构和能源结构调整，努力建设人与自然和谐共生的现代化取得显著成效。坚持山水林田湖草生命共同体，协同推进生物多样性治理，生态文明建设不断迈上新台阶。塞罕坝林场建设者获颁"地球卫士奖"，库布其沙漠治理模式为全球防治荒漠化提供样本……建设美丽中国的行动不断赢得世界喝彩，"生态文明""绿水青山就是金山银山"等理念得到国际社会广泛认同。

绿色办奥，展现出中国积极参与全球气候和环境治理的责任担当。生态文明建设关乎人类未来，建设绿色家园是人类的共同梦想。基于推动构建人类命运共同体的责任担当和实现可持续发展的内在要求，中国加快构建"双碳"政策体系，宣布不再新建境外煤电项目，积极参与气候变化国际谈判。中国还将生态文明领域合作作为共建"一带一路"重点内容，发起系列绿色行动倡议，采取绿色基建、绿色能源、绿色交通、绿色金融等一系列举措，持续造福参与共建"一带一路"的各国人民。国际人士指出，中国向世界展示了保护环境、应对气候变化问题的决心，增强了全球应对气候变化和环境挑战的信心。

坚持绿色低碳，建设一个清洁美丽的世界，这是构建人类命运共同体的应有之义，也是北京冬奥会主题口号"一起向未来"所昭示的美好前景。秉持"可持续·向未来"的诚挚愿景，北京冬奥会将成为展现中国绿色发展成就的窗口，将为全球可持续发展贡献中国智慧和力量。

《人民日报》（2022 年 01 月 27 日　第 17 版）

奥林匹克新格言的成功实践

象征着光明、团结、友谊、和平、正义的奥林匹克火种即将再次在北京点燃，北京冬奥会注定将成为各国运动员逐梦冰雪、彰显人类团结合作精神的盛会

"奥林匹克运动倡导的'更团结'正是当今时代最需要的。世界各国与其在 190 多条小船上，不如同在一条大船上，共同拥有更美好未来，所以我们提出了'一起向未来'的北京冬奥会口号。"习近平主席近日在北京会见国际奥委会主席巴赫时指出，即将如期如约顺利举办的北京冬奥会是对"更快、更高、更强——更团结"奥林匹克新格言的成功实践。

新冠肺炎疫情肆虐全球，病毒频繁变异。各国命运休戚与共，只有同舟共济、团结合作，才能共同应对全球性挑战。"当前，我们更加需要团结一致，这不仅是为了应对新冠肺炎疫情，更是为了应对我们面临的巨大挑战。"去年，在巴赫提议下，奥林匹克格言在"更快、更高、更强"之后正式加入"更团结"，这是奥林匹克格言 108 年来首次更新，反映出人类团结应对挑战的共同心愿与强烈呼声。

作为疫情发生以来首次如期举办的全球综合性体育盛会，北京冬奥会不仅得到中国人民的支持，也得到国际社会的支持。从巴赫在北京表达"祝愿世界更加团结"的愿望，到第七十六届联合国大会主席沙希德呼吁联合国所有会员国在北京冬奥会和冬残奥会期间遵守"奥林匹克休战"，再到许多国家的政要、奥委会官员等发出坚定支持北京冬奥会的强音，都表明北京冬奥会将不仅是精彩的体育盛事，更是展示人类团结和友谊的平台。

北京冬奥会也是民心相通的纽带。英国北爱尔兰地区米尔本小学合唱团用中文演唱《2022 相约北京》，为北京冬奥会送上祝福。2020 年 2 月，该合唱

团的孩子们用中文演唱歌曲《让世界充满爱》，为中国抗击新冠肺炎疫情加油。俄罗斯老人专门为北京冬奥会创作俄语歌曲《北京》，韩国艺术家特别绘制冬奥主题画作，巴西女孩创作《心中的北京》……不同的方式，传递出同样的温情，表达着同样的团结创造美好未来的愿望，都是跨越国界的奥林匹克精神的体现。

体育是人类共同的语言。北京冬奥会有约 90 个国家和地区近 3000 名运动员参加，一些国家将首次派团出席冬奥会。在泰国奥委会副主席瓦林·坦素帕西里看来，最重要的不是输赢，而是参加比赛的机会，是人类的友谊与和平。斯里兰卡日前举行北京冬奥会开幕倒计时 30 天庆祝活动，该国体育与青年事务部部长纳马尔·拉贾帕克萨表示，斯里兰卡作为热带岛国虽然没有冰雪运动基础，但斯民众和全世界人民一起拥抱冬奥会和奥林匹克精神。地处热带的哥伦比亚也将派运动员参加北京冬奥会，民众为北京冬奥会欢欣鼓舞。哥伦比亚总统杜克指出，北京冬奥会是整个世界的大事，能在疫情防控期间举办冬奥会，表明世界正在满怀热情地展望未来。

象征着光明、团结、友谊、和平、正义的奥林匹克火种即将再次在北京点燃，北京冬奥会注定将成为各国运动员逐梦冰雪、彰显人类团结合作精神的盛会。"更团结"的奥林匹克精神必将在北京冬奥会上大放异彩，鼓舞全人类携手开创美好未来的信心。

《人民日报》（2022 年 01 月 28 日　第 16 版）

展现战胜疫情的信心和力量

北京冬奥会的疫情防控举措是中国抗疫成功经验的缩影，也是中国精神、中国力量的集中展现

不畏严寒值守的志愿者，无接触送物的机器人，快速检测空气中新冠病毒的防疫"黑科技"，避免过多人员交互的智慧餐厅……北京冬奥村里，陆续入住的各国代表团感受到中国为保障冬奥会安全、顺利举办所付出的巨大努力，由衷感佩"中国能在这样的挑战下办好盛会，非常了不起"。

北京冬奥会是新冠肺炎疫情发生以来首次如期举办的全球综合性体育盛会，做好疫情防控工作是重中之重，也是最大的考验。习近平总书记高度重视北京冬奥会、冬残奥会疫情防控工作，强调"要坚决守住安全底线，把疫情防控放在首位，针对各种风险挑战，完善工作方案和预案，采取有效应对措施，确保万无一失"。经过精心筹备，北京冬奥会、冬残奥会疫情防控工作得到各方高度评价。习近平主席近日在北京会见国际奥委会主席巴赫时明确表示："我们完全有信心保障参赛及相关人员、中国人民的健康安全。"

为做好北京冬奥会疫情防控工作，中国全力以赴，做到了科学精准、切实有效。国际奥委会、国际残奥委会和北京冬奥组委依据疫情防控最新科研成果、专家意见和其他国际赛事经验，发布了第二版《北京 2022 年冬奥会和冬残奥会防疫手册》。中方优化分区分类"双闭环"管理流程，严格执行各项防控措施，并在闭环内为涉奥人员提供方便、快捷、精准、细致的服务，帮助涉奥人员在保护自身健康的前提下参会。实践表明，北京冬奥会实行的闭环管理机制行之有效。北京冬奥组委疫情防控办公室近日表示，目前闭环内没有疫情传播。国际奥委会奥运会部执行主任克里斯托夫·杜比指出，在疫情防控方面，北京冬

奥会做得非常出色，竭尽全力保证每个人的安全，操作层面的严谨和成熟度前所未有。

在全球疫情防控形势依然严峻的背景下，中国克服困难履行承诺，如期如约举办北京冬奥会，彰显言出必行的大国担当。自 2015 年 7 月申办成功以来，北京冬奥会筹办工作一直在有条不紊地推进。在疫情延宕反复的情况下，北京冬奥会、冬残奥会所有场馆建设仍提前一年完成，充分体现了党的领导和举国体制、集中力量办大事的制度优势。"能做成""能办好"，这是世界对中国的突出印象。巴赫称赞，"相信北京冬奥会、冬残奥会将向世界展现抗击疫情的榜样力量"。

北京冬奥会的疫情防控举措是中国抗疫成功经验的缩影，也是中国精神、中国力量的集中展现。疫情发生以来，中国政府本着对人民生命安全和身体健康高度负责的态度，举全国之力，进行了最彻底、最坚决、最有力的防控，为维护世界公共卫生安全作出不可磨灭的贡献。中国在实践中不断摸索完善防疫体系，坚持"外防输入、内防反弹"的总策略不动摇，坚持"动态清零"的总方针不动摇，做到及时发现、快速处置、精准管控、有效救治，实现以最小成本取得最大成效。北京冬奥会秉持以运动员为中心的理念，正是人民至上、生命至上理念的生动体现和中国抗疫成功经验的具体实践。

携手同心，共筑梦想。在全国人民和国际社会的支持下，中国将以最坚定的意志、最严密的防控、最坚强的守护确保参与北京冬奥会、冬残奥会人员的健康安全，为世界奉献一届简约、安全、精彩的奥运盛会，为全球战胜疫情注入更多信心和力量。

《人民日报》(2022 年 01 月 31 日　第 03 版)

"和"文化与奥林匹克精神相汇相融

当春节与冬奥会相遇，世界将更加感受到中国传统文化和文明交流互鉴的魅力，从团圆、团结中获取开创美好未来的信心和力量

春节是万家团圆的时刻，处处体现出"和"文化的美妙。北京冬奥会是全球盛会，处处彰显着"更团结"的力量。国际社会向中国人民送上新春祝福，也期待分享中国"双喜临门"的喜庆和欢乐，从团圆、团结中获取开创美好未来的信心和力量。

当春节与冬奥会相遇，世界更加感受到中国传统文化的魅力。"这个时间段位于中国传统节日春节期间，丰盛的中国传统美食和丰富多彩的民俗文化传统将为参与者提供十分特别的难忘体验。"在 2015 年 1 月 6 日向国际奥委会提交的《申办报告》中，北京冬奥申委着重突出冬奥与春节的融合。如今，愿景正在变为现实。在既古老又现代的北京，融合春节、民俗、冬奥元素的城市景观随处可见。在以四合院理念设计建设的冬奥村内，饺子等春节美食和装有福字、春联、灯笼的"春节礼包"，让运动员们感受到"过大年"的乐趣。

当春节与冬奥会相遇，世界将更加感受到文明交流互鉴的魅力。"和"文化蕴涵着天人合一的宇宙观、协和万邦的国际观、和而不同的社会观、人心和善的道德观，与"团结友爱、公平竞争、相互理解"的奥林匹克精神高度契合，都代表着人类追求和平、发展、合作、共赢的共同愿景。"和"文化与奥林匹克精神相汇相融，更加彰显弥足珍贵的时代价值。

正如现代奥林匹克之父顾拜旦所说："奥林匹克不是一场竞赛，而是一种源于内心的文化交流与融合。"北京冬奥会不仅是一场精彩、非凡、卓越的体育盛会，也将成为促进中华文明同世界各国文明交流互鉴的盛会。北京冬奥会

奖牌"同心"的形象来源于中国古代同心圆玉璧，共设五环，寓意五环同心，同心归圆，表达了"天地合·人心同"的中华文化内涵，也象征着奥林匹克精神将世界人民聚集在一起，共享冬奥荣光。北京冬残奥会吉祥物"雪容融"以灯笼为设计原型，代表着收获、喜庆、温暖和光明，容融表达了世界文明交流互鉴、和谐发展的理念。别具匠心的设计，让古老东方文明与奥林匹克精神交相辉映。

奥林匹克精神的核心是通过体育将全人类团结在友谊与和平之中。《奥林匹克宪章》中写道：奥林匹克运动的宗旨是让体育为人类发展服务，从而打造一个更美好、更和平、尊重人类尊严的世界。在新冠肺炎疫情肆虐、全球性挑战增多的当下，举办一届"更团结"的冬奥会比以往任何时候都更具世界意义。北京冬奥会"一起向未来"的主题口号，反映了全世界人民的共同心声，展现出中国以北京冬奥会为契机，携手各国抗击疫情、共建疫后美好世界的真诚意愿。

虎象征的力量、勇敢、无畏，正是人类应对当前挑战必需的品质。从中国"和"文化与奥林匹克精神中获得启迪，人类定能续写增进团结友谊的新篇章，凝聚战胜全球挑战的磅礴力量，拥抱人类命运共同体的光明未来。

《人民日报》（2022 年 02 月 03 日　第 02 版）

携手书写和平发展梦想的新篇章

随着象征光明、团结、友谊、和平、正义的奥林匹克火种再次在北京点燃，中国将携手各方书写和平发展梦想的新篇章

2月4日晚，第二十四届冬季奥林匹克运动会开幕式将在国家体育场举行。中共中央总书记、国家主席、中央军委主席习近平将出席开幕式并宣布本届冬奥会开幕。在世界百年未有之大变局和世纪疫情叠加背景下，中国如期如约举办北京冬奥会意义非凡。国际奥委会主席巴赫在3日开幕的国际奥委会第139次全会上表示："明天晚上，我们将与中国一道创造历史。"

从100多年前的"奥运三问"，到2008年北京成功举办夏季奥运会，再到北京成为全球首个"双奥之城"，中国追寻奥林匹克梦想的足迹，始终与实现国家富强、民族振兴、人民幸福的梦想相伴。2015年7月31日，习近平总书记浑厚有力的声音响彻国际奥委会第128次全会会场——"中国人民期盼和等待着这次机会。我相信，如果各位选择北京，中国人民一定能在北京为世界奉献一届精彩、非凡、卓越的冬奥会！"从那一天北京成功获得2022年冬奥会的举办权，到如今北京冬奥会即将盛大开幕，中国人民用6年多时间，再次书写了奋斗圆梦的动人故事。随着象征光明、团结、友谊、和平、正义的奥林匹克火种再次在北京点燃，中国将携手各方书写和平发展梦想的新篇章。

北京冬奥会将是促进持久和平的盛会。奥林匹克自诞生之日起就代表着对和平友爱的永恒追求。从联合国大会协商一致通过由173个国家共提的北京冬奥会奥林匹克休战决议，到联合国首次为冬奥会发行主题为"体育促进和平"的纪念邮票，再到国际人士呼吁遵守"奥林匹克休战"，促进世界持久和平是北京冬奥会的主旋律。在世界进入新的动荡变革期之际，北京冬奥会将以全球

共通的语言，为各国跨越分歧、战胜疫情、实现经济复苏注入信心，为推动构建人类命运共同体提供最佳舞台。联合国秘书长古特雷斯指出，北京冬奥会一定能成为世界和平的助推器。

北京冬奥会将是追求发展繁荣的盛会。与奥林匹克改革思路高度一致的"绿色、共享、开放、廉洁"的办奥理念，贯穿北京冬奥会筹办工作全过程。在奥运历史上，北京冬奥会首次实现全部场馆使用绿色电力，首次大规模使用碳排放趋近于零的二氧化碳制冰技术，是首届在经济、环境、社会三方面全面推进国际奥委会可持续性政策的赛事。北京冬奥会展示的中国创新、协调、绿色、开放、共享的新发展理念，将为推动全球可持续发展注入强大信心。

北京冬奥会将是弘扬团结精神的盛会。北京冬奥会是奥林匹克格言加入"更团结"后举办的首届冬奥会，也是新冠肺炎疫情发生以来首次如期举办的全球综合性体育盛会。91个国家和地区近3000名运动员参加北京冬奥会，32位国际政要出席北京冬奥会开幕式及相关活动，许多国家政要和人民祝福北京冬奥会……生动诠释了"奥林匹克精神是人类团结的灯塔"。国际人士指出："相信在北京国家体育场点亮的奥林匹克火种将成为超越国界的崇高体育精神的象征，体现全人类坚强意志和团结力量，激发建设和平繁荣世界的信心。"

从2008年的"同一个世界，同一个梦想"，到2022年的"一起向未来"，中国积极参与奥林匹克运动，坚持不懈弘扬奥林匹克精神，是奥林匹克理想的坚定追求者、行动派。北京冬奥会将为奥林匹克运动和推动构建人类命运共同体作出新的更大贡献。

《人民日报》（2022年02月04日　第03版）

阳光、富强、开放中国的生动映照

北京冬奥会的举行，是阳光、富强、开放的中国与世界的美好约定，是中国效率、中国决心、中国活力的体现

"北京冬奥会组织出色，开幕式非常精彩。虎年意味着勇气、力量和决心，这正是中国人民所展现的优秀品质""中方克服疫情影响成功举办北京冬奥会，开幕式美轮美奂，体现了真正的奥林匹克精神，将给世界人民带去更多团结、友谊和希望"……连日来，国际社会高度评价北京冬奥会的筹办和组织工作，并从中看到了一个丰富多彩、生动立体的新时代中国，感受到中国的开放自信、勇毅担当。

透过北京冬奥会，世界看到一个阳光的中国。北京冬奥会开幕式开始前，来自北京、河北两地的群众来到鸟巢，以质朴而火热的广场舞笑迎八方宾朋。这一暖场演出被认为"向世界生动呈现了中国民众日常生活的活力与朝气"。习近平主席指出："体育精神是中国精神的一个缩影。这种拼搏精神恰恰是我们这个时代的一种体现。"无论是北京冬奥会开幕式表演传递出的现代气息，还是每一个冬奥会志愿者脸上洋溢的灿烂笑容，无论是中国选手在赛场上奋勇争先的精彩表现，还是中国民众参与冰雪运动的浓厚热情，都让世界看到了中国无处不在的奋斗精神、向上心态。阳光的中国，让各方来宾充分感受到春天般的温暖。

透过北京冬奥会，世界看到一个富强的中国。"开幕式精彩绝伦，充分体现了伟大中国的强大国力和影响力。"现场观看冬奥会开幕式的埃及总统塞西发出如是感慨。筹办综合性体育赛事，考验的是一个国家的综合实力。新冠肺炎疫情肆虐全球，给北京冬奥会筹办工作带来不少困难，但国际社会对中国办

好北京冬奥会始终充满信心。中国疫情防控取得重大战略成果，经济发展和疫情防控保持全球领先地位，如期打赢脱贫攻坚战，全面建成小康社会……一系列成就进一步坚定了国际社会对中国的信心。北京冬奥会的高科技含量引起国际舆论热议，认为"北京冬奥会开幕式向世界展示了科技、环保与运动的结合，展现出中国运用新技术的实力""中国的自主创新和科技办赛能力令人叹服，所展现的现代化成就给世界留下深刻印象"，这些从一个侧面折射出中国的发展进步。

透过北京冬奥会，世界看到一个开放的中国。绚丽多彩的"迎客松"焰火、寓意着开放和共享的"中国门"、由所有参赛代表团名称构建的"大雪花"主火炬台……开幕式上，一系列独具匠心的设计，传递出新时代中国敞开怀抱与世界相拥的真诚意愿。"通过志愿者的亲切和热情，我们感受到东道主发自内心的欢迎。"第一次来中国的美国运动员尼古拉斯·戈珀如是说。中国人民的热情好客给各国运动员留下深刻印象。过去40多年来，改革开放书写了中国的经济发展奇迹，也塑造了中国积极进取、开放包容、理性平和的国民心态。携手世界才能创造美好未来，已成为中国人民的共同认知。"一起向未来"，这是亿万中国人民面对时代之问、世界之问做出的发自内心的选择。

奥林匹克运动的宗旨是让体育为人类发展服务，从而打造一个更美好、更和平、尊重人类尊严的世界。北京冬奥会克服疫情影响如期顺利举行，这是阳光、富强、开放的中国与世界的美好约定，是中国效率、中国决心、中国活力的体现，展现出中国致力于推动构建人类命运共同体的坚定意志和勇毅行动。北京冬奥会传递出明确信号：中国将始终携手各方，为推动国际社会应对全球性挑战、共同开创美好未来而不懈努力。

《人民日报》（2022年02月09日　第03版）

"科技冬奥" 展现共创美好未来的力量

为世界奉献一届精彩、非凡、卓越的奥运盛会，离不开强大科技实力的支撑

北京冬奥会不仅是举世瞩目的一场体育盛会，也是观察中国科技创新的一扇窗口。冬奥村中，智能设施让入住者尽享舒适、便利的生活；开幕式上，超高清地面显示系统呈现令人叹为观止的视觉效果；比赛场馆内，"最快的冰"让运动员们感受速度与激情的快乐；山地赛场，分钟级、百米级的精准气象预报为比赛顺利进行提供有力保障……科技感、未来感十足的北京冬奥会，令国际社会印象深刻。国际奥委会主席巴赫指出："科技的潜力令人惊叹，北京冬奥会在奥运会历史上第一次真正挖掘了这种潜力。"

"科技冬奥"展现中国举世瞩目的创新发展成就。中国高度重视科技创新工作，坚持把创新作为引领发展的第一动力。党的十八大以来，中国科技事业取得历史性成就、发生历史性变革，重大创新成果竞相涌现，一些前沿领域开始进入并跑、领跑阶段，科技实力正在从量的积累迈向质的飞跃，从点的突破迈向系统能力提升。为世界奉献一届精彩、非凡、卓越的奥运盛会，离不开强大科技实力的支撑。早在2019年考察北京冬奥会筹办工作时，习近平总书记就强调场馆建设要突出"科技、智慧、绿色、节俭"特色，摆在首位的正是科技。

"科技冬奥"彰显中国以改革创新为核心的时代精神。流光溢彩的开幕式视觉盛宴背后，是超大8K超高清地面显示系统、人工智能实时捕捉技术、裸眼3D技术等的汇聚；国家速滑馆能形成最完整、最均匀、最快速的冰，得益于中国拥有自主知识产权的二氧化碳跨临界直冷制冰机组，冰面下长达120多公里的不锈钢管中流动的液态二氧化碳保证冰面温差不超过0.5摄氏度；奥运史上首次实现全部场馆绿色电力全覆盖，离不开创造12项世界第一的张北柔性直流工程……科技不仅为北京冬奥会赋能，有关技术的转化和推广应用，也将为中国和世界的可持续发展赋能。

"科技冬奥"也是创新推动人类进步的缩影。深入思考中国体育发展道路，习近平总书记指出："同我们国家的强国之路一样，中国冰雪运动也必须走科技创新之路，一方面要坚持自主创新，一方面要积极吸收世界上的先进技术和训练方法。"中国速度滑冰运动员穿着的速滑服，经过500多个小时的风洞测试，能有效降低风阻；中国钢架雪车健儿穿着的高科技战靴，有采用仿生流体力学设计的导流线和科技材料打造的鞋底异形曲面碳板，能为运动员起跑、滑行提供重要支撑……在科技进步的推动下，运动员更快、更高、更强成为可能。

当前，世界百年未有之大变局加速演进，新冠肺炎疫情影响广泛深远，世界经济复苏面临严峻挑战，世界各国更加需要加强科技开放合作，通过科技创新共同探索解决重要全球性问题的途径和方法，共同应对时代挑战，共同促进人类和平与发展的崇高事业。北京冬奥会的成功举办显示，加大科技创新力度，坚持开放合作，人类在时代挑战面前将变得更快、更高、更强，将携手开创更加美好的未来。

《人民日报》（2022年02月15日　第03版）

在追逐梦想的道路上相互成就

北京冬奥会温暖了世界，北京冬奥会的成功是中国的成功，也是世界的成功

2月20日晚，2万盏灯笼点亮国家体育场，中国红与冰雪蓝交相辉映，举世瞩目的北京冬奥会在运动员们的欢乐聚会中落下帷幕。16天，来自91个国家和地区的近3000名运动员在五环旗下同场竞技，以拼搏、友谊、团结、奋进，共同创造不断超越自我的辉煌时刻。16天，全球数十亿人分享北京冬奥会带来的喜悦、感动、温暖、希望，共同唱响人类"一起向未来"的恢宏乐章。

"这是一届真正无与伦比的冬奥会。"国际奥委会主席巴赫在闭幕式上高度评价北京冬奥会。在百年变局与世纪疫情交织叠加背景下，中国以言必信、行必果的大国担当兑现承诺，如期如约举办了一届简约、安全、精彩的奥运盛会，让奥林匹克火种凝聚起全世界"更团结"的力量，照亮了人类美好的明天。"迄今收视率最高的一届冬奥会""我参加过的最棒的一届冬奥会""向世界传递了充满希望的信息""我们应当对中国说声谢谢"……北京冬奥会收获广泛赞誉。

"历史会镌刻下这一笔，世界将对中国道路有全新的认识。"在北京冬奥会闭幕式上，2008年北京奥运会的"梦幻五环"与浪漫唯美的"大雪花"火炬台同框，让人们重温了中国人民追逐、实现奥运梦想的历程。从100多年前的"奥运三问"，到如今的"双奥之城"，北京冬奥会成为世界感知中国发展的一面镜子。这面镜子映照出的，是从贫弱走向富强的中国，是从封闭走向开放的中国，是从追随潮流到引领时代的中国。"如果没有中国人民的支持，北京2022年冬奥会不可能达到如此出色的水平。"北京冬奥会闭幕前一天，国际奥委会将奥林匹克奖杯授予中国人民，表达对中国人民的感谢。

中华文明与奥林匹克运动再度携手，奏响了全人类团结、和平、友谊的华美乐章。"体育就是和平",奥林匹克运动之父顾拜旦如是表达举办奥运会的初衷。北京冬奥会赛场内外,运动员们用拼搏成就梦想,为对手取得的成就欢呼、喝彩,在一次次握手、拥抱中增进感情和友谊。他们用行动证明,只要有梦想并为梦想而不懈奋斗,人类就不惧挑战,就能拥有光明未来。他们用行动证明,人类的梦想是相通的,各国人民可以在追逐梦想的道路上相互成就。他们用行动证明,人类团结的力量远比分裂的力量更强大。北京冬奥会传递出的积极信息,将给全人类以勇毅前行的信心。

从"一起向未来"的主题口号,到开幕式上《和平——命运共同体》的乐曲,从各代表团雪花造型引导牌聚合成的"大雪花"火炬台,到闭幕式上借柳枝传递的友谊心声,北京冬奥会让世界充分感悟到"世界大同,天下一家"。正如联合国秘书长古特雷斯所说,北京冬奥会"向世人发出明确信息,即任何国家、民族、宗教的人民都可以超越分歧,实现团结与合作"。尽管当今世界仍面临诸多不确定性,但只要秉持人类命运共同体理念,共同弘扬团结友爱、公平竞争、相互理解的奥林匹克精神,共同弘扬和平、发展、公平、正义、民主、自由的全人类共同价值,人类就能更快、更高、更强、更团结,就能推动人类航船驶向梦想的彼岸。

北京冬奥会温暖了世界,北京冬奥会的成功是中国的成功,也是世界的成功。人类对和平、团结、进步的追求相通,中国梦与世界梦紧密相连。以成功举办北京冬奥会为契机,中国将携手各方,不断书写构建人类命运共同体的崭新篇章。

《人民日报》(2022 年 02 月 21 日　第 11 版)

叁

从历史和哲学高度回答时代之问

"

不论风吹雨打，人类总是要向前走的。我们要善于从历史长周期比较分析中进行思考，又要善于从细微处洞察事物的变化，在危机中育新机、于变局中开新局，凝聚起战胜困难和挑战的强大力量。

"

携手各方在和平与发展的道路上奋勇向前

中国经济发展前景光明，中国市场充满机遇，中国必将为世界经济复苏发展作出更大贡献

应世界经济论坛创始人兼执行主席施瓦布邀请，习近平主席将于 1 月 17 日在北京出席 2022 年世界经济论坛视频会议并发表演讲。在百年变局与世纪疫情交织叠加的关键时刻，习近平主席再次通过世界经济论坛平台与国际社会分享应对时代挑战的中国智慧，必将为加强全球合作、共创美好未来提供重要引领、注入重要动力。

世界经济论坛有"世界经济风向标"之称。2017 年 1 月 17 日，习近平主席在世界经济论坛年会开幕式上发表重要演讲，提出中国关于经济全球化的认识和主张，分享解决世界经济问题的中国方案，在关键时刻提振了人们对未来经济发展的信心，被誉为"冬日里的阳光"。2021 年 1 月 25 日，习近平主席以视频方式出席世界经济论坛"达沃斯议程"对话会并发表特别致辞，系统阐述世界需要什么样的多边主义，中国将如何维护真正的多边主义，为迷茫中的世界指明了发展的方向。无论是 5 年前纵论经济全球化，还是去年聚焦真正的多边主义，习近平主席在世界经济论坛平台阐述的中国主张，直面国际社会面临的突出挑战，反映了国际社会的共同关切，展现了中国应势而为的勇毅担当。

当前，全球疫情跌宕蔓延，百年变局加速演进，世界进入动荡变革期。世界经济复苏脆弱曲折，通胀、债务、能源、供应链压力相互交织，南北发展鸿沟不断拉大，实现联合国 2030 年可持续发展议程任重道远。面对重重挑战，一些国家重拾冷战思维，挑动分裂对立，制造集团对抗，以多边主义之名行单边主义之实，打着所谓维护"基于规则的秩序"旗号大搞霸权霸道霸凌，威胁国际秩序稳定和世界和平发展。在此背景下，作为世界第二大经济体、联合国安理会常任理事国的中国，将如何推动国际合作、维护国际秩序、捍卫公平正义，再度成为世界瞩目的焦点。各方期待聆听习近平主席在本次世界经济论坛视频会议上的演讲，准确把握中国与各方携手前行的理念与行动，明确中国与各方共创美好未来的方向和路径。

世界对中国满怀期待，因为中国顺应和平、发展、合作、共赢的时代潮流，坚持从人类共同福祉出发，致力于推动构建人类命运共同体。为弥合"免疫鸿沟"，中国截至去年底累计向120多个国家和国际组织提供20亿剂新冠疫苗。当经济全球化遭遇逆风、个别国家借疫情搞"筑墙""脱钩"之时，中国坚定不移推动建设开放型世界经济，推动经济全球化朝着更加开放、包容、普惠、平衡、共赢方向发展。2021年，中国高水平对外开放迈出新步伐，货物贸易进出口总值首次突破6万亿美元关口，实际使用外资规模超1.1万亿元，再创历史新高。面对世界经济复苏分化、全球发展鸿沟扩大的严峻挑战，中国积极倡导各方完善发展理念和模式，提升发展公平性、有效性、协同性。习近平主席提出的全球发展倡议，推动各方携手构建全球发展命运共同体，得到联合国等国际组织以及近百个国家的响应支持。面对单边主义抬头、冷战思维回潮，中国高举多边主义旗帜，坚定捍卫全人类共同价值，推动各方坚持开放包容，不搞封闭排他，坚持以国际法则为基础，不搞唯我独尊，坚持协商合作，不搞冲突对抗，坚持与时俱进，不搞故步自封。中国始终以行动承担大国责任、维护全球共同利益，让"中国好，世界才更好"的认识更加深入人心。

"世界各国风雨同舟、团结合作，才能书写构建人类命运共同体的新篇章。"新的一年，中国将坚定不移建设开放型世界经济，坚定不移维护和践行多边主义，坚定不移推动构建人类命运共同体，携手各方在和平与发展的道路上奋勇向前，为充满不稳定性不确定性的世界走向光明未来贡献更大力量。

《人民日报》（2022年01月15日　第03版）

从历史和哲学高度回答时代之问
——共创后疫情时代美好世界①

5年来，在世界经济论坛上，习近平主席的每一次演讲，都直面最突出的全球挑战，反映国际社会的最普遍关切，为提升全球共识、提振全球信心、团结全球力量发挥了重要作用

1月17日，习近平主席在北京出席2022年世界经济论坛视频会议并发表重要演讲。面对"如何战胜疫情、如何建设疫后世界"的时代之问，习近平主席深入阐述国际社会团结战胜疫情的正确方向、推动世界经济稳定复苏的治本之策、弥合发展鸿沟的现实路径、国家之间正确的相处之道，从历史和哲学高度给出中国答案，表明中国同各国风雨同舟、携手共创后疫情时代美好世界的坚定意志。

"'天下之势不盛则衰，天下之治不进则退。'世界总是在矛盾运动中发展的，没有矛盾就没有世界。纵观历史，人类正是在战胜一次次考验中成长、在克服一场场危机中发展。我们要在历史前进的逻辑中前进、在时代发展的潮流中发展。"习近平主席的精辟论断，充分体现了辩证唯物主义的科学方法论，为在变乱交织的国际形势下辨清历史大势、把握时代潮流提供了重要思想引领。世界经济论坛创始人兼执行主席施瓦布表示，习近平主席的演讲为中国和世界指明了走向更加美好未来的道路。

面对深刻而宏阔的时代之变，只有端起历史的望远镜，才能避免"乱花渐欲迷人眼"，看清人类社会的前进方向。尽管世纪疫情给各国人民交流制造了重重阻碍，但事实再次表明，各国不是乘坐在190多条小船上，而是乘坐在一条命运与共的大船上，同舟共济才能共创美好未来；尽管世界经济复苏发展面临诸多制约因素，但经济全球化方向从未改变、也不会改变，推动构建开放型

世界经济才能让世界经济活力充分进发出来;尽管南北差距、复苏分化、发展断层、技术鸿沟等问题更加突出,但人类社会实现共同发展的美好梦想不会褪色,唯有坚持以人民为中心的发展思想,促进全球均衡发展,才能重振全球发展事业;尽管冷战思维沉渣泛起,保护主义阴魂不散,单边主义逆流横行,但和平发展、合作共赢才是人间正道,不同国家、不同文明唯有在彼此尊重中共同发展、在求同存异中合作共赢,才能开辟世界和平发展的新境界。

面对深刻而宏阔的时代之变,国际社会必须坚定信心、勇毅前行,以实际行动推动历史车轮向着光明的目标前进。把握历史主动,需要拿出勇气,在遇到顽强阻力、看到汹涌逆流后,仍毅然奔腾向海,才能拥抱开阔的未来。"我们要善于从历史长周期比较分析中进行思考,又要善于从细微处洞察事物的变化,在危机中育新机、于变局中开新局,凝聚起战胜困难和挑战的强大力量。"习近平主席倡导国际社会直面时代难题,以行动开创美好未来。危与机相互贯通、辩证统一,以辩证思维明方向、辨大势、观大局,深刻把握机遇和挑战,积极创造条件,才能转危为机。新冠肺炎疫情发生以来,各国人民守望相助,展现出人类在重大灾难面前的勇气、决心、关爱,照亮了至暗时刻。建设后疫情时代美好世界,国际社会同样需要携手前行,以不畏艰险的魄力,勇敢战胜前进道路上的各种险阻。

这是 2017 年 1 月以来,习近平主席第三次站上素有"世界经济风向标"之称的世界经济论坛讲台。从纵论如何看待和推进全球化的时代潮流,到阐明维护和践行什么样的多边主义,再到此次系统阐述如何开辟后疫情时代美好世界的人间正道,习近平主席的每一次演讲,都直面最突出的全球挑战,反映国际社会的最普遍关切,为提升全球共识、提振全球信心、团结全球力量发挥了重要作用。中国在全球发挥的引领作用日益受到重视,不仅因为中国始终秉持人类命运共同体理念,致力于维护全球共同利益,也因为中国始终言行一致,以实实在在的行动践行为人类谋进步、为世界谋大同的使命担当。

纵观历史,不管遇到什么风险、什么灾难、什么逆流,人类社会总是要前进的,而且一定能够继续前进。只要各方顺应历史大势,携手合作,化解各类风险,跨越发展鸿沟,摒弃冷战思维,国际社会就一定能够共同开创后疫情时代的美好世界。

《人民日报》(2022 年 01 月 19 日　第 02 版)

坚定人类走出疫情阴霾的必胜信心
——共创后疫情时代美好世界②

坚定不移推进国际抗疫合作，坚定不移推动构建人类卫生健康共同体，是战胜疫情的人间正道

新冠肺炎疫情深刻改变了人类社会。在危机中育新机，于变局中开新局，必须凝聚起战胜困难和挑战的强大力量。"坚定信心、同舟共济，是战胜疫情的唯一正确道路。"在2022年世界经济论坛视频会议上发表演讲时，习近平主席再次强调指出国际社会团结战胜疫情的正确方向，指明了共创后疫情时代美好世界的关键路径。

疫情反复延宕，病毒变异增多，传播速度加快，给人民生命安全和身体健康带来严重威胁，给世界经济发展带来深刻影响。面对这场事关人类前途命运的全球性挑战，国际社会打响了一场顽强的阻击战。然而，在这场阻击战中，也有诸多不和谐因素。个别国家大搞"甩锅推责"和政治操弄，既贻误战机又干扰全球团结抗疫大局。新冠疫苗分配不均，发达国家与发展中国家之间的"免疫鸿沟"还在拉大，在此次世界经济论坛视频会议上引起广泛关注。

战胜疫情，必须准确认识危机与机遇之间的辩证关系。"纵观历史，人类正是在战胜一次次考验中成长、在克服一场场危机中发展。"习近平主席深刻阐明人类社会发展规律，引导人们正确认识当前面临的困难和挑战，坚定了人类走出疫情阴霾的必胜信心。前进的道路从来不会风平浪静、一帆风顺，期望的成果从来不会轻而易举、唾手可得。人类历史告诉我们，有问题不可怕，可怕的是不敢直面问题，找不到解决问题的思路。寒冬阻挡不了春天的脚步，黑夜遮蔽不住黎明的曙光。只要坚定信心、勇毅前行，希望的阳光终将照亮人类。

战胜疫情，必须准确认识全局与一域之间的辩证关系。"事实再次表明，在全球性危机的惊涛骇浪里，各国不是乘坐在190多条小船上，而是乘坐在一条命运与共的大船上。小船经不起风浪，巨舰才能顶住惊涛骇浪。"习近平主席以"大船""小船"为喻，生动论述国际社会与一个国家之间的关系。在人类命运休戚与共的今天，各国只有加强抗疫合作，积极开展药物研发合作，确保疫苗公平分配，共筑多重抗疫防线，加快建设人类卫生健康共同体，才能聚力战胜疫情。联合国秘书长古特雷斯在此次会议上发表致辞时说，过去两年证明了一个事实，那就是"放弃任何人，就意味着放弃所有人"，要实现真正改变，需要所有人齐心协力。

"善学者尽其理，善行者究其难。"面对二战以来最严重的全球公共卫生突发事件，中国始终站在国际抗疫合作的"第一方阵"，担当疫苗公平分配的"第一梯队"，树立起团结抗疫的标杆。2020年以来，习近平主席出席一系列重要国际会议，深刻阐释构建人类卫生健康共同体理念，倡导加强全球公共卫生安全治理，共同佑护各国人民生命和健康。面对汹涌疫情，中国尽己所能，开展了新中国对外援助史上时间最集中、范围最广泛的紧急人道主义行动，迄今已向120多个国家和国际组织提供超过20亿剂疫苗。中国将再向非洲国家提供10亿剂疫苗，其中6亿剂为无偿援助，还将无偿向东盟国家提供1.5亿剂疫苗。中国言必信，行必果。一次又一次坚实行动，彰显中国大国担当，为维护各国人民健康福祉作出重要贡献。

道阻且长，行则将至；行而不辍，未来可期。坚定不移推进国际抗疫合作，坚定不移推动构建人类卫生健康共同体，是战胜疫情的人间正道。中国将继续以坚实行动推动国际抗疫合作，与各方一道汇聚起守护人类生命安全的磅礴力量，开辟冲破疫情至暗时刻的前行之路。

《人民日报》（2022 年 01 月 20 日　第 03 版）

推动世界经济复苏进程走稳走实
——共创后疫情时代美好世界③

因势而谋、应势而动、顺势而为，齐心协力推动世界经济航船穿越风浪，驶向稳定复苏和可持续发展的光明未来

越是关键时刻，越要登高望远、把准航向。5 年前，在保护主义抬头的背景下，习近平主席在世界经济论坛讲台上，发表有关如何看待和推动经济全球化的重要演讲，为世界经济沿着正确方向前进提供了重要思想指引。当前，新冠肺炎疫情延宕反复，实现经济稳定复苏，共创后疫情时代美好世界，仍需要穿透迷雾的思想之光指引。

"我们要探索常态化疫情防控条件下的经济增长新动能、社会生活新模式、人员往来新路径，推进跨境贸易便利化，保障产业链供应链安全畅通，推动世界经济复苏进程走稳走实。"在 2022 年世界经济论坛视频会议上，习近平主席深刻阐明推动世界经济稳定复苏的治本之策，充分彰显中国作为世界第二大经济体的责任担当。

疫情给世界经济带来严重冲击，通胀、债务、能源、供应链等危机相互交织，世界经济复苏进程呈现明显的不确定性和不平衡性。世界银行日前发布最新一期《全球经济展望》报告，将 2021 年和 2022 年全球经济增速预期均下调 0.2 个百分点。联合国发布《2022 年世界经济形势与展望》报告指出，受新冠肺炎疫情冲击，持续的劳动力短缺和供应链中断，以及不断上升的通胀压力等因素影响，世界经济复苏正面临巨大阻力。

促进世界经济稳定复苏，需要正确把握经济全球化的"势"和"治"。"大江奔腾向海，总会遇到逆流，但任何逆流都阻挡不了大江东去。动力助其前行，阻力促其强大。尽管出现了很多逆流、险滩，但经济全球化方向从未改变、也不会改变。"习近平主席用生动比喻分析经济全球化不可阻挡之势。世界各国要坚持真正的多边主义，坚持拆墙而不筑墙、开放而不隔绝、融合而不脱钩，推动构建开放型世界经济。要以公平正义为理念引领全球治理体系改革，维护以世界贸易组织为核心的多边贸易体制，为科技创新营造开放、公正、非歧视的有利环境，推动经济全球化朝着更加开放、包容、普惠、平衡、共赢的方向发展。因势而谋、应势而动、顺势而为，世界经济活力才能充分迸发出来。

促进世界经济稳定复苏，需要正确把握宏观与微观的辩证关系。在全球化大环境中，各经济体相互依存、利益交融。一个或几个国家的经济反弹不是真正的全球复苏。如果主要经济体政策"急刹车"或"急转弯"，由此产生的严重负面外溢效应将给世界经济和金融稳定带来挑战，广大发展中国家将首当其冲。这也是国际机构当前最为担心的世界经济风险之一。推动世界经济走出危机、实现复苏，必须加强宏观政策协调。习近平主席有针对性地指出，主要经济体要树立共同体意识，强化系统观念，加强政策信息透明和共享，协调好财政、货币政策目标、力度、节奏，防止世界经济再次探底。主要发达国家要采取负责任的经济政策，把控好政策外溢效应，避免给发展中国家造成严重冲击。国际经济金融机构要发挥建设性作用，凝聚国际共识，增强政策协同，防范系统性风险。

2022 年世界经济论坛视频会议开幕之日，恰逢中国公布去年经济数据。2021 年中国国内生产总值增长 8.1%，经济总体发展势头良好，为世界经济稳定复苏注入重要动力。在推动高质量发展的同时，中国坚定不移扩大高水平开放，与各国分享发展红利，实现互利共赢。岁末年初，从海外投资机构纷纷加码布局中国市场，到《区域全面经济伙伴关系协定》正式生效，从外资准入负面清单进一步缩减，到共建"一带一路"朋友圈继续扩大，一个个互利共赢的生动故事，必将汇聚起推动世界经济稳定复苏的强大动力。

历史是勇敢者创造的。共创后疫情时代美好世界，各国必须拿出信心、采取行动，齐心协力推动世界经济航船穿越风浪，驶向稳定复苏和可持续发展的光明未来。中国将继续以高质量发展和高水平开放助推世界经济复苏，让全球发展成果更好地惠及各国人民。

《人民日报》(2022 年 01 月 21 日 　 第 03 版)

始终做全球发展事业的实践者和贡献者
——共创后疫情时代美好世界④

重振全球发展事业，必须坚持以人民为中心的发展思想，必须坚持开放包容的伙伴精神，必须坚持以行动为导向

发展是解决一切问题的总钥匙，也是实现人民幸福的关键。在新冠肺炎疫情严重冲击全球发展进程之际，习近平主席在 2022 年世界经济论坛视频会议上发表重要演讲，深入阐述中方关于重振全球发展事业的主张，强调中国愿同各方携手合作，共同推进全球发展倡议落地，努力不让任何一个国家掉队。习近平主席的演讲饱含深厚的人民情怀，彰显胸怀天下的大国担当，向全世界表明中国始终是全球发展事业的坚定实践者和贡献者。

疫情吞噬了过去 10 年的全球减贫成果，世界经济复苏不平衡进一步加剧全球不平等，发展中国家遭受重创，南北发展鸿沟持续扩大，发达国家也有很多人陷入生活困境。面对紧迫的全球发展挑战，习近平主席去年 9 月在第七十六届联合国大会一般性辩论上郑重提出全球发展倡议。此后，在一系列双多边场合，习近平主席进一步阐释该倡议的核心理念和丰富内涵，强调提升全球发展的公平性、有效性、包容性，让发展成果更多更公平惠及各国人民。在本次会议上，习近平主席强调该倡议"是向全世界开放的公共产品"，充分展现中国推动全球共同发展的坚定决心。

重振全球发展事业，必须坚持以人民为中心的发展思想。只有将增进人民福祉作为出发点和落脚点，才能凝聚全球发展力量。"不论遇到什么困难，我们都要坚持以人民为中心的发展思想，把促进发展、保障民生置于全球宏观政策的突出位置，落实联合国 2030 年可持续发展议程，促进现有发展合作机制协同增效，促进全球均衡发展。"习近平主席在演讲中如是强调。为了人民而发展，发展才有意义；依靠人民而发展，发展才有动力。以人民为中心的发展思想是从中国发展实践中得出的重要经验，也是全球发展倡议所秉持的核心理念。

重振全球发展事业，必须坚持开放包容的伙伴精神。只有各国共同努力，才能提升全球发展实效。中国提出共建"一带一路"和全球发展倡议，都是面向全球的重要合作平台。正是因为开放包容的属性，这些倡议赢得国际社会广泛支持和参与。目前，已有 147 个国家、32 个国际组织与中国签署共建"一带一路"合作文件，近百个国家和联合国等多个国际组织表达对全球发展倡议的支持。1 月 20 日，全球发展倡议之友小组在纽约联合国总部正式成立，20 多家联合国机构负责人、来自 100 多个国家的代表出席，对该倡议予以高度评价和坚定支持。联合国常务副秘书长阿明娜表示，相信该倡议将确保国际社会践行"不让任何人掉队"的目标。

重振全球发展事业，必须坚持以行动为导向。只有起而行之，才能共同开创后疫情时代美好世界。全球发展倡议遵循务实合作的行动指南，将减贫、粮食安全、抗疫和疫苗、发展筹资、气候变化和绿色发展、工业化、数字经济、互联互通作为重点合作领域，提出合作设想和方案，推动发展共识转化为务实行动。克服疫情造成的不利影响，中老铁路正式开通，中欧班列不断开出加速度，雅万高铁、匈塞铁路、比雷埃夫斯港等共建"一带一路"项目不断取得新进展。今年，金砖"中国年"的主题是"构建高质量伙伴关系，共创全球发展新时代"，发展将成为中国担任金砖国家主席国办会打造的最大亮点。

孤举者难起，众行者易趋。面对全球发展的现实挑战，面对各国人民追求美好生活的强烈愿望，国际社会必须团结一致，聚焦发展，合力打造更加繁荣美好的未来。中国将同各方加强合作，为加快落实联合国 2030 年可持续发展议程作出积极贡献，为携手开辟国际发展合作光明前景、共创后疫情时代美好世界而不懈努力。

《人民日报》（2022 年 01 月 22 日　第 03 版）

走和平发展、合作共赢的人间正道
——共创后疫情时代美好世界⑤

中国将始终做世界和平的建设者、全球发展的贡献者、国际秩序的维护者、公共产品的提供者，与各方一道，在和平发展、合作共赢的大道上奋勇向前

世界正在经历百年未有之大变局，既是大发展的时代，也是大变革的时代。面对深刻而宏阔的时代之变，面对抗击疫情、复苏世界经济、重振全球发展事业等多重任务，加强和完善全球治理的重要性、迫切性日益凸显。

加强和完善全球治理，必须正确处理国家间关系。"和平发展、合作共赢才是人间正道。不同国家、不同文明要在彼此尊重中共同发展、在求同存异中合作共赢。"习近平主席在2022年世界经济论坛视频会议上发表重要演讲，提出国家间正确的相处之道，再次表明中国始终站在历史正确一边，站在国际公平正义一边，致力于稳定国际秩序、弘扬全人类共同价值、推动构建人类命运共同体。

加强和完善全球治理，必须坚决摒弃冷战思维。冷战结束已30多年，但世界并不太平，煽动仇恨、偏见和分裂对抗的言论不绝于耳，由此产生的种种围堵、打压甚至对抗对世界和平安全有百害而无一利。习近平主席强调，任何执意打造"小院高墙"、"平行体系"的行径，任何热衷于搞排他性"小圈子"、"小集团"、分裂世界的行径，任何泛化国家安全概念、对其他国家经济科技发展进行遏制的行径，任何煽动意识形态对立、把经济科技问题政治化、武器化的行径，都严重削弱国际社会应对共同挑战的努力。这道出了绝大多数国家反对"新冷战"、反对分裂世界的共同心声。

加强和完善全球治理，必须积极推动文明交流互鉴。物之不齐，物之情

也。世界上没有两片完全相同的树叶，也没有完全相同的历史文化和社会制度。这种差异代表着人类文明的多样性，绝无高低优劣之分。交流互鉴是文明发展的本质要求。差异不仅不是对立对抗的理由，而且应成为合作的动力。正如习近平主席在本次会议上指出的，"历史反复证明，对抗不仅于事无补，而且会带来灾难性后果。搞保护主义、单边主义，谁也保护不了，最终只会损人害己。""不同国家、不同文明要在彼此尊重中共同发展、在求同存异中合作共赢。"

加强和完善全球治理，必须牢固树立命运共同体意识。全球化时代，各国命运休戚与共。国际上的事应该由大家共同商量着办，世界前途命运应该由各国共同掌握，国际规则应该由各国共同书写，全球事务应该由各国共同治理，发展成果应该由各国共同分享。各国应该坚守全人类共同价值，最大程度增强合作机制、理念、政策的开放性和包容性。在本次会议上，习近平主席再次强调把促进发展、保障民生置于全球宏观政策的突出位置，彰显了中国致力于推动全球共同发展的真诚愿望，是顺应历史大势和时代潮流的负责任之举。

一个国家要想进步，必须在历史前进的逻辑中前进，在时代发展的潮流中发展。尽管国际形势纷繁复杂，但新兴市场国家和发展中国家群体性崛起，世界多极化、国际关系民主化的历史大势不可阻挡。尽管世界面临诸多挑战，但和平与发展的时代主题没有改变，各国人民和平发展合作共赢的期待更加强烈。只有坚持真正的多边主义，坚持以公平正义为理念引领全球治理体系变革，各国同舟共济、团结合作，人类才能在战胜一次次考验中成长、在克服一场场危机中发展。

大道之行，天下为公。和平发展、合作共赢的人间正道，浓缩着新时代中国对国家间关系的深邃思考，彰显出中国胸怀天下的大国担当。中国将始终做世界和平的建设者、全球发展的贡献者、国际秩序的维护者、公共产品的提供者，与各方一道，在和平发展、合作共赢的大道上奋勇向前，共创后疫情时代美好世界。

《人民日报》（2022 年 01 月 23 日　第 03 版）

深化合作　未来可期

中国同中亚五国建交 30 周年视频峰会将为深化中国同中亚五国政治互信和全方位互利合作提供重要战略指引，为促进地区和平稳定、造福地区人民作出新贡献

1 月 25 日，习近平主席将在北京主持中国同中亚五国建交 30 周年视频峰会。这是今年中国对中亚的首场重大外交行动，也是首次以中国同中亚五国形式举行元首级会晤。峰会期间，习近平主席和中亚五国元首将分别发表重要讲话，共同回顾中国同中亚五国关系发展走过的伟大历程，全面梳理双方合作取得的重大成就，深入总结成功经验，携手擘画未来合作的宏伟蓝图。这次峰会将为深化中国同中亚五国政治互信和全方位互利合作提供重要战略指引，为促进地区和平稳定、造福地区人民作出新贡献。

30 年前，中国同中亚五国建交，开启了双方友好交往的新纪元。30 年来，中国同中亚五国始终秉持相互尊重、平等相待原则，相互关系不断实现跨越式发展，各领域合作取得历史性、标志性、突破性成就，成为名副其实的好邻居、好朋友、好伙伴、好兄弟。"过去 30 年是乌中两国人民千百年友好交往史上的亮丽篇章""哈中为国际社会发展国家间关系树立了典范""坚信塔中关系将迈向更长远的未来""全力巩固和扩大双边合作""全力推动土中关系迈向更高水平"……中亚五国领导人积极评价双边关系，期待双边关系在新起点上实现更大发展。

元首外交为中国同中亚五国关系提供重要战略引领。2013 年以来，习近平主席 10 次访问中亚五国，与五国元首共同引领双方关系提质升级，成为构建新型国际关系的典范，为推动构建人类命运共同体作出贡献。2013 年以来，

中国与土库曼斯坦建立战略伙伴关系，与塔吉克斯坦、吉尔吉斯斯坦关系实现从战略伙伴关系到全面战略伙伴关系的战略升级，与乌兹别克斯坦建立全面战略伙伴关系，与哈萨克斯坦宣布发展永久全面战略伙伴关系。在上海合作组织框架内，习近平主席提出与地区国家携手构建更加紧密的上海合作组织命运共同体，为在多边层面深化与地区国家合作指明方向。

务实合作为中国同中亚五国共同发展注入不竭动力。30 年来，中国同中亚五国贸易额增长 100 多倍，对中亚五国直接投资存量超过 140 亿美元，中国已成为中亚五国最重要的贸易和投资伙伴之一。特别是 2013 年习近平主席在访问哈萨克斯坦期间首次提出建设"丝绸之路经济带"倡议后，中国与中亚五国秉承和平合作、开放包容、互学互鉴、互利共赢的丝路精神，加强共建"一带一路"与中亚五国发展战略对接，双方务实合作驶入快车道。中国—中亚天然气管道、中哈原油管道、中吉乌公路、中塔公路等一系列战略性大项目成功落地，奥什医院、杜尚别 2 号热电厂等关乎民生的项目工程投入使用……沉甸甸的合作成果为中国和中亚五国经济社会发展带来重要机遇，为地区人民带来实实在在的福祉。

新冠肺炎疫情发生后，中国与中亚五国同舟共济、相互支援，以实际行动诠释了守望相助、休戚与共的命运共同体精神。当前，百年变局与世纪疫情交织叠加，国际形势风云变幻，全球格局深度调整，地区局势复杂演变。面对挑战，中国与中亚五国精诚团结，坚定支持彼此捍卫国家独立、主权和领土完整等核心利益，坚定维护国际公平正义，坚定践行真正的多边主义，对维护地区和平稳定发挥了至关重要的作用。面对阿富汗局势冲击地区安全、"三股势力"沉渣泛起等威胁，中国与中亚五国进一步深化执法安全合作，坚决打击"三股势力"，共同防范跨国有组织犯罪、毒品走私、网络犯罪，有力守护六国人民的和平安宁生活。

三十而立，未来可期。在新的历史起点上，以中国同中亚五国建交 30 周年视频峰会为契机，中国同中亚五国将继往开来、锐意进取，携手创造双方关系新辉煌，谱写推动构建人类命运共同体新篇章。

《人民日报》（2022 年 01 月 25 日　第 03 版）

在合作中积累的宝贵经验和共同财富

六国决心面向未来，不断增进互信、扩大合作，推动中国同中亚国家关系持续稳定向前发展

1月25日下午，习近平主席在北京主持中国同中亚五国建交30周年视频峰会并发表重要讲话，回顾30年来中国同中亚五国关系发展历程，总结各领域合作经验，提出携手构建更加紧密的中国—中亚命运共同体的5点建议，为双方关系发展擘画宏伟蓝图，为双方合作注入新的动能。

此次峰会是今年中国主办的首场重大多边外交活动，也是30年来中国同中亚五国元首第一次集体会晤，具有里程碑意义。峰会通过并发表《中国同中亚五国领导人关于建交30周年的联合声明》，中国同中亚五国关系进入新时代。六国决心在兼顾彼此利益的基础上继续合力构建内涵丰富、成果丰硕、友谊持久的战略伙伴关系，宣布打造中国—中亚命运共同体成为峰会最重要的成果。中亚五国元首感谢中方倡议并主持召开此次具有历史意义的视频峰会，赞赏中国为地区和世界和平与发展作出了重要贡献。

在建交30周年的历史节点，总结中国同中亚五国关系发展的经验，是此次视频峰会的重要内容。"中国同中亚五国30年合作的成功密码，在于我们始终相互尊重、睦邻友好、同舟共济、互利共赢。"习近平主席在讲话中指出，这四项原则是在合作中积累的宝贵经验和共同财富，是中国同中亚国家关系行稳致远的政治保障，也是中国同中亚国家友好交往继往开来的力量源泉。

中国同中亚五国30年合作的成功密码，源于中国同中亚国家彻底解决历史遗留的边界问题、不断深化政治互信的成功实践，源于中国同中亚国家不断扩大经贸合作、高质量共建"一带一路"的成功实践，源于中国同中亚国家积极践行新安全观、有力维护共同安全利益和地区和平稳定的成功实践，源于中国同中亚国家友好往来、携手抗疫的成功实践，源于中国同中亚国家共同捍卫多边主义、维护正当权益和战略利益的成功实践。五国元首对习近平主席的讲话深表赞同，各方决心面向未来，不断增进互信、扩大合作，推动中国同中亚国家关系持续稳定向前发展。

30年来，正是因为秉持相互尊重、睦邻友好、同舟共济、互利共赢的原则，中国同中亚国家合作取得一系列历史性、标志性、突破性成就，创造了多项"第一"。中亚地区是中国周边首个战略伙伴集群，六国在构建人类命运共同体方面走在国际社会"第一方阵"；中国是中亚第一大贸易伙伴，双边贸易额较建交初期增长上百倍；中亚地区是"一带一路"的首倡之地和西向首发站；中国—中亚天然气管道是世界上最长的天然气管道……中国同中亚五国走出了一条睦邻友好、合作共赢的新路，成为构建新型国际关系的典范。

展望未来，中国同中亚五国继续深化政治合作、安全合作、务实合作、抗疫合作、国际协作，相互尊重、睦邻友好、同舟共济、互利共赢原则仍是重要遵循。习近平主席强调，中方坚定支持中亚国家走符合本国国情的发展道路，坚定支持各国维护本国主权、独立、领土完整，坚定支持各国追求民族振兴和团结自强，坚定支持各国在国际舞台上发挥更大作用。五国元首表示，将认真落实会晤重要共识和成果，加强定期高层交往，深化各领域务实合作，推动中亚国家同中国关系实现新发展，更好应对共同挑战，为维护地区和平安全作出新的贡献。

"道虽迩，不行不至；事虽小，不为不成。"无论国际风云如何变幻，无论未来中国发展到什么程度，中国都始终是中亚国家值得信任和倚重的好邻居、好伙伴、好朋友、好兄弟。站在新的历史起点上，中国和中亚国家将乘势而上、携手并肩，携手构建更加紧密的中国—中亚命运共同体，共同谱写双方关系更加美好的明天。

《人民日报》（2022年01月27日　第03版）

赓续友谊　推进合作

中国同中亚五国坚定推动双方关系持续稳定向前发展，将给地区和平发展注入更多正能量，给双方人民带来更多福祉

"中国愿同中亚国家乘势而上，并肩奋斗，携手构建更加紧密的中国—中亚命运共同体。"习近平主席在中国同中亚五国建交 30 周年视频峰会上发表重要讲话，倡导双方携手共命运、一起向未来，系统阐述提升双方全方位合作的具体方案，为中国同中亚国家关系发展确立大方向、增添新动能。

30 年风雨前行，30 年辛勤耕耘。中国同中亚国家坚持相互尊重、睦邻友好、同舟共济、互利共赢，打造战略伙伴关系，政治互信和全面合作达到前所未有的高水平，树立了新型国际关系典范。瞩望未来，双方进一步增进互信、扩大合作，需要共同擘画蓝图、明确行动目标，中方提出携手构建更加紧密的中国—中亚命运共同体恰逢其时。

在构建人类命运共同体方面，中国同中亚国家始终走在国际社会"第一方阵"，进一步以命运共同体理念引领双方关系发展拥有广泛共识和坚实基础。此次峰会通过并发表的《中国同中亚五国领导人关于建交 30 周年的联合声明》指出："六国决心在兼顾彼此利益的基础上继续合力构建内涵丰富、成果丰硕、友谊持久的战略伙伴关系，打造中国—中亚命运共同体。"这一郑重承诺充分表明六国坚定推动双方关系持续稳定向前发展的决心，将给地区和平发展注入更多正能量，给双方人民带来更多福祉。

携手构建更加紧密的中国—中亚命运共同体，需要加强顶层设计、完善合作路径。习近平主席着眼六国合作长远发展，高屋建瓴地提出深耕睦邻友好的示范田、建设高质量发展的合作带、强化守卫和平的防护盾、构建多元互动的

大家庭、维护和平发展的地球村 5 点建议，得到中亚五国元首的积极响应。中国提出的国际合作倡议，始终以行动为导向，以切实促进互利共赢、增进各国民众福祉为目标。力争到 2030 年将中国同中亚国家贸易额提升至 700 亿美元，2022 年中国再向中亚国家提供 5000 万剂疫苗援助，未来 5 至 10 年努力将双方友城增至 100 对，今后 5 年中方计划向中亚五国提供 1200 个中国政府奖学金名额，未来 3 年中国将向中亚国家提供 5 亿美元无偿援助和 5000 个研修研讨名额……在此次峰会上，习近平主席宣布的一系列具体措施，展现出中国推动双方关系向前发展的真诚意愿，将为双方合作注入强劲动能。

携手构建更加紧密的中国—中亚命运共同体，不仅是中国秉持亲诚惠容周边外交理念、打造周边命运共同体的生动写照，也反映了中国积极推动构建新型国际关系、促进世界和平发展的责任担当。当前，百年变局和世纪疫情相互叠加，世界进入新的动荡变革期。在此背景下，中国同中亚国家坚定支持各自选择的发展道路和治理模式，强调民主只能由本国人民来评判，反对任何形式的"双重标准"和以任何借口干涉他国内政，共同捍卫多边主义，具有更加突出的全球影响，对于维护以联合国宪章宗旨和原则为基础的国际关系基本准则具有典范意义。与此同时，中国同中亚国家全面扩大务实合作，深化共建"一带一路"倡议同中亚五国发展战略对接，不仅有助于双方创造互利合作新机遇，也能引领国际社会聚焦发展，以团结合作跨越发展鸿沟，为重振全球发展事业注入动力。

蓝图已经绘就，行动创造未来。从六国人民共同福祉出发，中国同中亚国家赓续友谊，推进合作，一定能共同谱写双方关系更加美好的明天，共同推动构建人类命运共同体。

《人民日报》(2022 年 01 月 28 日　第 03 版)

共同推进人类和平与发展的崇高事业

人类和平与发展的事业是崇高的事业，也是充满挑战的事业。关键时刻，世界需要拨云见日、指引航向的思想之光

4月21日，习近平主席将应邀以视频方式出席博鳌亚洲论坛2022年年会开幕式并发表主旨演讲。这是习近平主席2013年以来第五次出席博鳌亚洲论坛年会开幕式。当前，百年变局与世纪疫情交织叠加，乌克兰危机外溢效应不断蔓延，传统与非传统安全问题频仍，国际关系中的紧张因素增多，世界和平与发展面临新的挑战。关键时刻，世界需要拨云见日、指引航向的思想之光，期待聆听为世界注入稳定性和确定性的中国主张。

在今年博鳌亚洲论坛年会筹备过程中征集的意见和建议里，"团结""信任""合作""发展"等成为有关各方的共同期盼。以"疫情与世界：共促全球发展，构建共同未来"为主题，今年的论坛年会着眼于疫后世界经济复苏与全球合作，聚焦疫情防控、经济发展、全球治理等广泛议题，将为共创亚洲和世界的美好未来贡献"博鳌智慧"。

博鳌已经并将继续见证，中国倡导并践行正确安全观，持续为促进亚洲和世界和平与稳定注入正能量。当今世界，没有一个国家能实现脱离世界安全的自身安全，也没有建立在其他国家不安全基础上的安全。摒弃冷战思维，创新安全理念，走出一条共建、共享、共赢的安全之路，才是实现世界长治久安的正确选择。2013年以来，习近平主席在博鳌亚洲论坛年会开幕式上深刻阐述推进国际共同安全的中国主张，指出必须坚持实现共同、综合、合作、可持续的安全，强调统筹应对传统和非传统安全挑战，深化双边和多边协作，促进不同安全机制间协调包容、互补合作，不这边搭台、那边拆台，实现普遍安全和

共同安全。国际人士认为，这些中国主张具有鲜明的现实针对性，体现了团结应对全球多重挑战的宏阔视野。

博鳌已经并将继续见证，中国奉行互利共赢的开放战略，致力于通过自身发展为世界共同发展带来更多机遇。习近平主席指出，世界各国联系紧密、利益交融，要互通有无、优势互补，在追求本国利益时兼顾他国合理关切，在谋求自身发展中促进各国共同发展，不断扩大共同利益汇合点。2013年以来，习近平主席在博鳌亚洲论坛年会开幕式上深刻阐述推动亚洲和世界共同发展不断迈上新台阶的中国主张，强调"中国开放的大门不会关闭，只会越开越大"，宣布中国扩大开放的一系列重大举措。中国经济保持强大韧性和活力，有力推动世界经济复苏发展，今年第一季度中国经济同比增长4.8%、外贸外资实现两位数增长就是有力证明。中国坚定不移对外开放，不断向世界释放改革红利，海南自贸港就是生动缩影。中国携手各方高质量共建"一带一路"，提出并推动落实全球发展倡议，一项项务实合作助力构建全球发展命运共同体。

博鳌已经并将继续见证，中国积极参与和主动引领国际合作，为完善全球治理贡献更多中国力量。习近平主席强调，全球治理应该符合变化了的世界政治经济格局，顺应和平发展合作共赢的历史趋势，满足应对全球性挑战的现实需要。中国坚定维护以联合国为核心的国际体系，坚定维护以国际法为基础的国际秩序，坚定维护以世界贸易组织为核心的多边贸易体制。中国倡导各国秉持共商共建共享原则，坚持真正的多边主义，推动全球治理体系朝着更加公正合理的方向发展。从积极推进国际抗疫合作，助力消除全球"免疫鸿沟"，到加快绿色转型，宣布碳达峰碳中和目标等，中国直面全球治理难题，为应对全球性挑战作出重要贡献。博鳌亚洲论坛理事长潘基文表示，中国强调加强国际合作、政策协调和全球治理，为全人类建设一个共享、安全、可持续发展的未来，这让他深受鼓舞。

人类和平与发展的事业是崇高的事业，也是充满挑战的事业。实现人类和平与发展，需要各国认准目标、团结合作、百折不挠。中国是世界和平的建设者、全球发展的贡献者、国际秩序的维护者，将继续携手各国推动构建亚洲和人类命运共同体，促进人类和平与发展事业不断向前。

《人民日报》（2022年04月21日　第03版）

为应对人类安全挑战贡献中国方案
——冲出迷雾走向光明①

全球安全倡议是中国提供的又一重要国际公共产品，是人类命运共同体理念在安全领域的生动实践

"事实再次证明，冷战思维只会破坏全球和平框架，霸权主义和强权政治只会危害世界和平，集团对抗只会加剧21世纪安全挑战。"4月21日上午，习近平主席以视频方式出席博鳌亚洲论坛2022年年会开幕式并发表主旨演讲，深刻剖析当今世界面临的安全挑战，从人类前途命运出发郑重提出全球安全倡议。这是继共建"一带一路"和全球发展倡议之后，中国提供的又一重要国际公共产品，是人类命运共同体理念在安全领域的生动实践，为破解全球安全治理难题贡献了中国方案。

建设一个普遍安全的世界是各国人民的共同追求。当前，百年变局和世纪疫情相互交织，世界进入动荡变革期。乌克兰危机的爆发，让本来就充满不确定性的国际局势变得更加复杂动荡，和平与发展的时代主题面临着严峻挑战。个别国家为追求自身绝对安全，热衷于拉帮结派，搞排他性"小圈子""小集团"，严重威胁全球安全。人类是不可分割的安全共同体，各国必须走出一条共建、共享、共赢的安全之路。

维护世界和平安宁，必须坚持正确的安全观。当今世界，各国人民命运与共、唇齿相依，没有一个国家能实现脱离世界安全的自身安全，也没有建立在其他国家不安全基础上的安全。习近平主席提出全球安全倡议，强调要坚持共同、综合、合作、可持续的安全观，共同维护世界和平和安全。这一安全观内涵丰富，强调尊重和保障每一个国家安全，统筹维护传统领域和非传统领域安

全，通过对话合作促进各国和本地区安全，发展和安全并重以实现持久安全，是建设普遍安全的世界的核心理念和根本遵循。

维护世界和平安宁，必须摒弃过时的冷战思维。当今世界，不少安全问题是个别国家推行霸权主义和强权政治造成的。习近平主席提出全球安全倡议，强调坚持尊重各国主权、领土完整，不干涉别国内政，尊重各国人民自主选择的发展道路和社会制度；坚持遵守联合国宪章宗旨和原则，摒弃冷战思维，反对单边主义，不搞集团政治和阵营对抗；坚持重视各国合理安全关切，秉持安全不可分割原则，构建均衡、有效、可持续的安全架构，反对把本国安全建立在他国不安全的基础之上。全球安全倡议的提出顺应经济全球化、世界多极化、国际关系民主化历史大势，强调安全是普遍的、平等的、包容的，应建立在国与国相互尊重、共同遵守以联合国为核心的国际体系和以国际法为基础的国际秩序基础上，从双多边层面为建设普遍安全的世界明确了重要原则。

维护世界和平安宁，必须采取负责任的行动。当今世界，安全的内涵和外延更加丰富，时空领域更加宽广，各种因素更加错综复杂。以何种方式解决分歧和争端，如何应对各种安全威胁，决定着国际安全形势的走向。习近平主席提出全球安全倡议，强调坚持通过对话协商以和平方式解决国家间的分歧和争端，支持一切有利于和平解决危机的努力，不能搞双重标准，反对滥用单边制裁和"长臂管辖"；坚持统筹维护传统领域和非传统领域安全，共同应对地区争端和恐怖主义、气候变化、网络安全、生物安全等全球性问题。全球安全倡议强调通过对话合作促进安全，多管齐下、综合施策，既立足当下又着眼长远，为实现世界长治久安提供了可行思路。

中国是全球安全倡议的提出者，也是维护世界和平安宁的行动派。乌克兰危机发生后，中国坚定倡导维护国际法和公认的国际关系基本准则，坚持按照联合国宪章宗旨和原则办事，主张共同、综合、合作、可持续的安全观，呼吁各方直面多年来积累的矛盾，找到解决问题的办法，推动构建均衡、有效、可持续的欧洲安全框架，为化解危机、构建欧洲和亚欧大陆持久和平提供了建设性方案。长期以来，中国积极参加联合国维和行动，积极参与国际军控、裁军和防扩散进程，坚定奉行自卫防御的核战略，并为推动政治解决朝核、伊核等热点问题凝心聚力。中国致力于推动国际抗疫合作，积极引领全球气候治理进程，发起《全球数据安全倡议》，为应对非传统安全威胁贡献重要力量。

"全球安全倡议有助于建立一个新的全球和平议程""中国坚守负责任大国的态度和立场，为区域和平与安全打下了坚实基础"……全球安全倡议秉持真正的多边主义，着眼后疫情时代全球发展和安全治理，一经提出，就引发博鳌亚洲论坛2022年年会与会嘉宾的积极反响。作为负责任大国，中国将同世界上一切进步力量携手并肩，推进倡议落地，为推动政治解决各种国际和地区热点问题、维护世界和平与安宁贡献智慧和力量。

《人民日报》（2022年04月22日　第02版）

促进全球平衡、协调、包容发展
——冲出迷雾走向光明②

坚持合作共赢，建设一个共同繁荣的世界，当是各国的共同选择。中国将继续同各国携手同行，汇聚起合作共赢的伟力，推动全球发展事业不断向前

新冠肺炎疫情对过去 10 年全球减贫成果造成重大冲击，复苏不均衡加剧全球不平等，南北鸿沟持续扩大。乌克兰危机影响持续外溢，让复苏仍脆弱乏力的世界经济进一步承压。世界之变、时代之变、历史之变给全球发展事业带来严峻挑战，人类必须严肃对待。

"我们要共同促进经济复苏。"习近平主席在博鳌亚洲论坛 2022 年年会开幕式上发表主旨演讲，强调要坚持建设开放型世界经济，加强宏观政策协调，维护全球产业链供应链稳定，促进全球平衡、协调、包容发展。要坚持以人民为中心，把促进发展、保障民生置于突出位置，围绕减贫、粮食安全、发展筹资、工业化等重点领域推进务实合作，着力解决发展不平衡不充分问题，稳步推进全球发展倡议落地落实。中国主张彰显推动全球发展事业不断向前、构建全球发展共同体的坚定决心和有力担当。

新冠肺炎疫情不仅造成一些发展中国家返贫、生乱，也导致发达国家很多人陷入生活困境。"人民生命安全和身体健康是人类发展进步的前提。"习近平主席指出，各国要相互支持，加强防疫措施协调，完善全球公共卫生治理，形成应对疫情的强大国际合力。全球已接种超过 100 亿剂新冠疫苗，但非洲仍有约 83% 的人口未接种一剂疫苗，消除"免疫鸿沟"是当务之急。中国坚持疫苗作为全球公共产品的属性，确保疫苗在发展中国家的可及性和可负担性，已经向 120 多个国家和国际组织提供超过 21 亿剂疫苗，并将继续向非洲、东

盟分别援助 6 亿剂、1.5 亿剂疫苗。中国始终致力于推动国际抗疫合作,用实际行动守护人类生命健康。

全球产业链供应链出现紊乱、大宗商品价格持续上涨、能源供应紧张等风险相互交织,加剧了经济复苏进程的不确定性。全球低通胀环境发生明显变化,复合型通胀风险正在显现。如果主要经济体货币政策"急刹车"或"急转弯",将产生严重负面外溢效应,给世界经济和金融稳定带来挑战。习近平主席提出要加强宏观政策协调,运用科技增强动能,维护全球产业链供应链稳定,防止一些国家政策调整产生严重负面外溢效应,促进全球平衡、协调、包容发展。地球村里,人类命运休戚与共。只有把握经济全球化发展大势,顺应和平、发展、合作、共赢的时代潮流,人类才能合力战胜挑战,走向光明未来。

可持续发展才是好发展,大家一起发展才是真发展。《区域全面经济伙伴关系协定》正式生效,中老铁路建成通车,有效提升了地区硬联通、软联通水平。这些都是共赢合作推动发展的生动缩影。中国坚持高标准、可持续、惠民生的目标,积极推进高质量共建"一带一路",为共建国家实现可持续发展注入重要动力。中国提出全球发展倡议,得到联合国等国际组织和近百个国家响应和支持。这些都是中国秉持合作共赢精神推动全球发展事业的有力证明。博鳌亚洲论坛理事罗康瑞表示,共建"一带一路"倡议可能是目前最合适的国际合作方式,能够帮助发展中国家克服目前的困难。蒙古国总统呼日勒苏赫指出,共建"一带一路"和全球发展倡议对于促进全球平等和可持续发展,落实联合国 2030 年可持续发展议程具有重要意义。

乌克兰危机持续发酵,地缘政治因素拖累世界经济复苏进程,进一步冲击全球发展事业,广大发展中国家更是深受其害。国际货币基金组织最新报告将今年世界经济增长预期下调至 3.6%。联合国秘书长古特雷斯发出警告,乌克兰危机对发展中国家造成无声打击,可能令全球 17 亿人口陷入贫困和饥饿。乌克兰危机要妥善处置,但不能病急乱投医,不能攻其一点、不及其余,不能把全世界都捆绑到这个问题上,更不能让各国老百姓为此付出沉重代价。中国坚持劝和促谈,强调各方都应为推进和谈营造必要环境和条件,既是为世界和平安全计,也是为全球发展着想。

"安危不贰其志,险易不革其心。"人类历史告诉我们,越是困难时刻,越要坚定信心。坚持合作共赢，建设一个共同繁荣的世界，当是各国的共同选择。中国将继续同各国携手同行，汇聚起合作共赢的伟力，战胜前进道路上的各种挑战，促进全球平衡、协调、包容发展，推动全球发展事业不断向前。

《人民日报》(2022 年 04 月 23 日　第 03 版)

践行共商共建共享的全球治理观
——冲出迷雾走向光明③

应对全球治理挑战，必须坚持和衷共济，坚持真正的多边主义，坚持大国责任。困难和挑战并不可怕，关键是要拿出团结精神和行动勇气

百年变局和世纪疫情交织叠加，新的传统安全风险和新的治理课题涌现，国际局势动荡加剧，国际秩序承压明显。着眼维护全球共同利益、开创人类共同未来，习近平主席在博鳌亚洲论坛 2022 年年会开幕式上发表主旨演讲，倡导各方共同应对全球治理挑战，践行共商共建共享的全球治理观，弘扬全人类共同价值，坚持真正的多边主义，并强调大国尤其要作出表率。这些重要主张充分彰显中国坚持以公平正义为理念引领全球治理体系变革、推动历史进步的责任担当。

应对全球治理挑战，必须坚持和衷共济。"国际社会发展到今天已经成为一部复杂精巧、有机一体的机器，拆掉一个零部件就会使整个机器运转面临严重困难，被拆的人会受损，拆的人也会受损。"习近平主席用生动的比喻阐述各国命运休戚与共的现实。面对更加突出的各类全球挑战，正确的选择是加强国际合作，充分发挥全球治理体系的作用，而不是反其道而行之，寻找各种借口肆意冲击国际合作大局。乌克兰危机发生后，个别国家试图把全世界都捆绑到这个问题上，把世界经济政治化、工具化、武器化，全然不顾给各国民众生活造成的严重冲击。这种做法非但无助于化解危机，还可能使国际经济合作几十年努力的成果毁于一旦。

应对全球治理挑战，必须坚持真正的多边主义。人类还未走出世纪疫情阴霾，又面临新的传统安全风险；全球经济复苏仍脆弱乏力，又叠加发展鸿沟加

剧的矛盾；气候变化等治理赤字尚未填补，数字治理等新课题又摆在我们面前。要解决这些全球性问题，单打独斗行不通，必须开展全球行动、全球应对、全球合作。只有践行共商共建共享的全球治理观，才能为全球合作找到最大公约数，汇聚最强大力量。当前，霸权主义和强权政治正给世界和平发展造成严重危害。坚持真正的多边主义，坚定维护以联合国为核心的国际体系和以国际法为基础的国际秩序，具有更加突出的现实紧迫性，也是国际社会的强烈呼声。

应对全球治理挑战，必须坚持大国责任。大国之大，不在于体量大、块头大、拳头大，而在于胸襟大、格局大、担当大。"大国尤其要作出表率，带头讲平等、讲合作、讲诚信、讲法治，展现大国的样子。"习近平主席如是强调大国在全球治理中应该发挥的作用。一段时间以来，个别大国为维护其霸权地位，抱持冷战思维，制造阵营对立，进一步加剧了动荡与分裂，让本来就问题缠身的世界雪上加霜。历史车轮滚滚向前，时代潮流浩浩荡荡。当今世界，任何单边主义、极端利己主义都是根本行不通的，任何脱钩、断供、极限施压的行径都是根本行不通的，任何搞"小圈子"、以意识形态划线挑动对立对抗也都是根本行不通的。大国应顺应时代潮流，切实在全球治理中发挥积极作用。

中国正以实际行动推动加强和完善全球治理。面对肆虐全球的疫情，中国积极推动各方完善全球公共卫生治理，形成应对疫情的强大国际合力；面对更加突出的各类安全风险，中国提出全球安全倡议，为推动全球安全治理体系改革、应对人类安全挑战贡献重要方案；面对困难重重的世界经济，中国致力于加强全球经济治理，积极建设开放型世界经济，提出并推动落实全球发展倡议，为各国共渡难关增加动能。博鳌亚洲论坛理事、巴基斯坦前总理阿齐兹认为，从提出全球发展倡议到提出全球安全倡议，习近平主席向世界展现出中国智慧和对全球合作发展的推动，"中国作为负责任大国，为促进世界和平与安全发挥重要作用"。

世界各国乘坐在一条命运与共的大船上，要穿越惊涛骇浪、驶向光明未来，必须同舟共济，企图把谁扔下大海都是不可接受的。困难和挑战并不可怕，关键是要拿出团结精神和行动勇气。中国将同国际社会一道，顺应和平、发展、合作、共赢的时代潮流，以合作应对全球挑战，以行动加强全球治理，向着构建人类命运共同体的正确方向勇毅前行。

《人民日报》（2022 年 04 月 24 日 第 03 版）

把命运牢牢掌握在自己手中
——冲出迷雾走向光明④

用对话合作取代零和博弈，用开放包容取代封闭排他，用交流互鉴取代唯我独尊，这是亚洲应有的襟怀和气度

历经热战冷战、饱经沧桑忧患的亚洲人民，深知和平弥足珍贵，发展来之不易。习近平主席在博鳌亚洲论坛 2022 年年会开幕式上发表主旨演讲，提出要继续把亚洲发展好、建设好，展现亚洲的韧性、智慧、力量，打造世界的和平稳定锚、增长动力源、合作新高地。这些主张为亚洲国家维护和平、推动合作、促进团结提供了清晰思路，为亚洲国家抓住历史机遇、构建亚洲命运共同体指明了具体路径。

过去几十年，亚洲地区总体保持稳定，经济持续快速增长，成就了"亚洲奇迹"。习近平主席指出，地区和平稳定不是天上掉下来的，也不是哪个国家的施舍，而是地区国家共同努力的成果。亚洲人民拥有崇尚和平的传统，亚洲首倡的和平共处五项原则和"万隆精神"，在地区国家深入人心，在世界处于动荡变革期的当下更加具有现实意义。如今的亚洲，已经从殖民主义、军国主义、霸权主义等强加的苦难中涅槃重生，深知冷战思维只会破坏全球和平框架，霸权主义和强权政治只会危害世界和平，集团对抗只会加剧 21 世纪安全挑战。当前，欧洲面临的安全困境也让越来越多的亚洲国家认识到，唯有秉持相互尊重、平等互利、和平共处等原则，奉行睦邻友好政策，才能把命运牢牢掌握在自己手中。

在全球经济复苏脆弱乏力的大背景下，亚洲是世界经济增长的重要动力源。博鳌亚洲论坛新近发布的报告显示，按购买力平价标准计算，2021 年亚

洲经济占世界经济总量的比重提升至 47.4%，预计今年亚洲经济增速达 4.8%，高于世界经济平均增速。"遇山一起爬，遇沟一起跨""甘蔗同穴生，香茅成丛长"，正如这些亚洲国家谚语所揭示的，亚洲之所以能够长期稳定发展，关键在于坚持走共赢合作的亚洲发展必由之路。"亚太国家始终坚持全球化和多边主义，这里的多边贸易协议数量占全球的 50% 以上，这些机制将为亚太乃至全球经济持续恢复注入新动能。"博鳌亚洲论坛咨询委员会委员、联合国前副秘书长阿赫塔尔指出。《区域全面经济伙伴关系协定》正式生效、中老铁路建成通车等，为推动亚洲形成更加开放的大市场提供了新机遇，亚洲共赢合作必将迈出新步伐。

亚洲的繁荣稳定得来殊为不易，值得倍加珍惜。用对话合作取代零和博弈，用开放包容取代封闭排他，用交流互鉴取代唯我独尊，这是亚洲应有的襟怀和气度。共走和平发展大道，共谋合作共赢大计，共创团结进步的亚洲大家庭，这是亚洲人民的心声。亚洲国家有足够的智慧和能力巩固东盟在地区架构中的中心地位，维护兼顾各方诉求、包容各方利益的区域秩序。面对亚洲发展的大好形势，添彩而不添乱应是域内域外国家参与亚洲事务的基本准则。任何固守冷战思维、蓄意挑起对抗、破坏地区发展的图谋，都是不得人心的。

作为亚洲大家庭的一员，不论世界发生什么样的变化，中国始终是地区和平发展、合作共赢的积极参与者和重要贡献者。中国坚持走和平发展道路，坚持走开放合作之路，积极推进高质量共建"一带一路"，提出并推动落实全球发展倡议、全球安全倡议，持续为亚洲和世界和平、发展、合作、共赢注入正能量。《哈萨克斯坦实业报》总编辑谢里克·科尔茹姆巴耶夫表示，习近平主席在主旨演讲中强调"携手同心、行而不辍"，希望国际社会团结合作、共迎挑战，迎来人类更加光明美好的未来。

冲出迷雾走向光明，最强大的力量是同心合力，最有效的方法是和衷共济。开放、包容、自信的中国，将同各国一道，团结在真正的多边主义旗帜下，致力于持久和平、共同发展、坚持开放的地区主义，携手构建亚洲命运共同体、人类命运共同体。

《人民日报》（2022 年 04 月 25 日　第 03 版）

深化金砖合作，让进步的力量越聚越强

中国将继续秉持开放包容、合作共赢的金砖精神，与金砖伙伴一道把合作的蛋糕越做越大，让进步的力量越聚越强，共同开创人类美好未来

"作为国际社会积极、向上、建设性力量，金砖国家应该坚定信念，直面风浪，以实际行动促进和平发展，维护公平正义，倡导民主自由，为处于动荡变革期的国际关系注入稳定性和正能量。"5月19日，习近平主席在金砖国家外长会晤开幕式上发表视频致辞，深刻阐述安全与发展两件大事，对深化金砖政治安全合作提出重要意见，为实现构建人类命运共同体的美好愿景凝聚信心和力量。

当前，百年变局和世纪疫情相互交织，世界经济复苏脆弱乏力，发展鸿沟加剧，全球性挑战增多，国际形势中不稳定、不确定、不安全因素日益突出，治理赤字、信任赤字、发展赤字、和平赤字有增无减。但是，和平与发展的时代主题没有变，各国人民对美好生活的追求没有变，国际社会同舟共济、合作共赢的历史使命也没有变。在世界处于关键历史转折点之际，金砖国家加强团结合作比以往任何时候都更加重要。

习近平主席指出："历史和现实告诉我们，以牺牲别国安全为代价，片面追求自身安全，只会造成新的矛盾和风险。"在国与国相互依存的今天，追求"绝对安全""独享安全"行不通，必须以对话取代对抗，以协商取代胁迫，以结伴取代结盟，以共赢取代零和，努力寻求普遍安全的最大公约数。习近平主席提出全球安全倡议，为破解全球安全治理难题、弥合全球安全鸿沟贡献了中国智慧、中国方案。金砖国家要加强政治互信和安全合作，就重大国际和地区问题密切沟通协调，照顾彼此核心利益和重大关切，相互尊重主权、安全、

发展利益，反对霸权主义和强权政治，抵制冷战思维和集团对抗，共建人类安全共同体。

发展是新兴市场国家和发展中国家的共同任务。面对当前各种风险挑战，加强新兴市场国家和发展中国家团结合作，比以往任何时候都更为重要。习近平主席提出全球发展倡议，为推进全球发展事业指明方向、明晰路径，得到 100 多个国家和联合国等多个国际组织的积极响应和广泛支持，50 多个国家加入"全球发展倡议之友小组"。金砖合作的意义超出五国范畴，承载着新兴市场国家和发展中国家乃至整个国际社会的期望。金砖国家要同更多新兴市场国家和发展中国家开展对话交流，打造开放多元的发展伙伴网络，以实际行动推动国际社会聚焦全球发展事业，让更多新兴市场国家和发展中国家共同唱响团结合作、互利共赢的大合唱。5 月 19 日首次举行的"金砖 +"外长对话会达成许多共识，体现了新兴市场国家和发展中国家联合自强、深化团结合作、共同开创光明前景的愿望和信心。

中国高度重视金砖国家合作机制，积极推动金砖合作走深走实。2013 年以来，习近平主席在金砖国家领导人会晤等场合发表一系列重要讲话，为深化金砖合作提出中国倡议、注入中国信心、增添中国力量。从加快建设金砖国家新工业革命伙伴关系，联手培育经济增长新动能，到成立金砖国家疫苗研发中国中心，为消除疫苗鸿沟提供助力，再到举行金砖国家治国理政研讨会暨人文交流论坛，加强互学互鉴……中国与各方一道，推动金砖合作持续迈出新步伐、取得新进展，不断巩固政治安全、经贸财金、人文交流"三轮驱动"合作架构，构建起更紧密、更务实的伙伴关系。今年中国接任金砖主席国以来，已举办 50 多场重要活动，推动金砖合作在多个领域取得重要进展，为金砖国家领导人第十四次会晤奠定了坚实基础。

2017 年，习近平主席在厦门主持金砖国家领导人第九次会晤，开启了金砖合作第二个"金色十年"，在金砖合作进程中留下了鲜明的中国印记。今年，中国将再次主办金砖国家领导人会晤，开启金砖合作新篇章。中国将继续秉持开放包容、合作共赢的金砖精神，与金砖伙伴一道把合作的蛋糕越做越大，让进步的力量越聚越强，共同开创人类美好未来。

《人民日报》(2022 年 05 月 21 日　第 03 版)

全力推动金砖合作走深走实

当前国际形势下，金砖国家领导人第十四次会晤达成什么成果、发出什么声音，具有重要风向标意义。中国将同各成员国一道，坚定弘扬开放包容、合作共赢的金砖精神，推动构建高质量伙伴关系，共创全球发展新时代

习近平主席将于 6 月 23 日在北京主持金砖国家领导人第十四次会晤。在世界之变、时代之变、历史之变正以前所未有的方式展开的当下，中方期待通过举办金砖国家领导人第十四次会晤，围绕"构建高质量伙伴关系，共创全球发展新时代"主题，同其他金砖国家一道，全力推动金砖合作走深走实，深化金砖战略伙伴关系，为金砖合作描绘新蓝图，为维护世界和平与稳定、促进全球发展与繁荣作出更大贡献。

金砖国家合作机制走过 16 年光辉历程，已成为具有全球影响的南南合作平台。中国高度重视金砖国家合作机制，加强同金砖国家合作始终是中国外交政策的优先方向之一。2013 年以来，习近平主席连续 9 年出席金砖国家领导人会晤，提出一系列推动金砖国家合作机制发展、加强金砖国家合作的重要主张和倡议。2017 年，习近平主席在厦门主持金砖国家领导人第九次会晤，开启金砖合作第二个"金色十年"，在金砖合作进程中留下了鲜明的中国印记。中国坚定认为，金砖合作顺应经济全球化、世界多极化、国际关系民主化的历史大势，反映新兴市场和发展中国家群体性崛起的时代浪潮，代表世界格局和国际秩序演变调整的前进方向，必将长期保持生机活力，不断为世界和平发展作出积极贡献。

"明者因时而变，知者随事而制。我们在推进金砖合作的道路上，要顺应时代变化，做到与时俱进。"习近平主席在金砖国家领导人第十三次会晤上强调。近年来，中国积极推动金砖合作因应时代变局，为应对全球挑战发挥金砖作用。当

经济全球化不断遭遇逆风，中国提出金砖国家应"推动建设开放型世界经济，促进贸易和投资自由化便利化，合力打造新的全球价值链，实现经济全球化再平衡，使之惠及各国人民"；当新冠肺炎疫情威胁各国人民生命健康和经济发展，中国强调金砖国家"要坚持团结协作，合力克服疫情挑战"；当多边和单边、公道和霸道之争日益凸显，中国主张金砖国家"要坚定维护国际公平正义，高举多边主义旗帜，捍卫联合国宪章宗旨和原则，维护以联合国为核心的国际体系，维护以国际法为基础的国际秩序"；当南北发展鸿沟不断增大，中国强调金砖国家"要推动共同发展，坚持以人民为中心的发展思想，全面落实2030年可持续发展议程"。正是通过持续为应对全球挑战贡献智慧和力量，金砖国家的影响力不断扩大。

当前国际形势下，金砖国家领导人第十四次会晤达成什么成果、发出什么声音，具有重要风向标意义。作为今年金砖国家主席国，中国稳步推进政治安全、经贸财金、人文交流、可持续发展和公共卫生等领域合作，迄今已成功举办70多场会议和活动，为即将举行的金砖国家领导人会晤奠定了坚实基础。中国推动金砖合作增强实效，在全球治理、疫苗、粮食安全、供应链、航天等领域达成重要成果，展现金砖国家团结协作、共克时艰的坚定决心。中国推动金砖合作聚焦发展，积极为落实联合国2030年可持续发展议程贡献力量。金砖国家领导人和有关新兴市场国家及发展中国家领导人将共同出席全球发展高层对话会，必将为国际发展合作注入新的动力。中国推动金砖合作展现开放包容。在卫生、环境、发展、教育、人文等领域，中国举办多场"金砖+"活动，"金砖+"外长对话会聚焦在全球治理中发挥新兴市场和发展中国家作用，有效促进了新兴市场和发展中国家团结合作。

尽管百年变局和世纪疫情叠加影响，国际形势中不稳定、不确定、不安全因素日益突出，但和平与发展的时代主题没有变，各国人民对美好生活的追求没有变，国际社会同舟共济、合作共赢的历史使命也没有变。作为国际社会积极、向上、建设性力量，金砖国家坚定信心、把握大势，准确识变应变，定能为处于新的动荡变革期的国际关系注入稳定性和正能量。中国将同各成员国一道，坚定弘扬开放包容、合作共赢的金砖精神，推动构建高质量伙伴关系，共创全球发展新时代，为构建人类命运共同体作出新贡献。

《人民日报》（2022年06月19日　第03版）

为构建全球发展共同体贡献智慧、凝聚合力

中国积极推动金砖合作聚焦发展，反映出对当前国际形势和全球挑战的深层思考。中国始终与广大新兴市场和发展中国家站在一起，是推动全球发展事业不断向前的重要力量

百年变局叠加世纪疫情，经济全球化遭遇逆流，落实联合国 2030 年可持续发展议程面临前所未有的挑战。国际社会迫切期待实现更加公平、更可持续、更为安全的发展。作为今年金砖国家主席国，中国积极推动金砖合作聚焦发展，并将举行全球发展高层对话会，与各方共商构建新时代全球发展伙伴关系、携手落实联合国 2030 年可持续发展议程大计，充分展现推动全球发展进步的大国担当。

加强经济合作、实现共同发展是金砖合作的初衷和主线。当前形势下，金砖国家合力应对发展挑战、维护共同发展利益的必要性和紧迫性更加突出。2022 年金砖"中国年"聚焦"构建高质量伙伴关系，共创全球发展新时代"主题，充分体现对发展议题的重视。面对个别国家大搞保护主义，鼓动脱钩、断供，金砖国家发表《金砖国家加强多边贸易体制和世贸组织改革声明》，坚定维护以世界贸易组织为核心的多边贸易体制，推动经济全球化朝着更加开放、包容、普惠、平衡、共赢的方向发展；面对产业链供应链不畅问题，金砖国家达成《金砖国家加强供应链合作倡议》，着力提升供应链韧性，维护全球供应链安全稳定畅通；面对新冠肺炎疫情和地缘冲突给全球农业生产和贸易带来的严峻挑战，金砖国家审议通过《金砖国家粮食安全合作战略》，展现致力于稳定全球粮食生产、畅通农业贸易投资、加强全球粮食安全治理的共同立场；面对数字经济蓬勃发展的时代浪潮，金砖国家达成《金砖国家数字经济伙伴关

系框架》、发布《金砖国家制造业数字化转型合作倡议》，携手推进数字产业化和产业数字化，为实现跨越式发展创造新机遇。

面对当前各种风险挑战，加强新兴市场和发展中国家团结合作，比以往任何时候都更为重要。金砖国家是新兴市场和发展中国家的重要代表，关键时刻理应展现责任担当，以实际行动推动国际社会聚焦全球发展事业，塑造有利发展环境，提振发展伙伴关系，让发展成果惠及更多新兴市场和发展中国家。2017年，金砖国家领导人厦门会晤首创"金砖＋"合作模式，举办新兴市场国家与发展中国家对话会，为新兴市场和发展中国家加强团结合作搭建重要平台。今年以来，中国推动在更高层级、更广领域、更大范围开展"金砖＋"合作，推动"金砖＋"活动常态化、机制化，建立更广泛的伙伴关系。即将举行的全球发展高层对话会是中国推动新兴市场和发展中国家团结合作的又一重大行动，有利于推动国际社会将发展问题置于优先议程，将为加快落实联合国2030年可持续发展议程、推动构建全球发展共同体贡献智慧、凝聚合力。

中国积极推动金砖合作聚焦发展，反映出对当前国际形势和全球挑战的深层思考。习近平主席强调："发展是解决一切问题的总钥匙。无论是消除疫情影响、重回生活正轨，还是平息冲突动乱、解决人道主义危机，根本上都要靠以人民为中心的发展。"作为全球最大的发展中国家，中国始终把发展作为第一要务，始终把发展放在国际合作突出位置。习近平主席提出全球发展倡议，倡导构建全球发展共同体，就是要在全球发展遭遇突出困难的当下，推动国际社会关注发展中国家特殊紧迫需求，共同落实联合国2030年可持续发展议程，共同推动全球发展迈向平衡协调包容新阶段。全球发展倡议得到100多个国家和联合国等多个国际组织的响应支持，充分说明中国始终与广大新兴市场和发展中国家站在一起，是推动全球发展事业不断向前的重要力量。

无论国际风云如何变幻，各国人民对美好生活的向往不会变，对发展的渴望和追求不会变。中国将携手各方，以即将举行的金砖国家领导人第十四次会晤和全球发展高层对话会为契机，加强对话交流，增进理解互信，拉紧合作纽带，加深利益交融，让合作的蛋糕越做越大，让进步的力量越聚越强，为实现构建人类命运共同体的美好愿景作出更大贡献。

《人民日报》（2022年06月20日 第03版）

加强政治安全合作，共建人类安全共同体

金砖国家是国际社会积极、向上、建设性力量，为世界注入的是和平发展的正能量

第十二次金砖国家安全事务高级代表会议日前以视频方式举行，各方就加强多边主义和全球治理、应对国家安全新威胁新挑战、加强和完善新疆域治理等重要问题深入交换意见，达成一系列共识。会议进一步深化了金砖国家政治安全领域战略互信与合作，进一步发出了金砖国家团结合作的有力信息，为即将举行的金砖国家领导人第十四次会晤作出了重要政治准备。

为了构筑伙伴关系、实现共同发展的宏伟目标，为了推动国际关系民主化、推进人类和平与发展的崇高事业，金砖国家走到了一起。金砖国家合作机制成立 16 年来，政治安全合作一直是金砖战略伙伴关系的重要内容。金砖国家利用外长会晤、安全事务高级代表会议等机制，就重大国际和地区问题加强立场协调，发出更多金砖声音。金砖国家高举多边主义旗帜，强调遵守联合国宪章宗旨和原则，恪守国际法和国际关系基本准则，以对话解争端，以协商化分歧，推动国际秩序朝着更加公正合理的方向发展。

中国是金砖国家合作机制的坚定支持者和参与者，始终以积极和建设性态度参与金砖国家政治安全合作。为加强金砖国家政治安全合作，中国提出构建维护世界和平的伙伴关系，倡导共同、综合、合作、可持续的安全观，坚定维护国际公平正义，维护世界和平稳定；为解决重大国际和地区热点问题，中国强调金砖国家加强协调合作、共同行动，注重标本兼治、综合施策，从根源上化解矛盾，为国际社会实现长治久安作出贡献；为维护全球战略稳定，中国明确指出金砖国家要坚定维护多边主义，推动国际关系民主化，反对霸权主义和

强权政治。中国主张为金砖国家政治安全合作指明方向，为共同维护世界和平安全提供重要战略指引。

当前，各种传统和非传统安全威胁层出不穷，单边主义、霸权主义、强权政治威胁上升，人类面临的安全挑战愈发突出。在此背景下，金砖国家加强政治安全合作，是推动金砖合作朝着更高质量方向前进的必然要求。面对重重风险挑战，习近平主席胸怀人类安危福祉，提出全球安全倡议，为破解全球安全困境贡献了中国智慧，为构建持久和平和普遍安全的世界提供了重要遵循。在金砖国家外长会晤开幕式上发表视频致辞时，习近平主席再次强调全球安全倡议的重要性，明确指出金砖国家要加强政治互信和安全合作，共建人类安全共同体。国际人士指出，习近平主席强调落实全球安全倡议、共建人类安全共同体，对解决和平赤字、安全赤字，推动世界和平与发展，具有重要意义。

发展是安全的基础，安全是发展的条件。金砖国家领导人第十四次会晤聚焦"构建高质量伙伴关系，共创全球发展新时代"，客观上要求各方在新的国际形势下进一步加强政治安全合作，为共同发展创造良好条件、塑造有利环境。不久前，金砖国家外长会晤发表联合声明，强调面对当前国际形势新特点新挑战，金砖国家应加强团结合作，携手应对新冠肺炎疫情冲击等，并重申对多边主义的承诺，致力于加强和完善全球治理，展现出金砖国家全力争取和平安全的不懈努力。金砖国家加强与新兴市场和发展中国家团结合作，有利于改革和完善全球治理体系，推动实现更加公平、更可持续、更为安全的发展。

金砖国家的发展壮大，带动了国际格局调整的速度、广度、深度，正在从根本上改变世界政治经济版图。金砖国家是国际社会积极、向上、建设性力量，为世界注入的是和平发展的正能量。展望未来，金砖国家延续政治安全合作良好势头，将持续为世界和平与发展、构建人类命运共同体作出积极贡献。

《人民日报》(2022 年 06 月 21 日　第 03 版)

联合自强，谱写共同发展的主旋律

金砖合作的"中国时刻"即将再度开启。中国将携手其他金砖国家，推动广大新兴市场和发展中国家联合自强，发出完善全球治理的好声音，谱写共同发展的主旋律，为构建人类命运共同体不懈努力

"这是在全球面临多重挑战情况下举行的重要会议""对中国推动金砖国家与其他发展中国家团结合作充满期待""希望会晤能为加强多边主义和全球发展的包容性发挥更大作用"……连日来，国际社会对金砖国家领导人第十四次会晤的关注不断升温，各方普遍期待金砖国家能进一步加强同广大新兴市场和发展中国家的团结合作，为处于动荡变革期的国际关系注入稳定性和正能量，为维护世界和平发展发挥更大作用。

金砖国家合作机制自成立以来，就同广大新兴市场和发展中国家的命运紧紧联系在一起。在联合国、二十国集团等多边机制中，金砖国家作为新兴市场和发展中国家的代表，推动全球治理体系朝着更加公正合理的方向发展。金砖合作不仅在金砖国家之间展开，还辐射到其他新兴市场和发展中国家。金砖国家新开发银行和应急储备安排标志着新兴市场和发展中国家自主创立多边金融机制的开创性努力。面对世纪疫情，金砖国家推动国际社会重点关注发展中国家的特殊困难，支持"暂缓最贫困国家债务偿付倡议"。实践证明，金砖合作顺应新兴市场和发展中国家群体性崛起的历史大势，有利于推动世界多极化和国际关系民主化。

金砖合作承载着新兴市场和发展中国家乃至整个国际社会的期望。当前，百年变局和世纪疫情叠加影响，国际形势中不稳定、不确定、不安全因素日益突出，单边主义、保护主义、霸凌行径愈演愈烈，治理赤字、信任赤字、发展赤字、和平赤字有增无减。在此形势下，加强新兴市场和发展中国家团结合作

比以往任何时候都更为重要，广大新兴市场和发展中国家参与金砖合作的愿望比以往任何时候都更加强烈。金砖国家坚守初心、展现担当，聚焦广大新兴市场国家和发展中国家的迫切需求，将有力推动世界和平发展。

金砖国家肩负推动发展问题回归国际核心议程的使命。全球疫情、地区冲突、大国博弈、逆全球化等复杂因素相互交织，全球减贫进程严重受挫。更令人担忧的是，发展问题在国际议程中日益被边缘化，发达国家援助远未落实，全球发展资源缺口巨大，如期实现联合国2030年可持续发展议程不容乐观。面对严峻挑战，金砖国家不仅要加强彼此发展合作，还应推动国际社会聚焦全球发展事业，提振发展伙伴关系，塑造有利发展环境，让发展成果惠及更多新兴市场和发展中国家。

金砖合作肩负倡导共商共建共享的全球治理观的重任。个别国家打着多边主义幌子，煽动意识形态对抗，严重冲击国际秩序，加剧全球治理赤字。面对前所未有的变局乱局，金砖国家要坚持真正的多边主义，倡导开放包容，反对封闭排他；要坚定维护以联合国为核心的国际体系，反对拉帮结派搞"小圈子"，反对胁迫别国选边站队；要推动全球治理体系更好反映大多数国家特别是发展中国家的正当关切和合理诉求。

中国是发展中国家的坚定一员，一直积极推动金砖国家加强同新兴市场和发展中国家的团结合作。2017年9月，金砖国家领导人厦门会晤首创"金砖+"合作模式，为广大新兴市场和发展中国家团结合作搭建重要平台，被誉为"提升金砖国家全球影响力的重要创新"。今年中国再次担任金砖国家主席国，积极推动扩大金砖"朋友圈"，在更高层级、更广领域、更大范围开展"金砖+"合作。参加今年金砖国家工商论坛的代表中，除金砖五国人士外，还有来自哈萨克斯坦、阿根廷、泰国、印度尼西亚等13个国家的代表，"多元化""多国化"的特点突出。中国还将举办全球发展高层对话会，邀请新兴市场和发展中国家领导人共商全球发展大计，推动国际发展合作再出发。

金砖合作的"中国时刻"即将再度开启。中国将携手其他金砖国家，进一步展现开放包容胸怀，团结一切可以团结的力量，推动广大新兴市场和发展中国家联合自强，发出完善全球治理的好声音，谱写共同发展的主旋律，为构建人类命运共同体不懈努力。

以历史主动精神直面困难挑战

6月22日晚，习近平主席以视频方式出席金砖国家工商论坛开幕式并发表主旨演讲，深刻回答"摆在我们面前的时代之问"，系统阐释在复杂严峻的国际形势下推进世界和平发展事业的合作之道。习近平主席的主旨演讲着眼人类前途命运，倡导国际社会准确认识历史发展规律，以历史主动精神直面困难挑战，为向着构建人类命运共同体的目标勇毅前行提供思想引领、凝聚信心力量。

世界百年变局和世纪疫情相互交织，各种安全挑战层出不穷，世界经济复苏步履维艰，全球发展遭遇严重挫折。国际形势的深刻变化、全球挑战的密集显现，导致有关世界走向的担心增多，科学辨析时代大势的重要性和紧迫性更加突出。"历史长河时而风平浪静，时而波涛汹涌，但总会奔涌向前。尽管国际形势风云变幻，但开放发展的历史大势不会变，携手合作、共迎挑战的愿望也不会变。"习近平主席站在历史和哲学的高度，科学回答时代之问，倡导国际社会共同维护世界和平稳定、共同促进全球可持续发展、共同实现合作共赢、共同扩大开放融合，彰显为人类共同利益担当尽责的大国领袖风范。参加本次工商论坛的各国代表以及关注金砖"中国时刻"的外国媒体，高度评价习近平主席的主旨演讲，认为中国理念、中国方案具有科学性、引领性。

准确认识历史发展规律，才能在林林总总的表象中发现本质，找准前行之路。当前，国际形势风云变幻，不稳定、不确定、不安全因素日益突出。但历史规律清晰昭示，和平是人类共同事业，需要各方共同争取和维护，霸权主义、集团政治、阵营对抗只会导致战争冲突；发展是破解各种难题、实现人民幸福的关键，坚持以人民之心为心、以天下之利为利才能实现真正的发展进步；同舟共济、团结合作是战胜经济危机的必然要求，把世界经济政治化、工具化、武器化终将损人害己；经济全球化是生产力发展的客观要求和不可阻挡的历史潮流，一个更加开放包容的世界，能给各国带来更广阔的发展空间，给人类带来更繁荣的未来。习近平主席引导国际社会辨清历史发展规律，有助于廓清思想迷雾，推动各国共同在大潮流大格局大历史中把握前进方向。

不畏风险挑战勇毅前行，才能在变乱交织的形势下汇聚合力，推动历史进步。人类认识世界的最终目的是为了改造世界。习近平主席曾多次强调："历史是勇敢者创造的。"当前形势下，国际社会急需凝聚起因应变局的强大力量，勇敢战胜前进道路上的各种险阻。要让和平的阳光照亮世界，就必须摒弃零和博弈，共同反对霸权主义和强权政治，构建相互尊重、公平正义、合作共赢的新型国际关系，树立休戚相关、安危与共的共同体意识；要促进全球可持续发展，就必须加强减贫、卫生、教育、粮食、能源等领域合作，促进创新要素全球流动，帮助发展中国家加快数字经济发展和绿色转型，推动构建团结、平等、均衡、普惠的全球发展伙伴关系；要防止世界经济陷入危机的泥潭，就必须加强宏观经济政策协调，主要发达国家尤其要采取负责任的经济政策，停止滥用单边制裁，避免给发展中国家造成严重冲击；要汇聚世界经济增长合力，就必须坚持开放包容，拆除一切阻碍生产力发展的藩篱，引导推动全球化健康发展，让资金和技术自由流动，让创新和智慧充分涌现，推动构建开放型世界经济，以共商共建共享为原则加强全球经济治理。

人类文明进步历程从来没有平坦的大道可走，人类就是在同困难的斗争中前进的。今天的世界纵然面临重重挑战，但各国人民珍视和平、渴望发展、追求开放、期待合作的共同意愿没有变。瞩望未来，中国将携手各国在历史前进的逻辑中前进、在时代发展的潮流中发展，共同守护和平安全、促进发展繁荣，让希望的阳光照亮人类。

《人民日报》(2022 年 06 月 24 日　第 02 版)

团结一心　凝聚力量　勇毅前行

6月23日晚，习近平主席在北京以视频方式主持金砖国家领导人第十四次会晤并发表重要讲话，系统阐释中国推动金砖国家构建更加全面、紧密、务实、包容的高质量伙伴关系的主张。习近平主席的重要讲话从人类社会共同利益出发，擘画金砖合作新蓝图，必将有力推动金砖合作开启新征程，为应对全球突出挑战、促进世界和平发展发挥更大作用。

"16年来，面对惊涛骇浪、风吹雨打，金砖这艘大船乘风破浪、勇毅前行，走出了一条相互砥砺、合作共赢的人间正道。"习近平主席高度肯定金砖机制引领国际关系实践变革的重要意义。过去一年来，面对突出的全球安全和发展挑战，金砖国家始终秉持开放包容、合作共赢的金砖精神，加强团结协作，携手攻坚克难，充分展现了金砖机制的韧性和活力，增强了国际社会对金砖合作持续为世界注入积极、稳定、建设性力量的期待和信心。这是属于所有金砖国家的成功，对于全球携手因应时代变局具有重要意义。

当前，世界百年未有之大变局正在加速演进，新冠肺炎疫情仍在蔓延，人类社会面临前所未有的挑战，世界发展进入新的动荡变革期。作为新兴市场和发展中国家的重要代表，金砖国家作出正确选择，采取负责任行动，对世界至关重要。着眼推动金砖合作提质升级，习近平主席强调金砖国家要坚持和衷共济，维护世界和平与安宁；要坚持合作发展，共同应对风险和挑战；要坚持开拓创新，激发合作潜能和活力；要坚持开放包容，凝聚集体智慧和力量。这些主张有助于维护金砖国家的共同利益，有助于金砖合作为国际关系体系注入更多稳定性和正能量。会晤通过并发表的《金砖国家领导人第十四次会晤北京宣言》，体现了金砖国家在加强和改革全球治理、团结抗击疫情、维护和平与安全、促进经济复苏、加快落实联合国2030年可持续发展议程、深化人文交流、完善金砖机制建设等方面的广泛共识。

"危机会带来失序，也会催生变革，关键取决于如何应对。"面对国际形势更趋复杂严峻，多边和单边、公道和霸道、团结和分裂之争日益凸显，金砖国家更加需要完善合作机制、提升合作质量，不断扩大金砖合作的全球影响。作为今年金砖国家主席国，中国推动金砖合作在供应链、贸易投资、粮食安全、应对气候变化、数字经济等诸多领域搭建新平台、迈出新步伐。中国推动"金砖+"合作模式不断深化拓展，支持推进金砖扩员进程，努力提升金砖合作的开放性和包容性。全球发展倡议和全球安全倡议是中国着眼维护各国共同利益而提供的国际公共产品，反映了广大新兴市场和发展中国家的共同心声，有助于在全球治理体系变革中增强新兴市场和发展中国家的代表性和发言权。中国将致力于同其他金砖国家一道，推动两大倡议落地见效、走深走实，实现更广泛的发展、更普遍的安全。

在历史发展的关键当口，金砖国家领导人第十四次会晤在坚持多边主义、共同防控疫情、深化经济务实合作、促进全球共同发展、加强人文交流互鉴等领域达成广泛共识，在金砖合作进程中具有继往开来的里程碑意义。新征程上，只要金砖国家团结一心，凝聚力量，勇毅前行，金砖合作之路必将越走越宽广，为推动构建人类命运共同体、开创人类美好未来作出更大贡献。

《人民日报》（2022 年 06 月 25 日　第 06 版）

以人民之心为心　以天下之利为利

　　6月24日晚，习近平主席在北京以视频方式主持全球发展高层对话会并发表重要讲话，同金砖国家领导人和有关新兴市场国家及发展中国家领导人共商全球发展大计。习近平主席倡导共创普惠平衡、协调包容、合作共赢、共同繁荣的发展格局，宣布中国落实全球发展倡议的重要举措，为重振全球发展事业指明方向，为实现共同繁荣凝聚了信心和力量。

　　"我深深感受到，只有不断发展，才能实现人民对生活安康、社会安宁的梦想。"习近平主席结合亲身经历阐述发展对人类社会的重要性，充分彰显大国领袖的人民情怀和历史担当。近年来，中国提出的一系列重要理念和方案，对全球发展事业的引领作用不断上升。2015年，习近平主席出席联合国发展峰会，强调"必须攥紧发展这把钥匙"，共同走出一条公平、开放、全面、创新的发展之路，并宣布设立"南南合作援助基金"等一系列推动全球发展的重要举措。2021年，针对南北发展鸿沟拉大、国际发展合作动能不足、发展问题在国际议程中日益边缘化等问题，习近平主席在联合国大会提出全球发展倡议，推动国际社会重新聚焦发展问题，为破解发展难题提供了重要公共产品。

　　此次中国举办全球发展高层对话会，标志着全球发展倡议开始落地生根。习近平主席在对话会上指出，各方要共同凝聚促进发展的国际共识、共同营造有利于发展的国际环境、共同培育全球发展新动能、共同构建全球发展伙伴关系。这些主张切中当前全球发展事业面临的突出挑战，为国际发展合作再出发指明了方向和路径。出席对话会的各国领导人高度赞赏习近平主席关于全球发展合作的深刻阐述，认为中方倡议符合广大发展中国家关切和需求，有利于凝聚国际共识，动员发展资源，加快落实联合国2030年可持续发展议程。

　　人类社会正处在何去何从的关键节点，全球发展事业面临诸多新的风险挑战。有的国家将发展议题政治化、边缘化，搞"小院高墙"和极限制裁，人为制造分裂和对抗。这类做法冲击世界经济体系，任其发展只会造成一损俱损的局面，可能使国际经济合作几十年努力的成果毁于一旦，各国民众将为之付出沉重代价。面对严峻复杂的形势，广大新兴市场和发展中国家更加需要加强团结协作，拧成一股绳，铆足一股劲，把发展置于国际议程中心位置，建设开放型世界经济，构建更加公正合理的全球治理体系和制度环境，确保不让任何一个国家、任何一个人掉队。

中国始终是全球发展的贡献者，坚持以实际行动推动全球发展合作。在全球发展高层对话会上，习近平主席宣布了中方落实全球发展倡议的重要举措，包括把南南合作援助基金整合升级为"全球发展和南南合作基金"、加大对中国—联合国和平与发展基金的投入、成立全球发展促进中心、发布《全球发展报告》、建立全球发展知识网络等。对话会还发布了一份包含32项举措的成果清单，覆盖减贫、粮食安全、抗疫和疫苗、发展筹资、气候变化和绿色发展、工业化、数字经济、数字时代互联互通等8个领域，包括成立全球减贫与发展伙伴联盟、发起"促进粮食生产专项行动"、建立国际疫苗创新与研发合作联盟等。中国期待同各方共同落实好对话会成果，开放各方共同参与的项目库，为加速落实联合国2030年可持续发展议程注入强劲动力。

万山磅礴看主峰，乱云飞渡仍从容。中国积极推动金砖国家和有关新兴市场及发展中国家聚焦发展合作、增进人民福祉，展现了立己达人、计利天下的大国风范和担当。面向未来，中国将继续坚持以人民之心为心、以天下之利为利，与国际社会一道推动全球发展迈向新时代，造福各国人民。

《人民日报》（2022年06月28日 第03版）

合作发展之路必将越走越宽广

金砖国家发出了维护和平的正义之声、时代之声，展现了推动发展的真诚愿望、行动能力，拿出了完善全球治理的积极主张、务实举措。国际舆论指出，想在当下见证可被称为历史性发展的事件，就应该将目光投向刚刚结束的金砖国家领导人第十四次会晤

世界百年未有之大变局加速演进，人类和平与发展面临前所未有的挑战。切实回应各国人民对和平发展的殷切期盼、对公平正义的强烈呼声、对合作共赢的坚定追求，维护并践行真正的多边主义，是每一个负责任的政治家和多边合作机制应有的担当。

习近平主席日前在北京以视频方式主持金砖国家领导人第十四次会晤、全球发展高层对话会，出席金砖国家工商论坛开幕式并发表主旨演讲。习近平主席的"金砖时间"聚焦金砖又超越金砖，深刻回答世界之问、历史之问、时代之问，既为深化金砖合作举旗定向、凝聚共识，又为促进世界和平发展贡献智慧和力量。金砖国家领导人第十四次会晤系列活动吸引世界目光，金砖国家贡献的积极、向上、建设性力量得到国际舆论充分肯定。德国《青年世界报》指出："想在当下见证可被称为历史性发展的事件，就应该将目光投向刚刚结束的金砖国家领导人第十四次会晤。"

金砖国家发出了维护和平的正义之声、时代之声。当今世界很不太平，个别西方国家冷战思维抬头，大搞集团政治，大行霸权主义，导致世界面临分裂对抗的现实风险。习近平主席强调"和平是人类共同事业，需要各方共同争取和维护"，进一步阐释了全球安全倡议的内涵和现实意义，明确指出国际社会要摒弃零和博弈，共同反对霸权主义和强权政治，构建相互尊重、公平正义、

合作共赢的新型国际关系，树立休戚相关、安危与共的共同体意识。习近平主席的讲话旗帜鲜明、掷地有声，表达了发展中国家热爱和平与安宁、反对霸权与强权的共同心愿。西班牙埃菲社认为，在当前充满不确定性的国际形势下，中国领导人直面风险挑战，呼吁不忘《联合国宪章》初心，牢记守护和平使命，引领金砖国家发出了加强团结合作、共克时艰的声音。

金砖国家展现了推动发展的真诚愿望、行动能力。金砖国家同为新兴市场和发展中国家，聚焦发展让金砖合作的步伐坚实笃定。习近平主席提出共创普惠平衡、协调包容、合作共赢、共同繁荣的发展格局，宣布中方落实全球发展倡议的重要举措，引领金砖国家以宏阔的视野共谋全球发展、以务实的行动推动共同发展。金砖方案超越个别西方国家奉行本国优先、推行保护主义的做法，超越个别西方国家以发展合作之名行对抗之实的做法。阿拉伯新闻网强调，中国引领金砖国家超越乌克兰危机等地缘冲突，专注于一个明确的前进议程，有助于金砖国家在贸易和投资方面发挥更大作用，开创一个更可持续、更公平的全球发展新时代。

金砖国家拿出了完善全球治理的积极主张、务实举措。习近平主席指出："合作才能办成大事，办成好事，办成长久之事。"与个别西方国家长期固守"小圈子"思维，沉迷于以自我为中心，为维护霸权不惜践踏国际规则不同，金砖国家秉持开放包容、合作共赢的金砖精神，对所有志同道合者敞开怀抱，不断扩大朋友圈，吸引力和影响力不断提升。《金砖国家领导人第十四次会晤北京宣言》就支持多边主义、完善全球治理体系等表明共同立场，为维护世界和平、促进共同发展提出金砖主张。18个国家的领导人出席全球发展高层对话会，充分表明发展中国家希望平等参与全球治理、共同把握人类前途命运。南非独立在线新闻网站指出："金砖国家正在定义一种充满希望的新秩序，这一新秩序秉持公平正义、多边主义、发展进步等理念。"

在人类历史发展演变的关键时刻，中国成功主办金砖国家领导人第十四次会晤系列活动，秉持人类命运共同体理念，与广大新兴市场和发展中国家共谋合作共赢之道、共筑和平发展之基，为缔造人类光明未来注入了强大正能量。展望未来，中国与广大新兴市场和发展中国家坚定维护并践行真正的多边主义，合作发展之路必将越走越宽广。

《人民日报》(2022年06月29日 第04版)

共享服贸发展机遇　共促世界经济复苏

8月31日，国家主席习近平向2022年中国国际服务贸易交易会致贺信。习近平主席在贺信中强调举办服贸会的积极意义，展现了中国坚持以高水平开放促进高质量发展的决心，表达了中国同世界各国一道促进服务经济开放共享、推动世界经济复苏发展的愿望。

服务贸易是当今国际贸易中最具活力的部分，是世界经济增长潜力所在。服贸会是中国专门为服务贸易搭建的国家级、国际性、综合型大规模展会和交易平台，创办10年来影响力不断提升。今年的服贸会以"服务合作促发展　绿色创新迎未来"为主题，吸引70多个国家和国际组织设展办会，超过400家世界500强以及国际龙头企业线下参展。在全球疫情起伏反复、国际环境不确定不稳定因素增多、世界经济复苏脆弱乏力的背景下，今年服贸会如期举行具有特殊的重要意义。国际人士指出，这将为推动国际贸易增长营造良好氛围，为促进各国经济发展创造有利条件。

中国不断扩大开放，是服贸会影响力持续提升的关键。作为中国对外开放三大展会平台之一，服贸会具有鲜明的开放属性。从2019年强调"促进更高水平对外开放"，到2020年提出"共同营造开放包容的合作环境""共同激活创新引领的合作动能""共同开创互利共赢的合作局面"三点倡议，到2021年提出"扩大合作空间""加强服务领域规则建设""继续支持中小企业创新发展"等多方面举措，再到今年提出"不断放宽服务领域市场准入，提高跨境服务贸易开放水平，拓展对外开放平台功能，努力构建高标准服务业开放制度体系"……习近平主席连续4年向服贸会致贺信或在服贸会全球服务贸易峰会上发表致辞，"开放"都是关键词。服贸会在中国扩大开放的进程中不断发展壮大，也在不断推动中国扩大开放的进程。

中国说到做到的开放举措，让服贸会独具魅力。在保护主义抬头、经济全球化遭遇逆流的当下，开放合作的能力弥足珍贵。只有具有开放合作能力的国家，才能在全球发展中占得先机。近年来，服贸会见证中国开放的大门越开越大。从"在更广领域扩大外资市场准入，积极打造一流营商环境"，到"建立健全跨境服务贸易负面清单管理制度，推进服务贸易创新发展试点开放平台建设"，再到"在全国推进实施跨境服务贸易负面清单"，习近平主席过去3年在服贸会上宣布的中国扩大高水平开放新举措，持续落地见效、惠及各方，为深化全球服务贸易和投资合作、增强发展活力贡献重要中国力量。

正是在积极主动的开放战略引领下，中国服务贸易蓬勃发展。去年，中国服务进出口总额达5.3万亿元，创历史新高，服务出口世界排名由第四位上升到第三位。今年上半年，中国服务贸易继续保持较快增长态势，服务进出口总额达2.9万亿元，同比增长21.6%。服务贸易已成为中国开展对外经贸合作的重要组成部分和增长点。未来，中国构建高标准服务业开放制度体系，建设国家服务贸易创新发展示范区，打造全球数字经济标杆城市，以数字新业态新模式引领新型服务经济发展，必将为全球服务贸易繁荣发展作出更大贡献。

今年，服贸会首次迎来了吉祥物"福燕"。"福燕"的主体形象取材于北京雨燕，寓意全球客商共赴服务贸易盛宴。正像北京雨燕每年在迁徙中飞越30多个国家、往返行程近3万公里展现的旺盛生命力一样，各国只有坚持开放合作、久久为功，才能打开通往繁荣发展的机遇之门。中方愿同各方共同努力，秉持人类命运共同体理念，落实全球发展倡议，推动服务贸易健康可持续发展，为世界经济复苏发展增添更大动力。

《人民日报》（2022年09月02日 第03版）

践行真正的多边主义，凝聚更多开放共识

作为党的二十大后中国举办的首场重要国际展会，第五届进博会迎五洲客、计天下利，让世界充分感受到新时代新征程上中国不断扩大开放、分享发展机遇的决心

11月4日晚，习近平主席以视频方式出席在上海举行的第五届中国国际进口博览会开幕式并发表致辞，强调中国将推动各国各方共享中国大市场机遇、制度型开放机遇、深化国际合作机遇。中国愿同各国一道，共创开放繁荣的美好未来。

当前，世界百年未有之大变局加速演进，世界经济复苏动力不足。在这个关键时刻，国际社会应把握规律、认清大势，在开放中创造机遇，在合作中破解难题。"开放是人类文明进步的重要动力，是世界繁荣发展的必由之路。"习近平主席深刻阐释开放之于人类社会发展进步的重要意义，强调要以开放纾发展之困、以开放汇合作之力、以开放聚创新之势、以开放谋共享之福，推动经济全球化不断向前，增强各国发展动能，让发展成果更多更公平惠及各国人民。

中国是开放发展的受益者，也是推动建设开放型世界经济的重要力量。党的二十大报告强调，中国坚持对外开放的基本国策，坚定奉行互利共赢的开放战略，不断以中国新发展为世界提供新机遇，推动建设开放型世界经济，更好惠及各国人民。作为党的二十大后中国举办的首场重要国际展会，第五届进博会迎五洲客、计天下利，让世界充分感受到新时代新征程上中国不断扩大开放、分享发展机遇的决心。

5年前，习近平主席宣布举办进博会，就是要扩大开放，让中国大市场成为世界大机遇。5年来，中国开放的大门越开越大。中国不断激发进口潜力，

持续放宽市场准入，营造国际一流营商环境，打造对外开放新高地，推动多边和双边合作深入发展，用实际行动兑现扩大开放的承诺。面向未来，中国稳步扩大规则、规制、管理、标准等制度型开放，推动形成更高水平开放型经济新体制，必将为构建开放型世界经济贡献更大力量。

进博机遇，世界分享。作为世界首个以进口为主题的国家级展会，进博会充分发挥国际采购、投资促进、人文交流、开放合作四大平台作用。"进博会是连接发展机遇的综合性窗口""进博会汇聚了来自全球的新产品、新技术、新服务、新方案，展现了中国市场的巨大潜力，架起了与世界共享中国市场红利的桥梁"……参加进博会的跨国企业负责人高度评价进博会的聚合效应和桥梁作用，表达深耕中国市场的坚定信心。中国加快建设强大国内市场，推动货物贸易优化升级，创新服务贸易发展机制，扩大优质产品进口，创建"丝路电商"合作先行区，建设国家服务贸易创新发展示范区，推动贸易创新发展，推进高质量共建"一带一路"，必将书写更多共享机遇、共谋发展的生动故事。

国际社会高度关注进博会，一个重要原因是期待从推动完善全球经济治理的中国智慧、中国方案中得到坚定前行的信心。中国全面深入参与世界贸易组织改革谈判，推动贸易和投资自由化便利化，促进国际宏观经济政策协调，共同培育全球发展新动能，积极推进加入《全面与进步跨太平洋伙伴关系协定》和《数字经济伙伴关系协定》，扩大面向全球的高标准自由贸易区网络，坚定支持和帮助广大发展中国家加快发展，推动构建人类命运共同体，将为加强国际经济合作、促进世界经济复苏注入强大动力。

路就在脚下，光明就在前方。进博会作为中国构建新发展格局的窗口、推动高水平开放的平台、全球共享的国际公共产品，将继续联通中国和世界，在开放合作中实现互利共赢。踏上新征程的中国将始终坚持在历史前进的逻辑中前进、在时代发展的潮流中发展，携手各方践行真正的多边主义，凝聚更多开放共识，共同克服全球经济发展面临的困难和挑战，让开放为全球发展带来新的光明前程。

《人民日报》（2022 年 11 月 06 日　第 03 版）

推动全球生物多样性治理迈上新台阶

12月15日晚，习近平主席以视频方式向在加拿大蒙特利尔举行的《生物多样性公约》第十五次缔约方大会（COP15）第二阶段高级别会议开幕式致辞。习近平主席强调要凝聚生物多样性保护全球共识、推进生物多样性保护全球进程、通过生物多样性保护推动绿色发展、维护公平合理的生物多样性保护全球秩序，为进入关键阶段的"2020年后全球生物多样性框架"磋商注入重要动力。

生物多样性使地球充满生机，也是人类生存和发展的基础。当前，人类正站在保护生物多样性、实现可持续发展的十字路口。最新研究发现，当前逾100万物种面临灭绝威胁，受监测野生动物种群数量自1970年以来下降69%；第五版《全球生物多样性展望》报告显示，全球第一个以10年为期的生物多样性保护目标——"爱知目标"设定的20项目标，到2020年没有一项完全实现。国际社会普遍期待COP15第二阶段会议达成"2020年后全球生物多样性框架"，为未来全球生物多样性保护设定目标、明确路径。

作为COP15主席国，中国全面履职尽责，多角度、多维度、多层次沟通协调，积极推动磋商谈判进程。去年10月，习近平主席以视频方式出席在昆明举行的《生物多样性公约》第十五次缔约方大会领导人峰会并发表主旨讲话，提出"以生态文明建设为引领，协调人与自然关系""以绿色转型为驱动，助力全球可持续发展""以人民福祉为中心，促进社会公平正义""以国际法为基础，维护公平合理的国际治理体系"等重要主张，宣布中国将率先出资15亿元人民币，成立昆明生物多样性基金，支持发展中国家生物多样性保护事业，为推进全球生物多样性保护贡献了中国智慧、中国方案和中国力量。在COP15第二阶段会议上，中国继续领导大会实质性和政治性事务，积极推动制定兼具雄心和务实平衡的"2020年后全球生物多样性框架"。

中国是世界上生物多样性最丰富的国家之一，也是最早签署和批准《生物多样性公约》的缔约方之一。中国积极推进生态文明建设和生物多样性保护，不断强化生物多样性主流化，实施生态保护红线制度，建立以国家公园为主体的自然保护地体系，实施生物多样性保护重大工程，实施最严格执法监管，一大批珍稀濒危物种得到有效保护，生态系统多样性、稳定性和可持续性不断增强，走出了一条中国特色的生物多样性保护之路，有力提振全球生物多样性保护的信心。联合国《生物多样性公约》秘书处执行秘书穆雷玛认为，中国在生物多样性保护和生态文明建设方面取得巨大成就的同时，也实现了经济发展的巨大成就。这为所有发展中国家提供了很好的借鉴。

中国是《生物多样性公约》及其议定书核心预算的最大捐助国，有力支持了《生物多样性公约》的运作和执行。习近平主席强调，未来，中国将持续加强生态文明建设，站在人与自然和谐共生的高度谋划发展，响应联合国生态系统恢复十年行动计划，实施一大批生物多样性保护修复重大工程，深化国际交流合作，研究支持举办生物多样性国际论坛，依托"一带一路"绿色发展国际联盟，发挥好昆明生物多样性基金作用，向发展中国家提供力所能及的支持和帮助，推动全球生物多样性治理迈上新台阶。世界自然基金会总干事兰贝蒂尼称赞中国的领导力对于达成一个有雄心、可执行的"2020年后全球生物多样性框架"至关重要。

地球是人类唯一的共同家园，促进人与自然和谐共生是国际社会的共同愿景。推进全球生物多样性保护，国际社会迫切需要维护并践行真正的多边主义，一起将雄心转化为行动。中国将继续与国际社会携手努力，共同推动制定"2020年后全球生物多样性框架"，共同推进人与自然和谐共生，共建地球生命共同体，共建清洁美丽世界。

《人民日报》（2022年12月18日　第03版）

为全球生物多样性治理擘画新蓝图

"昆明—蒙特利尔全球生物多样性框架"是一个兼具雄心和务实平衡的"框架"，具有里程碑意义。"框架"的达成为人类携手应对全球性挑战注入了信心

当地时间 12 月 19 日凌晨，《生物多样性公约》第十五次缔约方大会（COP15）第二阶段会议通过"昆明—蒙特利尔全球生物多样性框架"（简称"框架"），为今后直至 2030 年乃至更长一段时间的全球生物多样性治理擘画新蓝图。国际社会普遍认为，这是一个兼具雄心和务实平衡的"框架"，具有里程碑意义。

大会通过 60 余项决议，在"框架"目标、资源调动、遗传资源数码序列信息等关键议题上达成了一致。确立了"3030"目标，即到 2030 年保护至少 30% 的全球陆地和海洋等系列目标；建立了有力的资金保障，明确为发展中国家提供资金、技术和能力建设等支持措施。"框架"将指引国际社会携手遏止并扭转生物多样性丧失，推动生物多样性恢复进程，共同迈向 2050 年与自然和谐共生愿景。联合国秘书长古特雷斯表示，"框架"的达成无疑为人类与自然带来了新的希望。

习近平主席去年 10 月以视频方式出席在昆明举行的《生物多样性公约》第十五次缔约方大会领导人峰会并发表主旨讲话，近日向《生物多样性公约》第十五次缔约方大会第二阶段高级别会议开幕式致辞，为加强生物多样性保护贡献中国智慧、中国方案、中国力量，为大会最终取得积极成果提供了重要政治推动力。作为 COP15 主席国，中国一直不遗余力地发挥领导和协调作用。中方推动大会第一阶段高级别会议通过《昆明宣言》，为解决生物多样性丧失问题指明正确方向。自 COP15 第一阶段会议至第二阶段会议开幕前，中方主

持召开近 40 次公约主席团会议，100 多场不同层级的双边和多边会议，推动各方凝聚共识。中方还充分利用联合国、二十国集团、气候变化沙姆沙伊赫大会等重要场合和时机，与各方就推动第二阶段会议取得成功进行沟通协调。《生物多样性公约》秘书处执行秘书伊丽莎白·穆雷玛表示，"框架"的达成"不仅是中国的胜利，也是中国引领下世界的胜利"。

"框架"的达成为人类携手应对全球性挑战注入了信心。生物多样性丧失是人类面临的共同挑战，推进全球生物多样性治理必须践行多边主义。COP15第二阶段高级别会议是《生物多样性公约》缔约方大会历史上高级别代表参会人数最多的一次，充分体现了各方推进生物多样性保护全球进程的政治意愿。在谈判磋商过程中，面对关键难点议题，各方本着最大的包容性，为达成共同目标相向而行，充分展现了合作精神。事实再次证明，合作才能办成大事，办成好事，办成长久之事。

"框架"已经达成，关键在于落实。各方要将共识转化成有效的政策、扎实的行动、具体的项目。全球生物多样性丰富的地区多位于发展中国家，这些国家在应对生物多样性丧失方面迫切需要资金和技术支持。在 COP15 第二阶段会议上，发达国家承诺到 2025 年每年至少向发展中国家提供 200 亿美元，到 2030 年每年至少提供 300 亿美元，用于生物多样性保护。发达国家应切实兑现承诺，在经费投入、技术转让、人员培训等方面拿出实实在在的行动。

生态兴则文明兴。国际社会应携手努力，坚定捍卫真正的多边主义，形成保护地球家园的强大合力。中国将积极推动"框架"执行落地，支持发展中国家生物多样性保护事业，加强与发达国家交流合作，与各方共同构建地球生命共同体。

《人民日报》（2022 年 12 月 21 日　第 03 版）

肆

彰显理性、自信、负责任的大国担当

"

我们必须以人类前途命运为重，同舟共济，共克时艰。特别是大国应该以身作则，发挥带头作用，多为世界注入信心和力量。我坚信，和平、发展、合作、共赢的历史潮流仍然不可阻挡，人类的前途是光明的。

"

共促安全稳定和发展繁荣

9月14日至16日，习近平主席将出席在撒马尔罕举行的上海合作组织成员国元首理事会第二十二次会议，并对哈萨克斯坦、乌兹别克斯坦进行国事访问。在百年变局与世纪疫情叠加交织、国际和地区形势深刻演变之际，习近平主席此次中亚之行，将为推动构建更加紧密的上合组织命运共同体注入新动力，为深化地区团结合作开启新篇章。

今年是上合组织宪章签署20周年和成员国长期睦邻友好合作条约签署15周年，对上合组织具有重要标志性意义。上合组织成立以来，始终以宪章和条约为遵循，以"上海精神"为旗帜，成功探索出新型区域组织的发展道路，树立了地区和国际合作的典范。世界进入新的动荡变革期，上合组织的作用不是减弱了，而是增强了；各成员国的合作需求不是减少了，而是增多了。面对复杂多变的国际形势、此起彼伏的热点问题和沉渣泛起的单边主义、保护主义，各方期待上合组织为维护和践行真正的多边主义、捍卫国际公平正义贡献"上合力量"。

作为上合组织重要创始成员国，中国一直重视、支持和推动上合组织发展。2013年以来，习近平主席出席历次上合组织峰会，提出一系列推动上合组织发展和地区合作的重要主张和倡议，得到各方积极响应。"确立构建人类命运共同体的共同理念"正式写入青岛宣言，成为上合组织成员国的共同愿景；共建"一带一路"倡议同成员国发展战略及欧亚经济联盟等区域合作倡议深入对接，为地区发展创造重要机遇。上合组织各方普遍赞赏习近平主席提出的全球发展倡议，认为这一倡议对应对当前全球发展困境具有重要意义。不少成员国积极评价习近平主席提出的全球安全倡议，认同共同、综合、合作、可持续的安全观。主张独立自主、安危与共，反对在本地区制造阵营对抗、破坏地区稳定。习近平主席出席上合组织撒马尔罕峰会，将就新形势下加强上合组织建设、更好应对重大国际和地区挑战与有关各方深入交换意见，有利于共同捍卫真正的多边主义，维护发展中国家的正当权益，将为促进地区安全稳定和发展繁荣作出重要贡献。

今年是中国和中亚五国建交 30 周年。30 年来，中国同中亚五国相继建立战略伙伴关系，深化政治互信、互利合作，走出了一条睦邻友好、合作共赢的新路，成为构建新型国际关系的典范。双方就携手构建更加紧密的中国—中亚命运共同体达成重要共识。习近平主席对哈萨克斯坦和乌兹别克斯坦的访问，必将进一步深化中国和中亚五国的合作。

30 年来，中国和哈萨克斯坦关系不断迈上新台阶，成为永久全面战略伙伴，对地区乃至世界和平稳定具有重要意义。2013 年 9 月，习近平主席在哈萨克斯坦提出共同建设"丝绸之路经济带"倡议。中哈共建"一带一路"先试先行，实施了一系列具有战略意义的合作项目，取得丰硕成果，为两国人民带来实实在在的福祉，成为互利共赢的典范。

30 年来，中国和乌兹别克斯坦关系不断实现跨越式发展，成为互尊互信的好邻居、互惠互利的好伙伴、互学互鉴的好朋友。当前，巩固和加强中乌全面合作面临重要机遇。双方商定高质量共建"一带一路"，尽快实现 100 亿美元的年贸易额并提出新的目标，共同落实好经贸投资合作五年规划，加快遴选和落实一批具有战略意义的合作项目，强调将持续深化互联互通合作、深化减贫扶贫合作、加强医疗卫生合作。中方充分支持乌方担任上合组织轮值主席国工作，愿同乌方在国家发展振兴的道路上携手同行。

当前，世界之变、时代之变、历史之变正以前所未有的方式展开。在这一关乎世界和平发展的关键当口，中国同地区国家团结协作、砥砺前行，将为世界和平发展、合作共赢注入正能量，为构建人类命运共同体作出新贡献。

《人民日报》（2022 年 09 月 13 日 第 03 版）

为推动中哈共同发展繁荣注入新的强劲动力

美丽的金秋时节，中哈关系书写新的历史篇章。9月14日，应托卡耶夫总统邀请，习近平主席对哈萨克斯坦进行国事访问。访问期间，两国元首举行会谈，签署并发表《中华人民共和国和哈萨克斯坦共和国建交30周年联合声明》，宣布为中哈构建世代友好、高度互信、休戚与共的命运共同体目标和愿景而努力。两国元首共同擘画中哈全方位合作新蓝图，为双边关系发展指明了前进方向，为推动两国共同发展繁荣注入了新的强劲动力。

中哈建交30年来，双边关系走过不平凡的发展历程，收获一系列重要历史性成果。两国率先解决边界问题，率先铺设跨境油气管道，率先开展国际产能合作，率先建立永久全面战略伙伴关系，创造了多项"第一"。中哈关系之所以能实现跨越式发展，元首外交发挥的战略引领作用至关重要。习近平主席在会谈中指出，中国永远是哈萨克斯坦值得信赖、倚重的朋友和伙伴，中方愿同哈方做彼此发展振兴的坚强后盾，助力彼此实现发展繁荣。托卡耶夫总统表示，哈方将继续坚定奉行一个中国政策，做任何情况下中国都可以依赖的好伙伴、好朋友。两国元首的积极互动，充分彰显中哈之间的高度互信。

哈萨克斯坦是"一带一路"的首倡之地。9年来，中哈共建"一带一路"先试先行，不仅造福了两国人民，也为国际社会树立了典范。中哈连云港物流合作基地为世界上最大的内陆国哈萨克斯坦提供了从太平洋扬帆起航的出海口；中欧班列驰骋不息，巩固了哈萨克斯坦作为亚欧大陆运输枢纽的地位；中亚最大风电项目札纳塔斯风电场并网发电，满足了当地100多万家庭的用电需求；小麦粉、乳制品等优质哈萨克斯坦商品畅销中国市场……可见可感的两国共建"一带一路"合作成果不断涌现。此次访问期间，习近平主席强调双方要高质量共建"一带一路"，托卡耶夫总统明确表示哈方将继续积极支持和参与共建"一带一路"。两国有关部门签署多项双边合作文件，并决定将在西安、阿克托别互设总领事馆。着眼未来，双方扩大经贸、产能、互联互通、抗疫等领域合作，拓展大数据、人工智能、数字金融、跨境电商、绿色能源、绿色基建等创新合作，增进民心相通，必将不断增进两国人民福祉，助力两国发展和民族振兴事业不断取得进步。

中哈关系内涵已经超出双边范畴，对地区乃至世界和平稳定具有重要意义。正如习近平主席所指出的："中哈友好牢不可破，有助于世界积极力量和进步力量发展，也有利于构建人类命运共同体。"着眼于共同维护本地区长治久安，中哈双方将加强在上海合作组织、亚信、"中国＋中亚五国"等多边机制框架内合作，共同支持办好上海合作组织撒马尔罕峰会，为本组织下阶段发展注入新动力。着眼于构建更加公正合理的全球治理体系，双方将加强国际协作，及时就国际治理、粮食安全、能源安全、产业链供应链稳定、地区热点等问题交换意见，践行真正的多边主义，共同反对单边主义和阵营对抗。哈方对习近平主席提出的全球发展倡议、全球安全倡议高度赞同，表示愿同中方一道落实好两大倡议。中哈不断拓展多边领域协作，有助于为进入动荡变革期的世界增添和平发展的正能量。

当前，中哈两国都处在发展振兴的关键历史阶段。中国共产党第二十次全国代表大会召开在即，这是中国共产党在进入全面建设社会主义现代化国家、向第二个百年奋斗目标进军新征程的重要时刻召开的一次十分重要的大会。"新哈萨克斯坦"建设已经全面开启，哈萨克斯坦正在朝着"世界发达国家30强"迈进。只要双方共同努力，将两国元首达成的共识落到实处，中哈全方位合作必将更好地造福两国人民，中哈关系必将迎来更加辉煌的明天。

《人民日报》（2022年09月15日　第03版）

擘画中乌全面合作新蓝图

9月15日，习近平主席在撒马尔罕同乌兹别克斯坦总统米尔济约耶夫会谈。两国元首宣布，着眼中乌关系长远发展和两国人民未来福祉，双方将扩大互利合作，巩固友好和伙伴关系，在双边层面践行命运共同体。在中乌建交30周年的重要年份和喜迎丰收的仲秋之月，习近平主席对乌兹别克斯坦的国事访问取得丰硕成果，开启了双边关系发展的新篇章。

中乌在双边层面践行命运共同体，是两国30年来始终相互尊重、睦邻友好、同舟共济、互利共赢结出的硕果，是中乌关系的大树愈发根深蒂固、枝繁叶茂的充分体现。近年来，习近平主席同米尔济约耶夫总统保持密切交往，通过会晤、通话、互致信函等方式，建立起良好工作关系和深厚个人友谊。以元首外交为引领，中乌关系发展驶入快车道，不仅造福两国人民，也有力促进了地区和平稳定和繁荣发展。中乌在双边层面践行命运共同体，必将不断丰富两国全面战略伙伴关系的内涵，为深化两国全方位互利合作、共创美好未来注入强大动力。

此次访问进一步增进了中乌政治互信。习近平主席指出，作为乌兹别克斯坦的好朋友、好伙伴、好兄弟，中方坚定支持乌兹别克斯坦走符合本国国情的发展道路，支持乌方维护国家独立、主权、安全和社会稳定的努力，反对任何势力干涉乌兹别克斯坦内政。米尔济约耶夫总统表示，乌方坚定不移、十分明确坚持一个中国原则，坚定不移支持中方在涉台、涉疆等核心利益问题上的立场，乌兹别克斯坦将永远是值得中国信任的好邻居、好朋友、好伙伴。两国元首签署并发表《中华人民共和国和乌兹别克斯坦共和国联合声明》，重申将继续在涉及国家主权、安全和领土完整等核心利益问题上相互支持。在国际形势不稳定性不确定性明显增加的背景下，中乌高度的政治互信对于两国携手实现发展振兴至关重要。

此次访问擘画了两国全面合作新蓝图。为让两国合作跑出"加速度"、结出更多果实，习近平主席提出做大经贸投资合作，完善欧亚大陆运输大通道建设，扩大能源合作，全面推进教育、文化、旅游、地方、环保、考古等人文交流合作，继续同乌方开展医疗、疫苗、制药等领域合作，加强减贫合作等建议，得到乌方积极响应。访问期间，两国有关部门签署农业、数字经济、绿色发展、文化、地方、媒体等领域多项合作文件，中国、吉尔吉斯斯坦、乌兹别克斯坦有关部门签署《关于中吉乌铁路建设项目（吉境内段）合作的谅解备忘录》，为落实两国元首共识奠定了坚实基础。共建"一带一路"是中乌合作的亮点和主线。双方表示愿积极推进"一带一路"倡议同"新乌兹别克斯坦"2022—2026年发展战略对接，深化共建"一带一路"合作，将为两国互利合作开辟更为广阔的空间。

此次访问明确了双方加强国际协作新愿景。中国同中亚国家是唇齿相依、安危与共的命运共同体。双方就携手推动上海合作组织发展行稳致远、做大做强"中国＋中亚五国"会晤机制等达成重要共识，这有助于共同维护地区安全稳定、促进共同发展。双方还就落实全球发展倡议和全球安全倡议达成重要共识，这是双方携手应对全球性挑战的重要举措。双方强调应遵守基于联合国宪章和国际法基本原则的国际秩序，坚持以联合国为核心的多边主义，就共同关心的重大国际和地区问题及时交换意见、协调立场，将为推动构建更加公正合理的全球治理体系作出贡献。

心有所向，路必不远。访问期间，两国元首在撒马尔罕国际会议中心北门外广场共同种下一棵橡树。橡树代表着长久生命力，象征着中乌友谊枝繁叶茂、生生不息。展望未来，中乌将在国家发展振兴的道路上继续携手前行，朝着构建中乌命运共同体的愿景和目标共同努力。

《人民日报》（2022年09月16日　第05版）

一条新型国际组织成长壮大之路
——秉持"上海精神"一路前行①

　　举世闻名的"丝路明珠"撒马尔罕，再次见证亚欧大陆具有标志性意义的重要时刻。当地时间 9 月 16 日，习近平主席在这里出席上海合作组织成员国元首理事会第二十二次会议并发表重要讲话，从战略和全局高度看待和指引上合组织发展，就各成员国加强团结、推动本组织未来发展提出重大倡议主张。中国方案顺应时代潮流、契合各方需求，必将有力推动上合组织在新征程上取得更大成就，为维护亚欧大陆以及世界的和平与繁荣注入更多正能量和新动力。

　　撒马尔罕峰会是上合组织历史上出席领导人最多、成果文件最为丰富的一次峰会。在习近平主席和与会各国领导人共同努力下，本次峰会通过涵盖经济、金融、科技、人文、机制建设、对外交往等领域共 40 余项成果文件。特别是在中方推动下，成员国元首发表关于维护国际能源安全、维护国际粮食安全、应对气候变化、维护供应链安全稳定多元化等 4 份重磅声明。这些重要成果，充分彰显上合组织的旺盛活力，充分表明上合组织是维护世界和平与发展的重要力量。全球媒体聚焦撒马尔罕峰会，纷纷表示上合组织"为国际社会树立了互利合作的典范"。

　　"实践表明，'上海精神'是上海合作组织发展壮大的生命力所在，更是上海合作组织必须长期坚持的根本遵循。过去我们践行'上海精神'取得巨大成功，未来我们还要秉持'上海精神'一路前行。"习近平主席在峰会上发表重要讲话，深刻总结上合组织成功经验——坚持政治互信、坚持互利合作、坚持平等相待、坚持开放包容、坚持公平正义，指出这"五个坚持"充分体现了互信、互利、平等、协商、尊重多样文明、谋求共同发展的"上海精神"。"五个坚持"回答了在新的时代背景下应当推进什么样的新型区域合作、如何推进新型区域合作的问题，对上合组织自身建设和促进国际关系健康公正发展均具有重要指导意义。

"五个坚持"有助于上合组织各成员国进一步加强团结合作，构建更加紧密的上海合作组织命运共同体。上合组织过去20多年的成功实践充分说明，"五个坚持"有助于将来自不同地域、处于不同发展阶段、有着不同文明传统的国家凝聚在一起，产生强大的集体之力、团结之力、合作之力。当今世界并不太平，团结和分裂、合作和对抗两大政策取向的博弈较量日益突出。上合组织维护地区和平安全面临诸多考验，各成员国维护自身安全稳定遭遇严峻挑战。面对复杂形势，上合组织必须把准自身发展方向，将过往成功经验进一步发扬光大，以"五个坚持"提升凝聚力、汇聚合作意愿，继续为成员国发展振兴营造有利外部环境。

"五个坚持"有助于上合组织面向国际社会弘扬真正的多边主义，为推动构建更加公正合理的全球治理体系发挥更大作用。"五个坚持"是真正多边主义的实践，是对传统集团政治的超越。当前，国际上一些力量热衷于搞"本国优先"的伪多边主义，试图建立各种封闭排他的"小圈子"，给国际秩序稳定和世界和平发展带来严重威胁。上合组织恪守联合国宪章宗旨和原则，倡导大小国家一律平等，尊重彼此核心利益和选择的发展道路，始终走互利共赢、共同繁荣之路，倡导文明对话、求同存异，成为当今世界平等互利伙伴关系的典范。撒马尔罕峰会期间，上合组织迎来新一轮最大规模扩员，充分说明上合组织秉持的合作理念日渐显示出超越地域的生命力和价值。

人类社会发展和大自然一样，有阳光灿烂的日子，也有风雪交加的时刻。当前，世界百年未有之大变局正在加速演进，世界进入新的动荡变革期。面对前所未有的挑战，唯有团结合作才能共创未来。只要上合组织各成员国继续弘扬"上海精神"，沿着成功探索出的新型国际组织成长壮大之路砥砺前行，就一定能够推动上合组织发展行稳致远，共同建设和平、稳定、繁荣、美丽的美好家园。

《人民日报》（2022年09月18日　第03版）

加大相互支持　拓展安全合作
——秉持"上海精神"一路前行②

面对风云激荡的国际形势，上合组织成员国加大相互支持，拓展安全合作，必将为处在十字路口的国际地区形势带来更多稳定因素，为世界和平与发展注入更多正能量

"新形势下，上海合作组织作为国际和地区事务中重要建设性力量，要勇于面对国际风云变幻，牢牢把握时代潮流，不断加强团结合作，推动构建更加紧密的上海合作组织命运共同体。"在上海合作组织成员国元首理事会第二十二次会议上，习近平主席深刻剖析当前复杂多变的国际和地区形势，强调要加大相互支持、拓展安全合作、深化务实合作、加强人文交流、坚持多边主义。这些建议契合各成员国求团结、促稳定、谋发展的共同心声，为上合组织擘画了前进路线图、描绘了合作新前景。

"力量不在胳膊上，而在团结上。"当前，世界团结与分裂、合作与对抗的矛盾日益突出，上合组织维护地区和平安全面临诸多考验，各成员国维护自身安全稳定遭遇严峻挑战。面对新形势新任务新难题，上合组织必须加大相互支持。"我们要加强高层交往和战略沟通，深化相互理解和政治互信，支持彼此为维护安全和发展利益所作努力。要防范外部势力策动'颜色革命'，共同反对以任何借口干涉别国内政，把本国前途命运牢牢掌握在自己手中。"习近平主席阐明加大相互支持的核心要义，指明了上合组织以团结合作应对风险挑战的努力方向。

深化政治互信、加大相互支持，也是习近平主席此次出访的重要成果之一。中哈、中乌在双边层面启动践行命运共同体理念，中俄表示将继续在

涉及彼此核心利益问题上相互有力支持，中国与中亚国家一致同意做大做强"中国＋中亚五国"会晤机制，中国与伊朗、白俄罗斯、巴基斯坦、蒙古国、土耳其、阿塞拜疆就推动双边关系发展达成许多新的重要共识。针对个别国家近期以来图谋损害中国主权、干涉中国内政的行径，有关国家领导人在会见时都主动重申，将继续坚定恪守一个中国原则，坚定支持中方在涉台、涉疆、涉港等核心利益问题上的立场。这些充分表明，上合组织有强大的凝聚力和向心力，能够共同应对各种风险挑战，共促地区安全稳定和发展繁荣。

安全合作一直是上合组织合作的重要内容。多年来，上合组织成员国着眼共同安全命运，开展务实高效安全合作，确保了本地区安全稳定大局。当前国际形势中不稳定、不确定、不安全因素日益突出，维护地区长治久安的任务更加迫切。在撒马尔罕峰会上，习近平主席阐述全球安全倡议的重要意义，欢迎各方共同参与落实这一倡议，强调要持续开展联合反恐演习，严厉打击"三股势力"、毒品走私、网络和跨国有组织犯罪，有效应对数据安全、生物安全、外空安全等非传统安全挑战，为拓展上合组织安全合作明确了思路。各方高度评价全球安全倡议，认为倡议对于应对当今世界面临的安全挑战具有重要战略意义。

中国不仅是全球安全倡议的提出者，也是践行倡议的行动派。习近平主席提出，中方愿在未来5年为成员国培训2000名执法人员，建立中国—上海合作组织反恐专业人才培训基地，强化各方执法能力建设。在中方推动下，上合组织成员国元首发表关于维护国际能源安全、维护国际粮食安全、应对气候变化、维护供应链安全稳定多元化等4份重磅声明，支持在上合组织框架内围绕共同保障能源安全开展合作，呼吁国际社会践行多边主义，采取协调行动，共同维护全球粮食安全，强调上合组织成员国决心就应对气候变化所带来的挑战开展合作，着力维护国际供应链的安全、稳定、多元化以保障成员国经济发展。这些正是中方践行全球安全倡议的具体行动。

"有了和平，国家才能兴旺；有了雨露，大地才能繁荣。"这句乌兹别克斯坦谚语，道出了和平稳定是发展繁荣的重要前提。维护和加强地区和平、安全与稳定，是上合组织成立宣言和宪章中明确规定的根本宗旨。面对风云激荡的国际形势，上合组织成员国秉持"上海精神"，加大相互支持，拓展安全合作，必将为处在十字路口的国际地区形势带来更多稳定因素，为世界和平与发展注入更多正能量。

《人民日报》（2022年09月19日　第03版）

始终走互利共赢、共同繁荣之路
——秉持"上海精神"一路前行③

中国将始终坚持和平发展、开放发展、合作发展、共同发展，以自身发展助力地区国家发展，为各国人民创造更多福祉

"地区各国人民过上好日子，是我们矢志以求的共同目标。"在上海合作组织成员国元首理事会第二十二次会议上，习近平主席强调深化务实合作、加强人文交流并提出一系列重要倡议和主张。这些倡议和主张是对上合组织成功经验的继承和发展，体现出中国坚持平等相待和开放包容，携手各方始终走互利共赢、共同繁荣之路的美好愿望和坚定决心。

推动区域务实合作向纵深发展，有利于相互成就发展振兴的美好愿景，加快构建各国人民共享幸福的美好家园。成立 21 年来，上合组织开创了区域合作新模式，为巩固欧亚地区的多边互利关系发挥了建设性作用。当前，单边主义、保护主义抬头，经济全球化遭遇逆流，全球发展赤字有增无减，地区发展合作面临挑战，深化上合组织务实合作的重要性更加凸显。

中方发起全球发展倡议，就是希望国际社会高度重视发展问题，推动构建全球发展伙伴关系，实现更加强劲、绿色、健康的全球发展。习近平主席在峰会上明确表示，中方愿同各方一道，推动倡议在本地区落地生根，助力各国实现可持续发展。在本次峰会通过的关于维护国际能源安全、粮食安全两份声明中，有关各方明确表示认同中国提出的全球发展倡议，认同全球发展倡议在保障国际粮食安全中的积极作用。习近平主席在峰会上强调继续加强共建"一带一路"倡议同各国发展战略和地区合作倡议对接，得到各方积极响应和支持。哈萨克斯坦、吉尔吉斯斯坦、巴基斯坦、俄罗斯、塔吉克斯坦、

乌兹别克斯坦等国重申支持中国提出的"一带一路"倡议，支持各方为共同实施"一带一路"倡议，包括为促进"一带一路"建设与欧亚经济联盟建设对接所做工作。

中国举措为深化务实合作注入新动力。习近平主席宣布，中方将向有需要的发展中国家提供价值 15 亿元人民币的粮食等紧急人道主义援助，并将于明年举办本组织发展合作部长会晤、产业链供应链论坛，建立中国—上海合作组织大数据合作中心，打造共同发展的新引擎。中方愿同各方开展航天领域合作，通过提供卫星数据服务，支持各方农业发展、互联互通建设、减灾救灾等事业。这些实实在在的举措契合各国需要，体现出中国推动落实全球发展倡议、携手各国一起发展的决心。上合组织实业家委员会执行秘书长谢尔盖·卡纳夫斯基表示，中方提出一系列倡议和举措，充分考虑到上合组织成员国关切。各国愿意与中国拓宽合作领域，实现共同发展繁荣。

在各方的共同推动下，本次峰会进一步凝聚了深化务实合作的共识。峰会签署并发表的《上海合作组织成员国元首理事会撒马尔罕宣言》，充分吸纳了中方系列重要倡议的主要内容。成员国表示支持以人民为中心，就增进上合组织地区民生福祉，提高人民生活水平深化合作，愿进一步加强政策沟通、安全合作、贸易畅通、资金融通、民心相通，并主张开展各种形式的区域经济合作，为促进贸易和投资创造便利条件，逐步实现商品、资本、服务和技术的自由流通。有关成员国通过扩大本币结算份额路线图，支持扩大该领域合作。

民心相通是形成务实合作共识的重要基础。中方提出要深化教育、科技、文化、卫生、媒体、广电等领域合作，继续办好青年交流营、妇女论坛、民间友好论坛、传统医学论坛等品牌活动，支持上海合作组织睦邻友好合作委员会等民间机构发挥应有作用。中方提出将建设中国—上海合作组织冰雪体育示范区，明年举办减贫与可持续发展论坛、友好城市论坛，未来 3 年为本组织国家的民众免费实施 2000 例白内障手术，提供 5000 个人力资源培训名额。这些推进民心相通的积极行动，有利于拓展上合组织务实合作的深度和广度。

路虽远，行则必至。中国将始终坚持和平发展、开放发展、合作发展、共同发展，以自身发展助力地区国家发展，为各国人民创造更多福祉。中国也将继续与各方一道，推动上合组织以务实合作激发各国经济增长活力，为世界经济复苏发展贡献上合力量。

《人民日报》（2022 年 09 月 20 日　第 03 版）

践行多边主义，汇聚合作共赢的伟力
——秉持"上海精神"一路前行④

当前，世界百年未有之大变局正在加速演进，世界进入新的动荡变革期。个别国家奉行单边主义，热衷于搞集团政治和"小圈子"，有将世界推向分裂和对抗的严重风险。在此背景下，国际社会对在撒马尔罕举行的上海合作组织成员国元首理事会第二十二次会议格外关注。

"我们要坚定维护以联合国为核心的国际体系和以国际法为基础的国际秩序，弘扬全人类共同价值，摒弃零和博弈和集团政治。要拓展本组织同联合国等国际和地区组织交往，共同坚持真正的多边主义，齐心协力完善全球治理，携手推动国际秩序朝着更加公正合理的方向发展。"在撒马尔罕峰会上，习近平主席从两个方面为上合组织践行真正的多边主义指明了方向。一方面，上合组织要为多边主义强基固本，倡导厉行国际法治，坚持开放包容、协商合作；另一方面，上合组织要推动多边主义守正出新、面向未来，努力为更多国家平等参与全球治理创造条件。中国主张面向上合组织，着眼完善全球治理，真正体现了"国际上的事由大家共同商量着办，世界前途命运由各国共同掌握"的多边主义要义。

成立21年来，上合组织之所以能成功探索出一条新型国际组织成长壮大之路，关键在于坚持弘扬互信、互利、平等、协商、尊重多样文明、谋求共同发展的"上海精神"，坚定践行真正的多边主义。正如上合组织前秘书长阿利莫夫所指出的，"上合大家庭"成员不分大小强弱，平等地坐在一起，共话合作、共谋发展，认真聆听并仔细考虑各方提出的观点与建议，为解决共同面临的问题而努力。当前，面对重重困难与挑战，上合组织维护并践行真正的多边主义的重要性更加凸显。《上海合作组织成员国元首理事会撒马尔罕宣言》强调，成员国在当前国际和地区问题上立场相近或相同，重申坚持以公认的国际法原则，多边主义，平等、共同、综合、合作、可持续安全，文化文明多样性为基础，在联合国中心协调作用下通过各国间平等互利合作，构建更具代表性、更加民主公正的多极世界秩序。宣言所体现的，正是中方倡导的真正的多边主义理念。

"近来，越来越多国家申请加入'上合大家庭'，充分表明上海合作组织的理念深入人心，发展前景被广泛看好。"习近平主席在撒马尔罕峰会上如是表示。本次峰会签署关于伊朗加入上海合作组织义务的备忘录，启动接收白俄罗斯为成员国的程序，批准埃及、沙特、卡塔尔、同意巴林、马尔代夫、阿联酋、科威特、缅甸为新的对话伙伴。上合组织迎来新一轮最大规模扩员，巩固扩大了作为世界上人口最多、幅员最为辽阔的地区合作组织的地位和影响，再次彰显出"上海精神"的生命力、凝聚力和吸引力。国际人士指出，上合组织倡导大小国家一律平等，奉行协商一致原则，是国际事务中的正能量，将有力推动国际秩序朝着更加公正合理的方向发展。

作为上合组织重要创始成员国，中国始终高举真正的多边主义旗帜。2013年以来，习近平主席出席历次上合组织峰会，多次重申对多边主义的坚定承诺。今年，在习近平主席和与会各国领导人共同努力下，撒马尔罕峰会通过涵盖经济、金融、科技、人文、机制建设、对外交往等领域的44份成果文件。这些成果文件正是上合组织成员国践行真正的多边主义的结晶。同时，撒马尔罕峰会以"三个历史之最"——成果文件数量最多、参会范围最广、扩员规模最大，向世界宣示了上合组织践行真正的多边主义的坚定立场。

世界上的问题错综复杂，解决问题的出路是维护和践行多边主义，推动构建人类命运共同体。上合组织顺应和平、发展、合作、共赢的时代潮流，坚定维护和践行真正的多边主义，"朋友圈"不断扩大。展望未来，上合组织成员国秉持"上海精神"继续前行，不断推动构建更加紧密的上合组织命运共同体，必为维护亚欧大陆以及世界的和平与繁荣作出更大贡献。

《人民日报》(2022 年 09 月 21 日　第 03 版)

携手开创人类更加美好的未来

新时代新征程上，中国将继续坚定站在历史正确的一边、站在人类文明进步的一边，同世界上一切进步力量携手，为开创人类更加美好的未来贡献力量

11月14日至19日，习近平主席将应邀赴印度尼西亚出席二十国集团领导人第十七次峰会、赴泰国出席亚太经合组织第二十九次领导人非正式会议并对泰国进行访问。这是党的二十大胜利闭幕后习近平主席首次出访，国际社会高度关注，认为习近平主席此行有利于推动各方携手应对全球性挑战，有利于在推动世界经济复苏、落实联合国2030年可持续发展议程等方面凝聚共识、推进合作，将为推动构建人类命运共同体作出新贡献。

党的二十大报告提出，中国始终坚持维护世界和平、促进共同发展的外交政策宗旨，致力于推动构建人类命运共同体。中国坚持对外开放的基本国策，坚定奉行互利共赢的开放战略，不断以中国新发展为世界提供新机遇，推动建设开放型世界经济，更好惠及各国人民。在世界百年未有之大变局加速演进、全球性挑战层出不穷的关键时刻，习近平主席出席二十国集团领导人峰会、亚太经合组织领导人非正式会议，将为完善全球治理体系、促进全球共同发展贡献中国智慧、中国方案、中国力量，充分展现中国负责任大国的历史担当。

二十国集团是国际经济合作主要论坛和全球经济治理重要平台，肩负着稳定世界经济、拓展增长空间的重要使命。当前，单边主义、保护主义明显上升，经济全球化遭遇逆风，世界经济复苏乏力。二十国集团应加强团结合作，协调宏观经济政策，携手促进世界经济强劲、可持续、平衡、包容增长。作为二十国集团重要成员，中国始终践行共商共建共享的全球治理观，为合作应对全球性挑战、促进世界经济复苏和完善全球治理发挥重要引领作用。近年来，中国

多次在二十国集团平台指出国际社会团结战胜疫情的正确方向，提出重振世界经济的可行举措，阐明完善全球治理的长远之策，为世界注入了稳定性和正能量。习近平主席此次出席以"共同复苏、强劲复苏"为主题的二十国集团巴厘岛峰会，将为推动世界经济复苏、完善全球经济治理、促进可持续发展发挥积极建设性作用。

亚太的和平繁荣不仅关乎本地区命运，更关乎世界未来。亚太地区保持较长时期快速发展，得益于打造开放型经济格局的努力，得益于构筑互信、包容、合作、共赢的亚太伙伴关系。作为亚太区域经济合作的坚定支持者和积极推动者，中国将自身发展与区域发展紧密结合，以自身对外开放带动区域整体开放，积极促进地区经济发展、社会进步和民生改善，为推动亚太经济合作作出了自己的贡献。此次亚太经合组织领导人非正式会议以"开放、连通、平衡"为主题，顺应开放合作的历史大势。习近平主席出席此次亚太经合组织领导人非正式会议，是中国面向亚太开展的一次重要元首外交行动，充分体现了中方对亚太经济合作的高度重视。中方期待各方秉持亚太命运共同体理念，坚持亚太经合组织合作初心，深化团结合作，推进落实《2040年亚太经合组织布特拉加亚愿景》，为亚太乃至全球经济发展注入新动力。

中泰两国毗邻而居，血脉相通。中国是泰国最大贸易伙伴，泰国是中国在东盟国家中第三大贸易伙伴，2021年双方贸易额突破千亿美元大关。中泰都是自由贸易的坚定倡导者、区域合作的积极支持者。今年7月，双方就共建中泰命运共同体的愿景目标达成一致，赋予"中泰一家亲"新的时代内涵。习近平主席此行恰逢中泰建立全面战略合作伙伴关系10周年，对推动中泰关系发展具有重要意义。中方将同泰方以构建中泰命运共同体为引领，加强战略沟通，深化各领域交流合作，推动双边关系不断迈上新台阶。

尽管世界之变、时代之变、历史之变正以前所未有的方式展开，人类社会面临前所未有的挑战，但和平、发展、合作、共赢的历史潮流不可阻挡，人心所向、大势所趋决定了人类前途终归光明。习近平主席此行将向世界表明，新时代新征程上，中国将继续坚定站在历史正确的一边、站在人类文明进步的一边，同世界上一切进步力量携手，为开创人类更加美好的未来贡献力量。

《人民日报》(2022年11月12日　第02版)

携手努力，开辟合作共赢新境界

中国主张立足当下，放眼长远，为推动国际社会共同解决全球发展中的重大现实问题、促进世界经济复苏指明方向

当地时间 11 月 15 日，二十国集团领导人第十七次峰会在印度尼西亚巴厘岛举行。习近平主席出席并发表题为《共迎时代挑战　共建美好未来》的重要讲话。习近平主席深刻分析当前国际形势，强调各国要树立人类命运共同体意识，倡导和平、发展、合作、共赢，让团结代替分裂、合作代替对抗、包容代替排他，共同破解"世界怎么了、我们怎么办"这一时代课题，共渡难关，共创未来。中国主张立足当下，放眼长远，为推动国际社会共同解决全球发展中的重大现实问题、促进世界经济复苏指明方向。

当前，新冠肺炎疫情反复延宕，世界经济脆弱性更加突出，地缘政治局势紧张，全球治理严重缺失，粮食和能源等多重危机叠加，人类发展面临重大挑战。习近平主席在讲话中提出要推动更加包容、更加普惠、更有韧性的全球发展，体现的是中方致力于推动各方聚焦发展议题、共促发展合作的一贯立场。西班牙首相桑切斯表示，习近平主席在二十国集团峰会上倡导团结合作应对全球挑战，推动更加包容的全球发展，我完全赞同。英国 48 家集团俱乐部副主席基思·贝内特称赞，中国是一个对促进全球可持续发展具有全面愿景和规划的大国，习近平主席关于普惠发展的理念"不仅切实可行，而且至关重要"。

推动更加包容的全球发展，必须以团结合作、同舟共济为基础。合作才能办成大事，办成好事，办成长久之事。以意识形态划线，搞集团政治和阵营对抗，以邻为壑、构筑"小院高墙"，搞封闭排他的"小圈子"，只会损人害己，破坏全球发展。推动更加普惠的全球发展，必须让发展成果更多更公平惠及各

国人民。世界繁荣稳定不可能建立在贫者愈贫、富者愈富的基础之上。走在前面的国家应该真心帮助其他国家发展，提供更多全球公共产品。大国要有大国的担当，都应为全球发展事业尽心出力。推动更有韧性的全球发展，必须以各国共同发展为前提。中方提出建设全球经济复苏伙伴关系，强调坚持发展优先、以人民为中心，始终想着发展中国家的难处，照顾发展中国家关切，体现出支持发展中国家发展、避免世界经济分化和不平衡复苏的远见卓识和责任担当。

习近平主席提出全球发展倡议，就是着眼全球共同发展的长远目标和现实需要。全球发展倡议得到 100 多个国家和国际组织支持，充分说明这一倡议的强大生命力和感召力。从成立"全球发展倡议之友小组"到举办全球发展高层对话会，从创设全球发展和南南合作基金到制定务实合作清单，中国以实际行动推动全球发展倡议落地走实。联合国秘书长古特雷斯表示，中方提出的全球发展倡议同联合国 2030 年可持续发展议程相契合。

一个更加公平、公正、合理的全球经济治理体系，是全球经济重回增长轨道并实现稳定发展的有力保障。中方第一个公开支持非盟加入二十国集团倡议，正是为了推动完善全球经济治理。中方就深化抗疫国际合作、遏制全球通胀、缓解发展中国家债务压力等提出具体主张，强调要坚决反对将粮食、能源问题政治化、工具化、武器化，撤销单边制裁措施，取消对相关科技合作限制，呼应了国际社会的普遍关切。中方强调要继续维护以世界贸易组织为核心的多边贸易体制，积极推动世界贸易组织改革，推进贸易和投资自由化便利化，推动建设开放型世界经济，是支持世界经济开放发展的坚定力量。

踏上新征程的中国将坚定不移走和平发展道路，坚定不移深化改革、扩大开放，坚定不移以中国式现代化全面推进中华民族伟大复兴。一个不断走向现代化的中国，必将为世界提供更多机遇。中国也将继续与各方携手合作，共建团结、平等、均衡、普惠的全球发展伙伴关系，开辟合作共赢的新境界。

《人民日报》（2022 年 11 月 17 日　第 03 版）

相携相助　结伴同行

11 月 16 日，习近平主席在巴厘岛同印度尼西亚总统佐科举行会谈。两国元首就共建中印尼命运共同体达成重要共识，一致同意以明年中印尼建立全面战略伙伴关系 10 周年为契机，打造高水平合作新格局。两国元首从战略高度和长远角度引领中印尼关系行稳致远，必将更好造福两国人民，为全球和平、合作和发展事业作出更大贡献。

近年来，在两国元首共同引领下，中印尼关系蓬勃发展，彰显强劲韧性和活力。今年 7 月，佐科总统成功访华，两国元首同意确立共建中印尼命运共同体的大方向。此次在巴厘岛，双方一致决定秉承中华文明"敦亲睦邻"、"和而不同"的传统思想和印尼"互助合作"、"殊途同归"理念，遵循《联合国宪章》宗旨和原则、和平共处五项原则和万隆精神，共建中印尼命运共同体，打造发展中大国相互尊重、互利共赢的典范，共同发展的样板，公平正义的表率，南南合作的先锋，进一步丰富了双边关系的内涵。双方签署加强全面战略伙伴关系行动计划（2022—2026），对两国未来五年各领域交往合作进行系统规划和部署，有助于持续深化中印尼全面战略伙伴关系，推动中印尼命运共同体建设落地走实。

两国元首共同视频观摩雅万高铁试验运行并观看两国合作成果展示视频。作为中印尼发展战略对接和共建"一带一路"的旗舰项目，雅万高铁已成为两国友谊的象征、共同的骄傲。作为印尼和东南亚第一条高铁，雅万高铁建成通车后，将使雅加达和万隆之间的旅行时间由现在的 3 个多小时缩短至 40 分钟，有力促进当地经济社会发展，提升区域互联互通水平。

中国和印尼都秉持以人民为中心的发展思想，理念主张相通，共同利益相连，前途命运攸关。双方开展更高水平的治国理政经验交流，共同推进现代化建设，能够提升两国人民福祉。双方一致同意持续推进高质量共建"一带一路"和"全球海洋支点"合作，建设好"区域综合经济走廊"、"两国双园"等新旗舰项目，对两国打造高水平合作新格局具有示范意义。

中国和印尼都致力于强化多边主义，坚定维护发展中国家权益和国际公平正义，共同彰显发展中大国担当。两国聚焦减贫扶贫、乡村振兴、粮食安全、发展筹资等重点领域合作，打造落实全球发展倡议亮点工程，将为实现更加强劲、绿色、健康的全球发展作出积极贡献，推动全球治理朝着更加公正合理的方向发展。印尼是明年东盟轮值主席国。中国与印尼共同落实好中国东盟建立对话关系 30 周年纪念峰会共识，弘扬开放的区域主义，深化中国东盟全面战略伙伴关系，有利于推进"五大家园"建设，构建更为紧密的中国东盟命运共同体。

中国与印尼相携相助、结伴同行，是民心所向、大势所趋。两国将继续加强团结合作，朝着共建中印尼命运共同体的目标不断迈进。

《人民日报》（2022 年 11 月 18 日　第 03 版）

坚定不移推动构建亚太命运共同体

11月17日，习近平主席应邀在曼谷举行的亚太经合组织工商领导人峰会上发表书面演讲。18日，习近平主席出席亚太经合组织第二十九次领导人非正式会议并发表重要讲话。围绕"世界向何处去？亚太怎么办？"这一重大课题，习近平主席深刻总结亚太发展的历史经验，系统阐述构建亚太命运共同体的中国方案和中国式现代化的世界意义，为亚太大家庭因应时代挑战、共同开拓发展新局面指明了方向、注入了信心。

过去几十年，亚太区域经济合作蓬勃发展，创造了举世瞩目的"亚太奇迹"，亚太合作早已深入人心。现在，世界又一次站在历史的十字路口，亚太地位更加重要、作用更加突出。亚太大家庭应坚守初心，从历史中汲取宝贵经验。走和平发展之路，亚太发展才有坚实基础。历史昭示我们，阵营对抗解决不了问题，偏见只会带来灾难。亚太地区不是谁的后花园，不应该成为大国角斗场。任何搞"新冷战"的图谋，人民不会答应，时代不会允许！走开放包容之路，亚太发展才有不竭动力。开放包容是人类繁荣进步的基本条件。阻滞甚至拆解亚太地区长期形成的产业链供应链，只会使亚太经济合作走入"死胡同"。走和衷共济之路，亚太发展才能破浪前行。"亚太奇迹"是靠大家携手奋斗、爬坡过坎创造的。当前，亚太经济进入疫后复苏的关键阶段。亚太各成员唯有加强合作，互相支持，互相帮助，才能推动亚太经济走在世界经济复苏前列。

在亚太经合组织工商领导人峰会上发表的书面演讲中，习近平主席提出"筑牢和平发展的根基""坚持以人民为中心的发展理念""打造更高水平的开放格局""实现更高层次的互联互通""打造稳定畅通的产业链供应链""推进经济优化升级"六点主张；在亚太经合组织第二十九次领导人非正式会议上，习近平主席提出"维护国际公平正义，建设和平稳定的亚太""坚持开放包容，建设共同富裕的亚太""坚持绿色低碳发展，建设清洁美丽的亚太""坚持命运与共，建设守望相助的亚太"四点建议。这是构建亚太命运共同体的中国方案。在亚太和平与发展面临严重挑战之际，中国方案为亚太各成员共同维护地区和平与发展明确了思路，有利于为亚太合作行稳致远创造条件、增添动能。

中国的发展受益于亚太，也用自身发展回馈亚太、造福亚太。踏上新征程，中国将坚持实施更大范围、更宽领域、更深层次对外开放，坚持走中国式现代化道路，建设更高水平开放型经济新体制，继续同世界特别是亚太分享中国发展的机遇。中国14亿多人口实现现代化将是人类发展史上前所未有的大事。中国将坚持以人民为中心，使中等收入群体在未来15年超过8亿，推动超大规模市场不断发展。中国将继续推进全体人民共同富裕，加大对全球发展合作的资源投入，推进落实全球发展倡议，构建全球发展共同体。中国将不断提高人民物质生活和精神生活水平，弘扬全人类共同价值，为世界文明朝着平衡、积极、向善的方向发展提供助力。中国将促进经济社会发展全面绿色转型，共同构建人与自然生命共同体。中国在坚定维护世界和平与发展中谋求自身发展，又以自身发展更好维护世界和平与发展。一个不断走向现代化的中国，将为世界提供更多机遇，为国际合作注入更强动力，为全人类进步作出更大贡献。

建设和平稳定、共同富裕、清洁美丽、守望相助的亚太，是亚太各成员的共同利益所在。中国将坚定不移推动构建亚太命运共同体，携手各方再创亚太合作新辉煌，为本地区人民带来更多福祉。

《人民日报》（2022年11月19日 第02版）

赋予"中泰一家亲"新的时代内涵

双方继续弘扬"中泰一家亲"特殊情谊，一道构建中泰命运共同体，将不断提升两国人民的获得感和幸福感，书写两国关系新篇章

11月19日，习近平主席在曼谷同泰国总理巴育举行会谈。双方宣布构建更为稳定、更加繁荣、更可持续的中泰命运共同体，赋予"中泰一家亲"新的时代内涵，开辟中泰关系新时代，将为两国人民带来更多福祉，为亚太乃至世界和平与发展注入更多正能量。

中泰友好绵延千年，两国人民情同手足。中泰建立全面战略合作伙伴关系10年来，两国传统友好不断发扬光大，全面战略合作持续深入，双边关系进入新发展阶段。习近平主席首次作为国家主席访问泰国，对双边关系发展意义重大。双方重申在涉及国家主权、统一和领土完整的重大原则问题上，进一步加强相互信任、理解和支持。双方发表《中泰关于构建更为稳定、更加繁荣、更可持续命运共同体的联合声明》，为双边关系未来发展指明方向。中泰构建命运共同体，体现了双边关系高水平的发展，将为构建人类命运共同体汇聚更广泛的国际力量。

"中泰一家亲"为两国深化务实合作奠定坚实民意基础。两国领导人共同见证签署《中泰战略性合作共同行动计划（2022—2026）》《中泰共同推进"一带一路"建设的合作规划》以及经贸投资、电子商务、科技创新领域合作文件，有利于统筹推动各领域合作取得更多成果，有效对接各自发展战略，推动高质量共建"一带一路"不断取得新成效。在两国领导人的共同指引下，双方不但将加强投资、贸易、旅游、基础设施、产业园等传统领域合作，还将不断培育新增长点，推动数字经济、新能源汽车、科技创新等新领域合作取得积极进展。

双方加快中老泰三方铁路合作，积极推进"中老泰联通发展构想"，加大打击跨境犯罪，加强民生领域合作和青年交流，将不断丰富中泰命运共同体的内涵。

"中泰一家亲"为双方加强国际事务协作提供重要动力。双方落实好中国东盟建立对话关系30周年纪念峰会共识，弘扬区域主义，共同维护东盟在区域架构中的中心地位，推进和平、安宁、繁荣、美丽、友好"五大家园"建设，将不断释放中国东盟全面战略伙伴关系新动能。双方推动"一带一路"倡议同东盟印太展望开展互利合作，高质量实施《区域全面经济伙伴关系协定》，将推动地区合作释放更大红利。两国携手推动多边主义，全面加强在联合国等多边框架下合作，积极开展全球发展倡议框架下合作，共同推进联合国2030年可持续发展议程，探讨全球安全倡议框架下合作，将为地区乃至世界和平、安全、繁荣、可持续发展作出新贡献。

中泰关系历经风雨洗礼，在新时代不断发扬光大。双方继续弘扬"中泰一家亲"特殊情谊，一道构建中泰命运共同体，将不断提升两国人民的获得感和幸福感，书写两国关系新篇章。

《人民日报》(2022 年 11 月 21 日 第 03 版)

彰显理性、自信、负责任的大国担当

　　11月14日至19日，习近平主席应邀赴印度尼西亚巴厘岛出席二十国集团（G20）领导人第十七次峰会、赴泰国曼谷出席亚太经合组织（APEC）第二十九次领导人非正式会议并对泰国进行访问。从运筹多边外交到引领双边关系，从密切大国互动到深化南南合作，从阐释中国之治到回答世界之问，从提出倡议主张到宣布务实举措，中国在变乱交织的国际形势下发出促进全球发展、引领全球治理的响亮声音，彰显中国理性、自信、负责任的大国担当。

　　党的二十大对当前和今后一个时期中国发展作出总体规划和部署，强调要全面推进中国式现代化。习近平主席此访在双多边场合系统、深入、精辟阐释党的二十大精神，讲述中国式现代化、中国与世界合作共赢的故事，传递出中国一如既往推动世界和平与发展、深化对外开放与合作的强劲信号，增进了各方对中国共产党执政方略和中国道路理念的认知认同。法国总统马克龙表示，中国式现代化发展模式令人钦佩。新加坡总理李显龙表示，一个强大、友好的中国将为地区和世界带来积极影响。新西兰总理阿德恩指出，中国是促进世界未来发展繁荣的重要力量。

　　作为汇聚世界和地区大国的多边舞台、国际经济合作的主要论坛，G20肩负着应对世界经济挑战的重任。习近平主席在G20巴厘岛峰会上呼吁各国要树立人类命运共同体意识，倡导和平、发展、合作、共赢，让团结代替分裂、合作代替对抗、包容代替排他，推动更加包容、更加普惠、更有韧性的全球发展，为共同破解"世界怎么了、我们怎么办"这一时代课题提供中国方案。峰会发表的领导人宣言纳入中方在国际经济合作领域的重要理念主张，峰会制定的G20务实合作项目清单涵盖中方提出的15个合作项目及倡议，充分体现了中方对多边主义的支持和对G20合作的贡献。国际人士认为，中国倡导团结合作、互利共赢，为推动会议成功发挥了建设性作用。

APEC 是亚太地区最重要的经济合作平台。习近平主席在此次 APEC 会议上精辟总结亚太经济合作成功经验，呼吁走和平发展之路、开放包容之路、和衷共济之路，阐述新形势下推进亚太合作的六点思路，即筑牢和平发展的根基、坚持以人民为中心的发展理念、打造更高水平的开放格局、实现更高层次的互联互通、打造稳定畅通的产业链供应链、推进经济优化升级，强调不断深化互信、包容、合作、共赢的亚太伙伴关系，建设和平稳定、共同富裕、清洁美丽、守望相助的亚太。习近平主席的重要论述彰显以中国未来发展促进世界未来发展、以亚太经济复苏引领世界经济复苏的决心和愿景。会议通过 APEC 领导人宣言和《生物循环绿色经济曼谷目标》两份成果文件，体现了中方关于构建亚太命运共同体、新发展理念等政策主张。国际舆论普遍认为，中国倡导真正的多边主义，坚持开放的区域主义，成为团结各方应对共同挑战的引领力量。

此访期间，中美元首举行 3 年多来首次面对面会晤，就中美关系中的战略性问题以及重大全球和地区问题坦诚深入交换了看法。国际社会普遍认为会晤有助于中美关系校准航向、重回正轨。中印尼进一步凝聚共建命运共同体重要共识，中泰宣布构建更为稳定、更加繁荣、更可持续的命运共同体，表明构建命运共同体正在中国周边不断落地生根、开花结果。从巴厘岛到曼谷，习近平主席还分别会见十几位外国领导人和国际组织负责人。密集紧凑、富有成效的元首外交再次证明，对话合作、互利共赢是人间正道和大势所趋，冷战思维和阵营对抗不得人心、没有市场。越来越多的国家认识到，中国的发展是和平、进步力量的增长，中国是值得信任、必须合作的朋友和伙伴。

和平、发展、合作、共赢的历史潮流不可阻挡，人心所向、大势所趋决定了人类前途终归光明。新时代新征程上，中国将始终不渝站在历史正确的一边，站在人类文明进步的一边，在坚定维护世界和平与发展中谋求自身发展，又以自身发展更好维护世界和平与发展，不断为推动构建人类命运共同体贡献力量。

《人民日报》(2022 年 11 月 22 日 第 03 版)

携手构建面向新时代的中阿命运共同体

12月7日至10日，习近平主席赴沙特利雅得出席首届中国—阿拉伯国家峰会、中国—海湾阿拉伯国家合作委员会峰会并对沙特进行国事访问。习近平主席将同阿拉伯国家领导人共同擘画中阿友好合作新蓝图，推动中阿关系提质升级，为携手构建面向新时代的中阿命运共同体指明方向，为促进世界和平与发展注入信心与力量。

习近平主席出席首届中国—阿拉伯国家峰会，是新中国成立以来中国面向阿拉伯世界规模最大、规格最高的外交行动，将成为中阿关系发展史上具有划时代意义的里程碑。中国和阿拉伯国家同为发展中国家重要成员，同为国际舞台上重要政治力量。中国始终从战略高度看待中阿关系，始终把阿拉伯国家作为中国坚定走和平发展道路、加强同发展中国家团结合作、推动构建人类命运共同体的重要伙伴。近年来，中阿政治互信日益巩固，各领域务实合作成果丰硕，高质量共建"一带一路"不断取得新成效。中阿坚定支持彼此维护核心利益，携手捍卫国际关系准则。当前，世界百年未有之大变局加速演进，世界进入新的动荡变革期。召开首届中国—阿拉伯国家峰会是中阿在新形势下加强团结协作的战略抉择，双方将发出加强团结协作、坚定相互支持、促进共同发展、维护多边主义的强有力声音。

中国和海合会国家领导人第一次齐聚一堂，共商中海关系大计，对中海关系发展具有深远意义。海合会是中东海湾地区最具活力的地区组织，在国际和地区舞台上发挥着积极作用。中海是政治互信高、经贸合作实、人文交流密的好兄弟、好朋友、好伙伴，双方关系健康、稳定、全面发展，走在中国同阿拉伯国家关系前列，成为中国同发展中国家合作的典范。中国长期保持海合会第一大贸易伙伴，去年中海贸易额逆势增长44%。以中海关系的稳定性应对国际形势的动荡不安，以中海互利合作促进地区的繁荣发展，是推动中海关系迈上新台阶的应有之义。

习近平主席时隔 6 年再次访问沙特，将推动中沙全面战略伙伴关系向更高水平迈进。中国和沙特是相互信任、互利共赢、共同发展的好朋友、好伙伴、好兄弟。中方高度重视中沙关系发展，将沙特置于中国外交全局尤其是中东地区外交的优先位置。在国际和地区形势深刻复杂演变之际，中沙关系战略性、全局性更加凸显。中方将继续推动共建"一带一路"倡议同沙特"2030 愿景"对接，打造两国能源、经贸、高技术等领域高水平合作格局，深化在国际和地区事务中的协调配合，不断丰富中沙全面战略伙伴关系的内涵。

长期以来，安全与发展一直是困扰中东国家的两大难题。中国在中东事务中始终坚持不干涉主权国家内政等原则，是促进中东和平、支持中东发展的重要建设性力量。2018 年，习近平主席在中阿合作论坛第八届部长级会议开幕式上提出打造共同、综合、合作、可持续的安全架构，为破解中东安全困境提供重要思路。中国提出的全球安全倡议对促进中东和平稳定具有重要现实意义，得到阿拉伯国家的广泛认同和支持。中国提出全球发展倡议，得到 17 个阿拉伯国家支持，12 个阿拉伯国家加入"全球发展倡议之友小组"。中国将同阿拉伯国家携手落实全球发展倡议，帮助阿拉伯国家改善民生，提高自主发展能力，助力阿拉伯国家实现联合国 2030 年可持续发展议程目标。中阿积极探索以发展促和平的中东治理路径，有助于中东地区实现持久和平与繁荣。

新的历史条件下，中阿双方比以往任何时候都更需要加强合作、共克时艰、携手前行。以习近平主席此访为新起点，中国必将与阿拉伯国家一道进一步弘扬中阿传统友好，不断充实和深化中阿全方位、多层次、宽领域合作格局，携手构建面向新时代的中阿命运共同体，造福中阿双方人民，带动发展中国家团结合作，共同维护世界和平与发展的事业。

《人民日报》(2022 年 12 月 08 日　第 05 版)

打造发展中国家团结合作、互利共赢的典范

当地时间 12 月 8 日，习近平主席在利雅得王宫会见沙特国王萨勒曼，并同沙特王储兼首相穆罕默德举行会谈。双方就巩固和发展中沙全面战略伙伴关系及共同关心的国际和地区问题交换了意见，强调应在两国全面战略伙伴关系框架下，在各领域持续共同努力，深化关系，使其进入新的充满希望的境界，为更好实现两国共同发展和繁荣指明方向。

习近平主席此次访沙，是党的二十大胜利召开后我国最高领导人首次访问中东地区国家，不仅迈上了中沙关系发展的全新阶段，也树立了我同阿拉伯国家相互尊重、平等相待、合作共赢的标杆，将为推动构建人类命运共同体和新型国际关系产生积极的示范效应。

在两国元首战略引领下，中沙关系取得长足发展，不仅造福两国人民，也有力促进了地区和平稳定和繁荣发展。2016 年 1 月，习近平主席对沙特进行国事访问，中沙建立全面战略伙伴关系。此访期间，两国元首亲自签署《中华人民共和国和沙特阿拉伯王国全面战略伙伴关系协议》，同意每两年在两国轮流举行一次元首会晤。双方强调应继续将中沙关系置于各自对外关系中的优先位置，打造发展中国家团结合作、互利共赢的典范。这些充分表明中沙关系的高水平。

当前国际和地区形势深刻复杂演变，中沙关系的战略性和全局性更加凸显。习近平主席指出，愿同沙方在实现民族振兴的道路上携手前进，加强发展战略对接，深化各领域务实合作，增强在国际和地区事务中的沟通协调，推动中沙全面战略伙伴关系得到更大发展。萨勒曼表示，近年来，沙中两国战略对接和各领域合作都取得良好进展，双方在诸多问题上都拥有重要共识，中方的利益也就是沙方的利益。穆罕默德表示，沙方坚定支持一个中国原则，坚定支

持中方维护自身主权、安全和领土完整，坚定支持中方为去极端化采取的措施和努力，坚决反对任何外部势力以人权等名义干涉中国内政。中沙两国始终不渝相互理解、相互支持，共同倡导独立自主，携手反对外部干涉，为两国关系奠定了坚实的政治基础。

沙特是最早积极响应共建"一带一路"倡议的国家之一。中沙两国积极推动共建"一带一路"倡议与沙特"2030愿景"深入对接，一批重大基础设施和能源项目在两国陆续落地。从延布炼厂到古雷乙烯石化项目，从吉赞产业聚集区到红海公用基础设施项目，从5G通信到合作探月，重大项目接连上马。此访期间，两国领导人共同出席了共建"一带一路"、司法、教育、氢能、投资、住房等领域合作文件文本交换仪式。沙方愿同中方继续积极共建"一带一路"，扩大贸易与相互投资，欢迎更多中国企业积极参与沙特工业化进程，参加沙特重大基础设施建设和能源项目合作。中方同意将沙特列为中国公民组团出境旅游目的地国，扩大双方人员往来和人文交流。值得一提的是，人文领域是中沙合作的新亮点。访问达成的丰硕合作成果，将为两国人民带来实实在在的益处。

当今世界正经历百年未有之大变局，中沙两国在国际和地区事务中保持良好协调和配合，共同践行真正的多边主义，将为维护中东和平稳定、促进世界发展繁荣作出更大贡献。中方视沙特为多极化世界中的重要力量，支持沙方在国际和地区事务中发挥更大作用。沙方感谢中方支持沙特成为上海合作组织对话伙伴，愿同中方加强在二十国集团、金砖国家等多边框架内沟通协调，愿为促进阿中关系、海中关系进一步发展发挥积极作用。双方强调支持"面向新时代的中阿命运共同体"倡议，赞赏中阿合作论坛在加强中阿集体合作方面发挥的重要作用，表示愿参与论坛建设和发展。双方重申决心为维护国际和平与安全继续保持协调并作出更大努力，继续在有关组织中保持协调，呼吁开展建设性对话，以践行联合国宪章宗旨和原则以及国际关系基本准则。

习近平主席此次访问沙特，推动中沙全面战略伙伴关系迈上了新台阶，必将成为中沙关系史上的重要里程碑。展望未来，中方愿同沙方落实好两国领导人达成的共识，继续加强战略沟通，深化各领域合作，服务两国的发展利益，维护世界的和平稳定。

《人民日报》（2022年12月11日　第03版）

全力构建面向新时代的中阿命运共同体

首届中阿峰会不仅是中阿关系发展史上的里程碑，也具有超越双边和地区范畴的重大国际意义和深远历史影响

当地时间12月9日下午，首届中国—阿拉伯国家峰会在沙特阿拉伯首都利雅得举行。习近平主席出席峰会并发表主旨讲话，提炼跨越千年、历久弥坚的中阿友好精神，提出构建更加紧密的中阿命运共同体并规划了前进路径，宣布中方将同阿方一道推进"八大共同行动"，对新时代中阿关系发展做出了顶层设计，顺应双方共同意愿和需要，得到与会各方领导人的积极热烈响应。

习近平主席指出："中国和阿拉伯国家友好交往源远流长，在丝绸古道中相知相交，在民族解放斗争中患难与共，在经济全球化浪潮中合作共赢，在国际风云变幻中坚守道义，凝聚成'守望相助、平等互利、包容互鉴'的中阿友好精神。"守望相助是中阿友好的鲜明特征。无论国际风云如何变幻，中阿始终彼此信任，在涉及彼此核心利益问题上坚定相互支持，中阿全面合作、共同发展、面向未来的战略伙伴关系牢不可破。平等互利是中阿友好的不竭动力。中阿坚持互利共赢，在中阿合作论坛框架内建立17项合作机制，经贸合作硕果累累，共建"一带一路"惠及双方近20亿人民，树立了南南合作典范。包容互鉴是中阿友好的价值取向。双方在"文明冲突"的鼓噪中守正不移，共同倡导文明对话，反对文明歧视，守护世界文明多样性，为推动人类文明进步作出重要贡献。中阿友好精神是中阿双方共同的宝贵精神财富，为中阿战略伙伴关系继往开来、实现新的发展提供重要指引。

当前，世界进入新的动荡变革期，中国和阿拉伯国家面临相似的历史机遇和挑战，双方加强团结合作的时代价值和现实意义变得更加突出。习近平主席

在主旨讲话中强调：要坚持独立自主，维护共同利益；聚焦经济发展，促进合作共赢；维护地区和平，实现共同安全；加强文明交流，增进理解信任。习近平主席宣布，作为构建中阿命运共同体和落实《中阿全面合作规划纲要》的第一步，未来 3 到 5 年，中方愿同阿方一道，推进"八大共同行动"，涵盖支持发展、粮食安全、卫生健康、绿色创新、能源安全、文明对话、青年成才、安全稳定等 8 个领域。与会各方领导人表示，阿中友好关系建立在相互尊重、平等合作、互利共赢的基础上，阿方高度重视中国取得的伟大发展成就和在国际上发挥的重要作用，深化阿中战略伙伴关系，有利于更好实现公平正义、维护世界和平与发展，有利于实现阿中人民共同诉求。

首届中阿峰会不仅是中阿关系发展史上的里程碑，也具有超越双边和地区范畴的重大国际意义和深远历史影响。中阿双方发表《首届中阿峰会利雅得宣言》，一致同意全力构建面向新时代的中阿命运共同体，加强中阿团结协作，助力各自民族复兴，促进地区和平发展，维护国际公平正义，为构建人类命运共同体贡献力量。双方决心就涉及彼此核心利益和重大关切的问题保持政治磋商和相互支持，在各类国际场合就共同关心的国际问题加强团结。《首届中阿峰会利雅得宣言》在涉台、涉港、涉疆等问题上强调坚持一个中国原则、支持中国的立场和关切，并充分吸纳共建"一带一路"、全球发展倡议、全球安全倡议、弘扬全人类共同价值等中方重大倡议主张。峰会发表《中华人民共和国和阿拉伯国家全面合作规划纲要》和《深化面向和平与发展的中阿战略伙伴关系文件》。峰会达成的丰硕成果汇聚了中阿在双方关系发展以及重大地区和国际问题上的战略共识，展现了双方加强团结协作、维护多边主义的责任担当。

伟大事业始于梦想、成于实干。展望未来，中阿双方弘扬中阿友好精神，携手构建面向新时代的中阿命运共同体，一定能开创中阿关系更加辉煌灿烂的明天，为双方人民带来更多福祉，为人类维护和平、促进发展、坚守正义、追求进步注入巨大积极能量。

《人民日报》（2022 年 12 月 12 日　第 03 版）

谱写中海团结互助、合作共赢的新篇章

当地时间 12 月 9 日下午，首届中国—海湾阿拉伯国家合作委员会峰会在沙特阿拉伯首都利雅得举行。习近平主席出席峰会并发表主旨讲话，从团结、发展、安全、文明四个方面精辟阐释如何建立中海战略伙伴关系，并提出未来 3 到 5 年中海合作五大重点领域。习近平主席的主旨讲话真诚务实、掷地有声，进一步夯实了中海政治互信，深化了中海利益融合，巩固了海合会国家发展对华关系的决心和信心。

首届中海峰会发表《中海峰会联合声明》，宣布加强中海建立起来的战略伙伴关系，为中海关系未来发展提供了行动指南。峰会还发表《中海战略对话2023 年至 2027 年行动计划》，就未来 5 年中海各领域合作作出规划。峰会达成的成果充实了中海关系战略内涵，不仅对双方各自发展振兴具有重要意义，也为维护地区乃至世界和平发展注入了正能量。

中海坚持做共促团结的伙伴，双方关系的基础将不断巩固。中国和海合会国家始终相互支持彼此主权独立，尊重各自发展道路，坚持大小国家一律平等，坚定维护多边主义。习近平主席在峰会上强调，我们要不断夯实政治互信，坚定支持彼此核心利益。海合会国家表示，支持中国发展经济、维护国家主权和领土完整，恪守一个中国原则。中海共同维护不干涉内政原则，携手践行真正的多边主义，维护广大发展中国家共同利益，不仅符合双方各自利益，也将为维护国际关系基本准则和国际公平正义汇聚强大力量。

中海坚持做共谋发展的伙伴，双方合作的活力将不断释放。中国拥有广阔消费市场，工业体系完备；海方能源资源丰富，经济多元化发展方兴未艾，双方是天然合作伙伴。双方加强发展战略对接，有利于发挥互补优势，共同培育发展动能。习近平主席在峰会上提出构建能源立体合作新格局、推动金融投资合作新进展、拓展创新科技合作新领域、实现航天太空合作新突破、打造语言文化合作新亮点。这五大领域充分体现了中海关系的深度和广度，将进一步推动双方合作全面提升，实现跨越式发展。在个别国家将国际能源资源政治化、工具化的当下，海合会国家坚持战略自主，同中国一道致力于维护国际能源市场稳定，实现合作共赢，中海关系的战略内涵进一步彰显。

中海坚持做共筑安全的伙伴，将为维护世界和平稳定贡献重要力量。面对国际和地区风云变幻以及金融危机、新冠肺炎疫情、重大自然灾害等挑战，双方同舟共济，守望相助。中国将继续坚定支持海合会国家维护自身安全，支持地区国家通过对话协商化解分歧，构建海湾集体安全架构。中方欢迎海合会国家参与全球安全倡议，共同维护地区和平稳定。峰会期间，双方领导人就地区和国际问题进行讨论，一致同意应共同努力实现全球和平、安全、稳定和繁荣，将恢复国际和平与安全作为优先事项，通过各国相互尊重和开展合作实现发展和进步，充分展现中海共同致力于维护和平稳定的责任担当。

中海坚持做共兴文明的伙伴，将为人类文明发展进步作出积极贡献。中海同属东方文明，文化价值相近，人民相知相亲。近两千年来，双方人民秉持重和平、尚和谐、求真知的"东方智慧"，沿着古丝绸之路往来不绝。《中海峰会联合声明》指出："双方领导人表示愿加强文明对话和不同文化间的交流互鉴，维护文明多样性，强调各国人民和民族包容共处是国际社会最重要的原则和价值基础。"这不仅有利于不断夯实中海友好的社会基础，也有利于弘扬东方文明深厚精髓，促进人类文明发展进步。

中国和海合会国家各自肩负民族发展振兴的光荣使命。双方以建立并加强中海战略伙伴关系为契机，继往开来，携手奋进，一定能不断谱写中海团结互助、合作共赢的新篇章。

《人民日报》（2022 年 12 月 14 日　第 03 版）

加强团结合作　共创美好未来

中国立天下之正位，行人类之大道，不搞地缘政治的小圈子，不打地缘私利的小算盘，对阿拉伯国家以心相交、以义为先，受到地区国家的真心支持和广泛欢迎

习近平主席具有里程碑意义的中东之行，引领中阿、中海和中沙关系迈进全面深化发展的新时代。访问期间，习近平主席同近 20 位阿拉伯国家领导人举行双边会见，共叙友谊、共话互信、共商合作、共论天下。"沙中双方在诸多问题上都拥有重要共识，中方的利益也就是沙方的利益""埃方很高兴有中国这样的伟大朋友""巴勒斯坦人民对同中国人民的友好关系深感自豪"……透过这些真诚话语，可以充分感受到阿拉伯国家对加强中阿团结合作的坚定信心。

中国和阿拉伯国家友好交往源远流长，在丝绸古道中相知相交，在民族解放斗争中患难与共，在经济全球化浪潮中合作共赢，在国际风云变幻中坚守道义。"守望相助、平等互利、包容互鉴"的中阿友好精神，正是中阿跨越千年友好关系的结晶。中阿从彼此古老文明中汲取智慧，共同弘扬"重和平、尚和谐、讲信义、求真知"的文明真谛，为中阿友谊历久弥坚奠定了重要基础。

近年来，中国向西开放的大趋势同阿拉伯国家向东发展的新潮流相向而行、彼此呼应。相似的历史遭遇、相同的发展梦想、相互的信任支持，使中阿双方更坚定走到了一起。当前，世界进入新的动荡变革期，中东地区正在发生新的深刻变化。阿拉伯人民要求和平与发展的愿望更加迫切，追求公平正义的呼声更加强烈。中方支持阿拉伯国家自主探索符合本国国情的发展道路，把前途命运牢牢掌握在自己手中；愿同阿方深化战略互信，坚定支持彼此维护国家主权、领土完整、民族尊严。阿拉伯国家坚定恪守一个中国原则，支持中国维

护主权和领土完整。"我们在中国的身后，中国也在我们的身后。"阿拉伯国家领导人的生动话语，凸显了中阿加强团结合作对彼此的重要意义。

党的二十大明确了以中国式现代化全面推进中华民族伟大复兴的任务和路径，绘就中国未来发展宏伟蓝图。"中国在世界经济格局中占有举足轻重地位，是渴望进步与繁荣的各国人民向往的楷模""越来越多突尼斯青年开始学习中文，他们相信中国将在国际上发挥更加重要作用""巴林年轻人喜爱中国、向往中国，相信中国就是未来""卡方不会对深化卡中合作设限，将增加对华投资"……阿拉伯国家加强对华合作的意愿更加强烈。习近平主席在首届中国—阿拉伯国家峰会上提出中阿务实合作"八大共同行动"，得到阿方普遍欢迎和支持。21个阿拉伯国家及阿盟已同中国签署共建"一带一路"合作文件。阿拉伯国家联盟秘书长阿布·盖特指出，只要双方共同努力，携手构建阿中命运共同体，就一定能助力彼此实现发展梦想。

作为发展中国家重要成员、国际舞台上重要力量和两大文明，中阿加强团结合作的世界意义不言而喻。中阿都支持多边主义，希望推动多边合作，让世界各国都有机会实现发展繁荣。"中国始终坚持大小国家一律平等，坚持不干涉别国内政，致力于为全世界人民谋福祉，中方提出的一系列重要倡议、推出的重大举措有利于世界""中方始终站在国际公平正义一方，提出的全球发展倡议充满人文关怀和先进理念，对于提升发展中国家能力、实现各国共同发展进步具有重要意义"……阿拉伯国家普遍认可、支持中国的全球治理理念和行动。中阿在各类国际场合就共同关心的国际问题加强团结合作，必将有力维护世界和平、促进共同发展、捍卫公平正义、推动文明进步。

事实证明，中国立天下之正位，行人类之大道，不搞地缘政治的小圈子，不打地缘私利的小算盘，对阿拉伯国家以心相交、以义为先，受到地区国家的真心支持和广泛欢迎。中阿加强团结合作是大势所趋，不仅将助力彼此实现发展梦想，也将为世界和平发展作出重要贡献。

《人民日报》（2022年12月16日　第07版）

伍

推动全球发展事业不断向前

各国共同发展才是真发展。世界繁荣稳定不可能建立在贫者愈贫、富者愈富的基础之上。每个国家都想过上好日子，现代化不是哪个国家的特权。走在前面的国家应该真心帮助其他国家发展，提供更多全球公共产品。

开放融通是不可阻挡的历史趋势

中国坚定不移推动高水平开放，展现了开放自信的大国气度，彰显了计利天下的大国担当

《区域全面经济伙伴关系协定》（RCEP）正式生效吸引世界目光。这一世界上参与人口最多、成员结构最多元、发展潜力最大的自贸区正式启航，充分体现了各方共同维护多边主义和自由贸易、促进区域经济一体化的信心和决心，将进一步推动区域产业链供应链融合，促进跨境贸易和投资，为区域经济和世界经济复苏发展注入新动力。

世界百年变局和世纪疫情交织，单边主义、保护主义抬头，经济全球化遭遇逆流。不同社会制度、文化习俗、发展阶段的 RCEP 成员国共同推动全面、现代、高质量和互惠的自贸协定如期生效，再次用行动证明，经济全球化是不可逆转的时代潮流，开放融通是不可阻挡的历史趋势，维护多边主义、坚持开放合作，促进自由贸易、实现共同繁荣是地区国家和人民的共同心声，是应对风险挑战、推动互利共赢的正确选择。

RCEP 正式生效将极大促进区域经济一体化，拉动区域贸易投资增长。货物、服务、投资开放承诺叠加，贸易投资便利化得到制度保障，已核准成员国之间 90% 以上的货物贸易将最终实现零关税。亚太地区经济产业链供应链将更加融合，区域投资将更加活跃，各成员国在技术、制造业、农业等领域将进一步实现优势互补。据测算，到 2025 年，RCEP 有望带动成员国出口、对外投资存量、国内生产总值分别比基线多增长 10.4%、2.6%、1.8%。这将大大对冲疫情给区域经济带来的负面影响，提振世界经济复苏的信心。泰国副总理兼商业部长朱林表示，协定正式生效将为成员国发展提供有利外部环境，增强各成员国应对经济挑战的韧性。

协定正式生效是中国对外开放新的里程碑。作为 RCEP 成员国中最大的经济体，中国顺应区域合作发展大势，率先宣布完成协定核准工作。中国有 14 亿多人口和 4 亿以上中等收入群体，每年进口商品和服务约 2.5 万亿美元，市场规模巨大。中国将进一步为区域经济发展提供广阔市场空间和多元多样的产业体系支撑，更好参与区域产业链供应链融合发展和一体化大市场建设，为促进地区繁荣和世界经济复苏贡献中国力量。

中国坚定不移推动高水平开放，展现了开放自信的大国气度，彰显了计利天下的大国担当。实施自由贸易区提升战略，构建面向全球的高标准自由贸易区网络，这是中国建设更高水平开放型经济新体制、构建新发展格局的重要举措。迄今，中国的自贸伙伴达到 26 个，与自贸伙伴的贸易额占比达到 35% 左右，货物、服务、投资以及制度型开放水平得到全面提升。RCEP 将成为中国连接国内国际双循环的纽带和桥梁，使国内国际两个市场、两种资源更加紧密相连，国内规则和国际规则更有效衔接，开放创新更有活力。

征程万里风正劲。只要我们顺应经济全球化发展潮流，在开放中创造机遇、在合作中破解难题，坚定信心、携手前行，就一定能够推动世界经济走出疫情阴霾，共同创造更加美好的未来。

《人民日报》（2022 年 01 月 04 日　第 03 版）

充满活力的机遇之路

中欧班列打开了供需互促、优势互补的共赢大门，开辟了守望相助、携手抗疫的生命通道，搭建了开放合作、共同发展的友谊桥梁

"双方要扩大双边贸易规模，加强创新、绿色、数字发展等领域合作，确保中欧班列稳定运营和可持续发展。"习近平主席近日在同白俄罗斯总统卢卡申科通电话时强调。2021 年，中欧班列在逆风中开出加速度，以稳定、可靠、高效的物流服务有力支撑全球产业链供应链"大动脉"，贯通疫情防控"生命线"，彰显了韧性和担当，也传递了信心和力量。新的一年，中国与共建国家继续深化中欧班列合作，有利于全球抗疫和世界经济复苏，将不断增进共建国家人民的福祉。

作为"一带一路"的重要合作纽带，中欧班列的欣欣向荣充分彰显共建"一带一路"的强大韧性和旺盛活力。2011 年 3 月，首趟中欧班列从重庆发出开往德国杜伊斯堡，开启了中欧班列创新发展的序章。2014 年 3 月，习近平主席在杜伊斯堡港参观，见证从重庆始发的列车满载着货物抵达；2016 年 6 月，习近平主席在波兰华沙出席统一品牌中欧班列首达欧洲（波兰）仪式。10 年多来，中欧班列年开行数量由最初不到 20 列发展到 2021 年的 1.5 万列，目前已铺画运行线 78 条，通达欧洲 23 个国家的 180 个城市。美国有线电视新闻网刊文指出，越来越多欧洲企业选择中欧班列，中欧班列未来将发挥更大作用。

中欧班列打开了供需互促、优势互补的共赢大门。从根本上说，中欧班列开通运行并不断开出加速度，关键在于顺应了中欧经贸合作的需要，开启了一条充满活力的机遇之路。2011 年中欧贸易额为 5672.1 亿美元，同比增长 18.3%；2021 年，中欧贸易额有望突破 8000 亿美元，同比增长 30%。中欧两

大市场的合作潜力，激发了中欧班列的发展活力。中欧班列线路不断增加，联通的国家和城市不断增多，企业参与的积极性不断提升，运送产品种类不断丰富，凸显了市场的需求与信任，彰显了中欧合作带来的巨大发展机遇。

中欧班列开辟了守望相助、携手抗疫的生命通道。在疫情持续冲击国际海运和空运的背景下，中欧班列昼夜穿梭，将防疫及生产生活物资及时送达，有力保障了国际产业链供应链稳定畅通。中方将防疫物资运输纳入中欧班列重点保障范围，实行优先承运、优先装车、优先挂运。截至 2021 年 11 月底，中欧班列累计运送防疫物资 1343 万件，共计 10.3 万吨，为守护全球抗疫合作的"生命线"作出重要贡献。"疫情防控期间，中欧班列的重要性和可靠性凸显""中国用实际行动传递了守望相助、共克时艰的力量"……共建国家人民纷纷点赞"钢铁驼队"展现的中国担当。

中欧班列搭建了开放合作、共同发展的友谊桥梁。作为跨大洲、大运量、全天候、绿色低碳的运输方式，中欧班列的成功是各方推动实现更加强劲、绿色、可持续发展，构建全球发展命运共同体的积极成果。在中欧班列沿线，新的物流、工业和商业中心拔地而起，新业态、新规划应运而生，创造了成千上万的就业机会。杜伊斯堡如今已发展成为颇具影响力的综合性洲际物流中心，每天抵达这里的货运列车有 4/5 来自中国，约 5 万人从事相关业务，占全市劳动人口的 15%。这一欧洲内陆传统物流枢纽重新焕发青春，成为中欧班列助力共建国家催生新经济、实现新发展的一个缩影。

丝路迢迢，车轮铿锵。中欧班列的第一个 10 年，为促进中欧贸易畅通、深化共建国家合作发挥了重要作用。进入新的 10 年，不断扩大开放的中国愿与更多合作伙伴一道，乘着中欧班列的东风，携手高质量共建"一带一路"，为世界经济可持续复苏贡献更多力量。

《人民日报》(2022 年 01 月 14 日　第 03 版)

持续为世界经济复苏注入信心与动力

中国经济发展前景光明，中国市场充满机遇，中国必将为世界经济复苏发展作出更大贡献

2021年，中国进出口总值6.05万亿美元，首次突破6万亿美元；实际使用外资金额11493.6亿元人民币，引资规模再创历史新高……近日发布的一系列经贸数据，向世界展示了中国经济发展的亮眼"成绩单"：构建新发展格局迈出新步伐，高质量发展取得新成效。这些成绩表明，中国经济长期向好的基本面不会改变，将持续为世界经济复苏注入信心与动力。

透过中国外贸数据，可以清晰看到中国经济的强大韧性与活力。2021年，中国外贸连续跨过5万亿、6万亿美元两大台阶，与主要贸易伙伴进出口均实现稳定增长，贸易方式进一步优化，民营企业进出口更加活跃，机电产品出口、进口均保持良好增势；中国高技术产业实际使用外资同比增长17.1%，服务业实际使用外资同比增长16.7%。可以说，中国外贸与吸收外资均实现了量与质的稳步提升。在世纪疫情冲击、百年变局加速演进、外部环境更趋复杂严峻和不确定的背景下，中国经济稳定运行态势在延续，产业发展基础不断夯实，经济发展动力活力增强。多个国际经济组织预测，中国经济2021年同比增长高于其他主要经济体预期增速。

中国经济发展保持全球领先地位，与疫情防控保持全球领先地位密不可分。面对病毒频繁变异，中国坚持"外防输入、内防反弹"总策略、"动态清零"总方针，持续提升全民疫苗接种率，为有效统筹疫情防控和经济社会发展打下坚实基础。中国不仅实现了本国经济的稳定运行，还携手贸易伙伴，共同维护了全球产业链供应链的稳定，为全球疫情防控、世界经济复苏提供了有力支撑。

中国对世界经济增长的稳定器和动力源作用更加明显，充分证明中国坚持有效统筹疫情防控和经济社会发展、实施稳健的宏观经济政策，有利于世界经济复苏发展，是真正的负责任之举。

中国对外资的"磁吸力"与日俱增，展现出超大市场规模的巨大机遇。中国有 14 亿多人口和 4 亿以上中等收入群体，消费市场规模和成长潜力无可比拟，加之产业配套齐全、基础设施完善、人力资源丰富等综合优势突出以及不断优化的营商环境，对外资的吸引力将越来越大。毕马威会计师事务所日前发布的报告指出，2022 年中国吸引外国直接投资仍将维持高位。汇丰银行的调查显示，97% 的受访企业计划继续扩大在华投资。不少美企高管近期也表示，未来 10 年会继续扩大在华投资。外国企业投资信心坚定，对中国经济发展投下信任票。

中国坚持开放合作，推动构建开放型世界经济，让世界更多分享了中国经济增长、消费繁荣带来的红利。2021 年，中国综合保税区进出口增长 24.3%，自贸试验区进出口增长 26.4%，海南自由贸易港进出口增长 57.7%，开放平台的作用更强；中国对"一带一路"共建国家进出口 11.6 万亿元人民币，增长 23.6%，较同期中国外贸整体增速高出 2.2 个百分点，贸易畅通充分彰显高质量共建"一带一路"对世界经济发展的拉动作用。"中国坚定维护多边主义和经济全球化，彰显了负责任大国的担当""中国扩大开放让中国受益，也让其他国家从中受益"……国际社会积极评价中国与各国共享机遇、共谋发展的大国担当。

疫情仍在全球蔓延，中国经济发展仍面临不少压力。前进路上，无论国际风云如何变幻，我们都将坚定不移做好自己的事情，努力推动经济实现质的稳步提升和量的合理增长。展望未来，中国经济发展前景光明，中国市场充满机遇，中国必将为世界经济复苏发展作出更大贡献。

《人民日报》（2022 年 01 月 17 日　第 02 版）

中国经济高质量发展前景光明

国家统计局 2 月 28 日发布的 2021 年国民经济和社会发展统计公报显示，去年中国国内生产总值比上年增长 8.1%，两年平均增长 5.1%，在全球主要经济体中名列前茅；经济规模突破 110 万亿元，达到 114.4 万亿元，稳居全球第二大经济体。面对复杂国际环境、新冠肺炎疫情和极端天气等多重挑战，中国国民经济持续恢复，发展水平再上新台阶，充分说明中国经济高质量发展前景光明。

观察中国经济，需要全面、辩证、长远的视野和眼光。虽然受到国内外经济环境变化带来的巨大压力，中国经济保持较好发展态势，主要宏观指标总体处于合理区间，韧性强、潜力足、长期向好的特点进一步显现。国际舆论普遍认为，2022 年中国经济将继续展现复苏态势，助力世界经济复苏。英国《泰晤士报》报道指出，公平地说，2022 年在世界范围内，没有哪个增长故事会比中国的增长故事更受关注。

中国经济的光明前景，源自韧性更强的高质量发展。2021 年，中国沉着应对百年变局和世纪疫情，构建新发展格局迈出新步伐，高质量发展取得新成效，实现了"十四五"良好开局。中国经济发展和疫情防控保持全球领先地位，国家战略科技力量加快壮大，产业链韧性得到提升，供给侧结构性改革持续深化，绿色低碳转型和共同富裕扎实推进。德国《商报》认为，中国的一系列结构性改革正促使经济向高质量增长过渡。英国《金融时报》刊文指出，中国推进共同富裕的经验，尤其是将经济增长重心从数量转向质量，值得借鉴。

中国经济的光明前景，源自产业结构的不断优化。2021 年，中国经济结构加快转型升级，高技术产业投资比上年增长 17.1%，高技术制造业增加值同比增长 18.2%，新能源汽车、工业机器人、集成电路等产业表现抢眼，现代服务业增长快速，产业结构不断优化。在北京冬奥会带动下，冰天雪地正成为金山银山。有研究报告显示，2022年中国冰雪运动产值将达到8000亿元，2025年将达到1万亿元。消费是观察一个国家经济活力的重要窗口。中国消费需求持续释放，去年最终消费支出对经济增长贡献率为65.4%，成为国民经济稳定恢复的主要动力。今年春节期间，中国非现金支付业务量为208.4亿笔、金额14.9万亿元，较去年同期分别增长10.0%、16.2%，消费活力正在持续释放。

中国经济的光明前景，源自互利共赢的对外开放。2021年，中国和俄罗斯双边贸易额首次突破9000亿元，同比增长26.6%，创历史新高；中国同非洲地区贸易总额创2014年以来新高；中国与欧盟进出口总值比上年增长27.5%，中国继续保持欧盟第一大贸易伙伴地位；中国与东盟进出口总值比上年增长28.1%……中国充分利用两个市场、两种资源，发挥最完整的工业体系和超大规模市场的优势，既在经济全球化中发展自己，又在高水平对外开放中与各国实现互利共赢。

"中国经济是一片大海，而不是一个小池塘。"有中国共产党的坚强领导和中国特色社会主义制度的显著优势，有改革开放以来积累的雄厚物质技术基础，有超大规模的市场优势和内需潜力，有庞大的人力资本和人才资源，中国经济将在高质量发展的轨道上行稳致远，为推动世界经济复苏进程走稳走实作出新贡献。

《人民日报》（2022年03月01日　第03版）

坚定不移同世界分享市场机遇

持续升级的超大规模市场，持续优化的营商环境，不断扩大开放的中国，处处涌动着发展机遇

商务部日前公布的数据显示，今年1月中国实际使用外资1022.8亿元人民币，同比增长11.6%。在去年全年实际使用外资首次突破1万亿元人民币、近10年来首次实现两位数增长后，中国今年吸收外资实现"开门红"，充分说明在世界经济复苏面临诸多制约因素的背景下，中国市场以其强大韧性和旺盛活力，持续为世界经济发展提供重要机遇。

中国有14亿多人口、4亿以上中等收入群体，潜力巨大、持续升级的超大规模市场带来"强磁场"效应。随着全面打赢脱贫攻坚战、全面建成小康社会和经济走上高质量发展轨道，中国人民收入水平稳步提升。2021年，中国人均国内生产总值按年平均汇率折算突破1.2万美元，全国居民人均可支配收入超过3.5万元人民币，人均消费支出实际增长12.6%，稳固的消费基础带动进口消费品增长9.9%。国际人士认为，中国产业和消费升级都将带来大量投资机遇。中国德国商会近日发布的2021—2022年度商业信心调查报告显示，在华德企对中国市场增长充满信心，71%的企业计划继续增加在华投资。

持续放宽市场准入，连续5年缩减全国和自贸试验区外资准入负面清单，持续完善投资促进和保护、信息报告等制度，加强知识产权保护……中国致力于打造市场化、法制化、国际化营商环境，外国企业在华投资兴业得到有力保障，深耕中国市场、共享发展机遇的信心进一步增强。世界银行发布的全球营商环境报告称，自2012年以来，中国营商环境排名跃升了60位。国际人士认为，随着中国修订扩大《鼓励外商投资产业目录》，引导外资更多投向先进

制造业、战略性新兴产业以及数字经济、绿色发展等领域，必将创造更多机遇。"中国吸引外资的势头依旧强劲。"英国路透社报道指出，中国经济基本面长期向好，在市场规模、产业配套、基础设施、营商环境等方面具有综合竞争优势。

中国持续扩大高水平对外开放，同世界共享市场机遇的决心坚定不移。从推动农业和制造业全方位开放，到加大服务业开放力度，从鼓励跨境电商、海外仓等新业态新模式发展，到不断制定实施对接高标准经贸规则、推进制度型开放的政策，从高质量实施区域全面经济伙伴关系协定，到积极推动加入全面与进步跨太平洋伙伴关系协定进程，中国扩大高水平对外开放的步伐坚定。近年来，尽管"世界开放指数"不断下滑，全球开放共识弱化，但中国坚持主动开放、逆势开放。进博会、服贸会、广交会、消博会等搭建起国际经贸合作重要平台，"一带一路"朋友圈不断壮大，中欧班列昼夜奔驰，不断扩大开放的中国，处处涌动着发展机遇。美国哈佛大学教授约瑟夫·奈指出，中国市场扩大开放让中国受益，也让其他国家从中受益。

于危机中育先机、于变局中开新局，中国经济在战胜风险挑战中不断成长壮大。着眼未来，中国将持续扩大对外开放，与世界共享更多经济高质量发展红利，助力世界经济早日走出危机阴影，实现强劲、可持续、平衡、包容增长。

《人民日报》(2022 年 03 月 04 日　第 03 版)

为稳定全球产业链供应链作出重要贡献

中国疫情防控成效显著，不仅使中国产业链供应链保持了强大韧性，也用实际行动维护全球产业链供应链稳定畅通

3月4日，全国政协十三届五次会议在北京开幕，中国正式进入"两会时间"。在新冠肺炎疫情大流行对全球物资流动造成负面影响、全球产业链供应链持续紧张之际，国际舆论高度关注中国将如何在做好疫情防控的同时，为稳定全球产业链供应链作出贡献，助力世界经济复苏发展。

一段时间以来，受疫情等诸多因素影响，全球产业链供应链出现紊乱，对各国企业和消费者都造成影响。中国始终把人民生命安全和身体健康放在第一位，全面加强疫情防控工作，坚持"外防输入、内防反弹"和"动态清零"，不仅有效防控疫情，也把疫情对经济生产的影响降到最低，保证了产业链供应链的稳定。2021年，中国规模以上工业增加值比上年增长9.6%，两年平均增长6.1%，全年制造业增加值占国内生产总值比重达到27.4%；中国外贸量稳质升，进出口总值6.05万亿美元，首次突破6万亿美元，外贸增量达1.4万亿美元，创下历史新高……中国的疫情防控成效显著，不仅使中国产业链供应链保持了强大韧性，也为稳定全球产业链供应链作出重要贡献。

中国的疫情防控举措精准有效。无论是从疫情统计数据看，还是从经济发展的数据看，中国都是世界上防疫工作做得最成功的国家之一。正如全国政协十三届五次会议新闻发言人所指出的："正是由于中国采取了正确的防疫政策，我们率先恢复了经济增长，保障了全球产业链和供应链基本稳定。"美国《彭博商业周刊》网站日前也发表评论指出，中国坚持"动态清零"确保了众多商品继续流向世界其他地方，否则可能致使全球供应链陷入停顿。有关专家也指

出，中国供应链经受住了疫情考验，为提振世界经济的复苏信心起到关键作用。

在全球产业链供应链中，中国发挥着"压舱石"作用。中国是世界第二大经济体、世界第一制造业大国，拥有全球最完整且规模最大的工业体系、强大的生产能力、完善的配套能力。一方面，中国产业链供应链与全球生产网络高度融合。根据联合国贸易和发展会议发布的《全球贸易最新情况》报告，2021年，全球贸易总额达到创纪录的28.5万亿美元。中国进出口总值在世界贸易总量中的占比超过20%。另一方面，中国深度参与经济全球化，并形成巨大的经济规模效应、产业集群优势和物流网络体系，在几乎各类产业链中都扮演着重要角色。今天的中国，是全球生产网络的重要枢纽。

在维护全球产业链供应链稳定上，中国将继续发挥重要作用。无论是防疫物资、生活物资，还是办公物资、数字产品，中国已经成为全球最重要的生产基地之一。中国积极采取一系列稳主体、稳市场、保障外贸产业链供应链稳定畅通的政策措施，大大激发市场主体活力，为外贸稳增长提供了强有力支撑。中国坚持创新在现代化建设全局中的核心地位，持续加大科技创新投入，在关键零部件本土化、技术创新产业化、产业协同数字化上进行积极探索，愈发成为保障全球产业链供应链稳定运转的重要力量。

事实证明，中国统筹好疫情防控和经济社会发展，不仅路子是对的，效果是好的，而且用实际行动维护了全球产业链供应链稳定畅通，为世界经济复苏注入宝贵信心与坚实力量。

《人民日报》（2022年03月05日 第05版）

为世界经济发展注入更多正能量

中国经济长期向好的基本面不会改变，将为世界经济稳定、健康、可持续发展注入更多正能量

"中国提出的经济增长目标合理务实""体现出中国政府对发展的一贯重视""相信中国政府有能力完成各项目标任务"……3月5日，提请十三届全国人大五次会议审议的政府工作报告提出今年发展主要预期目标，其中国内生产总值增长 5.5% 左右备受瞩目。国际舆论普遍认为，考虑到中国经济的规模和体量，这一经济增速预期目标的设定科学合理，体现了中国政府的主动作为，有利于引导预期、提振信心、凝聚发展共识，有利于推动中国经济高质量发展。努力实现这一预期目标，中国将继续为世界经济复苏和增长作出重要贡献。

观察中国经济对世界经济的贡献，既要看增速，也要看增量。2021 年，中国经济总量达 114.4 万亿元人民币，按年平均汇率折算达 17.7 万亿美元，占全球经济的比重预计将超过 18%。中国一年国内生产总值增加 3 万亿美元，这在世界经济发展史上前所未有。今年中国经济实现 5.5% 的增长目标，相当于 5 年前增长 7% 左右、10 年前增长 10.5%，对世界经济增长的贡献将相当可观。

观察中国经济对世界经济的贡献，既要看数量，也要看质量。当前，世界经济复苏面临诸多制约因素，全球发展进程遭受严重冲击。推动实现更有获得感、幸福感和安全感的发展，是各国面临的共同任务。中国完整、准确、全面贯彻创新、协调、绿色、开放、共享的新发展理念，将高质量发展作为"十四五"乃至更长时期经济社会发展的主题。中国积极转变发展方式、优化经济结构、转换增长动力，为世界创造了更多机遇、注入了更多活力。国际人士指出，拥

有 14 亿多人口的中国坚定走高质量发展之路，是对世界经济发展的重要贡献，体现出负责任大国的担当。

观察中国经济对世界经济的贡献，既要看中国发展，也要看中国与世界的互动。中国实施更大范围、更宽领域、更深层次对外开放，为外国投资者和外商投资企业营造更加市场化、法治化、国际化的投资环境。从货物贸易进出口规模首次突破 6 万亿美元，到引资规模再创历史新高，再到与 140 多个国家、32 个国际组织签署 200 多份共建"一带一路"合作文件……中国积极融入世界经济，不断以自身发展推动实现合作共赢。与此同时，中国坚定维护以世界贸易组织为核心的多边贸易体制，积极商签更多高标准自贸协定和区域贸易协定，积极推动构建开放型世界经济，推动建立更加公平、公正、合理的全球经济治理体系，为促进世界经济强劲、可持续、平衡、包容增长发挥重要作用。

全球疫情仍在持续，世界经济复苏动力不足，大宗商品价格高位波动，外部环境更趋复杂严峻和不确定，中国发展面临的风险挑战明显增多。但中国经济长期向好的基本面不会改变，持续发展具有多方面有利条件，一定能顶住下行压力，行稳致远，为世界经济稳定、健康、可持续发展注入更多正能量。

《人民日报》（2022 年 03 月 07 日　第 04 版）

推动全球发展事业不断向前

发展寄托着生存和希望，象征着尊严和权利。中国愿同各方一道，积极落实好全球发展倡议，努力实现不让任何国家掉队、不让任何诉求被忽视、不让任何一个人落伍的目标

"习近平主席提出的全球发展倡议，对推动实现联合国 2030 年可持续发展目标、解决全球发展不平等不平衡问题具有重要意义""印尼将全力支持，愿同中方密切沟通，推进倡议落实，为促进全球共同发展作出贡献"……自去年 9 月提出以来，全球发展倡议迅速得到联合国以及近百个国家的响应支持。在全球发展进程受到新冠肺炎疫情严重冲击之际，中国引领国际社会聚焦发展、共促发展，携手构建全球发展共同体，展现出重要历史关头的大国智慧和担当。

明者因时而变，知者随事而制。全球发展倡议之所以迅速得到广泛响应支持，关键在于回应了国际社会和各国人民的普遍关切。疫情延宕反复，人类发展指数 30 年来首次下降，世界新增 1 亿多贫困人口，近 8 亿人生活在饥饿之中，全球发展不平等不平衡问题更加突出，国际社会迫切需要找到弥合发展鸿沟的现实路径。作为继"一带一路"之后习近平主席提出的又一重大倡议，全球发展倡议是对全球发展合作的"再动员"，是对以人民为中心这一核心人权理念的"再确认"，为缩小南北鸿沟、破解发展不平衡问题提出了"路线图"，也为推进联合国 2030 年可持续发展议程提供了"加速器"。

中国的成功实践让全球发展倡议具有巨大吸引力。改革开放 40 多年来，中国坚持以经济建设为中心不动摇，一心一意谋发展，取得举世瞩目的发展成就。中国坚持以人民为中心的发展思想，不断增强人民的获得感、幸福感、安全感。

中国坚持创新、协调、绿色、开放、共享的新发展理念，推动经济走上高质量发展之路。中国如期打赢脱贫攻坚战、全面建成小康社会，进一步提升了中国发展经验的全球影响力。全球发展倡议强调坚持发展优先，坚持以人民为中心，坚持普惠包容，坚持创新驱动，坚持人与自然和谐共生，坚持行动导向，具有鲜明的中国经验底色。联合国驻华协调员常启德认为，这一倡议是蕴含着中国全面建成小康社会宝贵经验的全球化表达，"一个更加普惠、平衡的全球发展图景，将因中国而增添强大动力"。

中国的博大胸怀让全球发展倡议具有广泛感召力。中国始终认为，只有大家一起发展才是真发展，各国都应成为全球发展的参与者、贡献者、受益者，不能一个国家发展、其他国家不发展，一部分国家发展、另一部分国家不发展。全球发展倡议自提出之日起，就是向全世界开放的公共产品。倡议旨在加快落实联合国2030年可持续发展议程，推动全球共同发展，推动全球发展迈向平衡协调包容新阶段，具有鲜明的开放包容属性。"我在联合国发起的全球发展倡议同二十国集团推动全球发展宗旨和重点方向高度契合""我不久前提出的全球发展倡议契合东盟各国发展需要，可以与《东盟共同体愿景2025》协同增效"……在一系列双多边场合，习近平主席表达欢迎各方积极参与的良好愿望，得到各方积极响应。

中国的务实行动让全球发展倡议不断落地走实。倡议的生命力在于落实。在提出倡议之时，中国就强调"坚持行动导向"，提出重点推进减贫、粮食安全、抗疫和疫苗、发展筹资、气候变化和绿色发展、工业化、数字经济、互联互通等领域合作，为落实倡议明确了抓手。今年1月正式成立的"全球发展倡议之友小组"，重点开展包括加强政策对话、分享最佳实践、促进务实合作等三方面工作，将为落实倡议不断注入重要动力。在双多边层面，中国积极推动倡议与有关国家和地区发展战略对接，如太平洋岛国将倡议与太平洋可持续发展路线图和蓝色太平洋2050战略相衔接，非洲国家将其与非盟《2063年议程》对接等，都将推动全球发展倡议落地走实。外国学者称赞，中国举措是对世界经济复苏的有力推动，也是践行真正的多边主义的具体行动。

发展寄托着生存和希望，象征着尊严和权利。面对重重挑战和道道难关，人类必须攥紧发展这把钥匙。中国愿同各方一道，积极落实好全球发展倡议，努力实现不让任何国家掉队、不让任何诉求被忽视、不让任何一个人落伍的目标，为建设共同繁荣的世界、构建人类命运共同体作出新贡献。

《人民日报》(2022 年 03 月 24 日　第 03 版)

以自身发展造福世界的成功故事

无论是致力于消除疟疾等重大传染病，还是推动抗击新冠肺炎疫情国际合作，中国始终坚持人民至上、生命至上，既对本国人民生命安全和身体健康负责，也对全球公共卫生事业尽责，以实际行动践行人类卫生健康共同体理念

4月25日，习近平主席向青蒿素问世50周年暨助力共建人类卫生健康共同体国际论坛致贺信。习近平主席在贺信中高度评价青蒿素这一中国首先发现并成功提取的特效抗疟药为全球疟疾防治、佑护人类健康作出的重要贡献，表达中国愿同国际社会一道，密切公共卫生领域交流合作，携手应对全球性威胁和挑战，推动共建人类卫生健康共同体，为维护各国人民健康作出更大贡献。贺信的内容展示了中国领导人胸怀天下的崇高理念和以人为本的价值取向。

青蒿素的故事，是人类与疾病艰苦斗争的成功故事。50年前，以屠呦呦为代表的中国科学家经过不懈努力，率先发现并成功提取青蒿素，为人类带来了一种全新结构的抗疟新药。青蒿素疗效快、副作用小、价格低廉，"是人类征服疟疾进程中的一小步，是中国传统医药献给世界的一份礼物"。从亚洲到非洲，从欧洲到美洲，无数的生命因为青蒿素而得到拯救，无数的家庭因为青蒿素而受到呵护。据世界卫生组织统计，自2000年把青蒿素类药物作为抗疟首选药物推广全球以来，青蒿素在全世界已挽救数百万人生命，每年治疗患者数亿人，特别是在疟疾最为严重的撒哈拉以南非洲地区，约2.4亿人受益于青蒿素联合疗法，其中约150万人免于死亡。

青蒿素的故事，是中国和广大发展中国家同舟共济的成功故事。中国在成功消除国内疟疾的同时，开展以青蒿素为核心的大规模国际抗疟援助，为实现"无疟世界"愿景作出中国贡献。截至2021年，中国累计提供青蒿素药品数

十亿人份，为发展中国家培训数万名抗疟技术人员，为30个国家援建疟疾防治中心，向72个发展中国家派遣2.8万名援外医疗队员，用行动为全球疟疾防治作出重要贡献。在科摩罗实施的复方青蒿素快速清除疟疾项目，使当地实现疟疾零死亡、疟疾发病人数下降98%，得到国际社会广泛称赞。塞内加尔总统萨勒表示，正是由于得到了中国等合作伙伴的支持，塞内加尔在防治疟疾方面取得了重大成果。

青蒿素的故事，是中国致力于以自身发展造福世界的成功故事。人类命运与共，团结合作是战胜全球性和地区性公共卫生挑战的最有力武器。无论是携手抗击疟疾，还是合作应对非典、禽流感、埃博拉、新冠肺炎疫情等，中国始终同世界各国守望相助、共克时艰。面对新冠肺炎疫情大流行，中国发起新中国历史上最大规模的紧急人道主义行动，迄今已向153个国家和15个国际组织提供了数千亿件抗疫物资，向120多个国家和国际组织提供了超过21亿剂疫苗，推动疫苗成为发展中国家用得上、用得起的公共产品。国际社会高度评价中国支持全球抗疫，称赞中国行动"彰显慷慨无私的国际合作精神"。

病毒没有国界，疫病不分种族，唯有坚定信心、同舟共济，方能战胜疫情。习近平主席提出构建人类卫生健康共同体的重大倡议，为加强全球公共卫生治理指引方向，为共同守护人类生命健康提供遵循。无论是致力于消除疟疾等重大传染病，还是推动抗击新冠肺炎疫情国际合作，中国始终坚持人民至上、生命至上，既对本国人民生命安全和身体健康负责，也对全球公共卫生事业尽责，以实际行动践行人类卫生健康共同体理念，为全球抗疫凝聚强大合力。西班牙前首相何塞·萨帕特罗表示，构建人类卫生健康共同体有助于推进国际抗疫合作，将为共创人类美好未来作出重要贡献。

在全球性危机的惊涛骇浪里，各国不是乘坐在190多条小船上，而是乘坐在一条命运与共的大船上。展望未来，中国将继续秉持人类命运共同体理念，为加强全球公共卫生治理、维护各国人民健康贡献更多中国智慧、中国力量。

《人民日报》（2022年04月27日　第03版）

开放是亚太合作的生命线

今年前 4 个月，东盟继续保持中国第一大贸易伙伴地位。RCEP 的顺利实施，凸显地区国家对开放包容、合作共赢的重视

近日，第三期全国《区域全面经济伙伴关系协定》（RCEP）专题培训在线举行。这是中国政府指导企业把握机遇、高水平利用协定优惠政策的具体举措。今年第一季度，中国与 RCEP 其他 14 个成员国进出口累计达 2.86 万亿元人民币，同比增长 6.9%。在这一利好消息带动下，越来越多企业期待参与并深化协定框架内的互利合作，这无疑将为进一步释放地区开放合作红利、推动地区经济复苏发展注入新动能。

当前，百年变局和世纪疫情交织，经济全球化遭遇逆流，世界进入新的动荡变革期。各国有识之士对和平发展的期盼更加殷切，对公平正义的呼声更加强烈，对合作共赢的追求更加迫切。作为世界上人口最多、经贸规模最大、最具发展潜力的自由贸易区，今年初 RCEP 正式生效实施，进一步深化了区域贸易和投资合作，增进了本地区经济互联互通。今年前 4 个月，东盟继续保持中国第一大贸易伙伴地位。RCEP 的顺利实施，凸显地区国家对开放包容、合作共赢的重视，也再次印证了开放是亚太合作的生命线。

亚太是全球最具增长活力和发展潜力的地区。30 多年来，从茂物目标到布特拉加亚愿景，从宏观经济政策协调到高标准自由贸易区建设，亚太地区保持了较长时期快速发展。归根结底，这得益于打造开放型经济格局的努力，得益于构筑互信、包容、合作、共赢的亚太伙伴关系。坚持开放的地区主义，以 2040 年愿景为指引，推进区域经济一体化，早日建成高水平亚太自由贸易区，理当是亚太国家的共同选择。个别国家不仅大行保护主义，而且顽固抱持冷战

思维，试图打造割裂经济联系的"小圈子"，这不符合地区开放合作的大势，严重干扰地区经济合作。

当今世界，各国前途命运紧密相连，和平发展、合作共赢才是人间正道，搞"小圈子"只会把世界推向分裂和对抗。面对拆墙还是筑墙、开放还是隔绝、融合还是脱钩的选择，越来越多国家站在历史正确的一边，站在人类进步的一边，支持推动构建开放型世界经济。日前发布的《全球贸易投资促进峰会北京倡议》，提出共同应对疫情挑战、促进世界经济企稳复苏、携手聚力跨越发展鸿沟、积极推进创新、推动绿色低碳可持续发展等方面内容，反映了各国特别是工商界对践行真正的多边主义的高度认同，希望共同维护以世界贸易组织为核心的多边贸易体制，推动经济全球化朝着更加开放、包容、普惠、平衡、共赢方向发展。

开放是当代中国的鲜明标识。不论国际形势发生什么变化，中国都将高举改革开放的旗帜。中国扩大高水平开放的决心不会变，中国开放的大门只会越开越大。中国拥有14亿多人口形成的超大规模内需市场，这是中国以开放合作促进共同发展的底气所在。中国积极推动高质量共建"一带一路"、落实全球发展倡议，这是中国与地区国家开放合作之路越走越宽广的重要动力。中国坚定致力于实现全面、高水平的亚太自贸区，正在高质量实施 RCEP，与东盟成员积极打造中国—东盟自贸区 3.0 版，持续推进加入《全面与进步跨太平洋伙伴关系协定》和《数字经济伙伴关系协定》，预示着中国与地区国家将在更大范围、更宽领域、更深层次实现互利共赢的光明前景。

"谋度于义者必得，事因于民者必成。"中国将持续打造市场化法治化国际化营商环境，为全球工商界提供更多市场机遇、投资机遇、增长机遇。中国将继续秉持和平发展、合作共赢理念，与各国携手解决当前世界经济以及国际贸易和投资面临的问题，一起走向更加美好的未来。

《人民日报》(2022 年 05 月 30 日　第 03 版)

坚定维护多边贸易体制

中国将不断扩大高水平开放，持续推进贸易和投资自由化便利化，并与各方一道，坚定维护多边贸易体制，共建开放型世界经济

世界贸易组织第十二届部长级会议是4年多来该组织首次召开部长级会议，164个成员的部长和代表现场参会。会议期间，众多世贸组织成员重申世贸组织在多边贸易体制中的核心地位，希望世贸组织在应对全球性挑战、推动世界经济复苏等方面发挥更大作用。

世贸组织成立以来，为推动全球贸易发展、保障充分就业、促进经济增长和提高生活水平等作出了重要贡献。但近年来，世贸组织遭遇内外压力，多边贸易体制面临诸多挑战。从内部看，多边谈判进展缓慢、上诉机构停摆等问题，让世贸组织的权威性和有效性面临严重威胁。从外部看，经济全球化遭遇逆流，单边主义和保护主义抬头，个别国家甚至企图在以世贸组织为核心的多边贸易体制之外另起炉灶、另搞一套。在全球性问题交错叠加、全球贸易格局面临深刻调整的当下，如何有效发挥世贸组织作用，让多边贸易体制助力世界经济复苏，是本届会议面临的重要课题。

"现在是时候拿出急需的政治意愿，展现世贸组织能够参与解决多重全球性挑战。"世贸组织总干事伊维拉表示。在本届会议上，有100多个世贸组织成员和观察员踊跃发言，发出维护多边主义的声音。"世贸组织仍是多边贸易体制的基石""多边贸易体制将为寻找共同解决方案发挥重要作用""面对前所未有的挑战，我们在世贸组织中重建信任、团结与合作至关重要"……这些发言充分表明，各方希望引领世贸组织走出困难时期，推动世贸组织改革朝着正确方向发展，重振多边贸易体制。

中国是多边贸易体制的坚定支持者。习近平主席在庆祝中国国际贸易促进委员会建会 70 周年大会暨全球贸易投资促进峰会上发表视频致辞强调，要支持以世界贸易组织为核心的多边贸易体制，维护全球产业链供应链安全稳定，做大合作蛋糕，让发展成果更好惠及各国人民。中方认为，世贸组织改革应促进经济全球化，要通过规则更新和机制保障，推动经济全球化朝着更加开放、包容、普惠、平衡、共赢的方向发展；世贸组织改革应使全体成员受益，保障发展中成员合法权益。这不仅有利于维护多边贸易体制，营造自由、开放、公平、非歧视、透明和可预测的贸易投资环境，也有利于遏制单边主义和保护主义逆流。

中国是世界第二大经济体，也是全球最大贸易国。加入世贸组织近 21 年来，中国不断扩大开放，激活了中国发展的澎湃春潮，也激活了世界经济的一池春水。中国全面履行入世承诺，维护世贸组织规则，为多边贸易体制发展作出的贡献有目共睹。中国坚定支持自由贸易，已自主将关税总水平从 2010 年的 9.8% 大幅降至 7.4%。中国加快构建新发展格局，坚定不移推动高水平对外开放，必将给世界带来更多市场机遇、增长机遇、合作机遇。中国提出全球发展倡议，推动构建全球发展命运共同体，将不断为团结应对全球发展挑战注入中国智慧和力量。

经济全球化发展的大势不会改变，一个开放、公正、透明的多边贸易体制符合世界各国共同利益。中国将不断扩大高水平开放，持续推进贸易和投资自由化便利化，并与各方一道，坚定维护多边贸易体制，共建开放型世界经济，携手构建人类命运共同体。

《人民日报》(2022 年 06 月 17 日　第 03 版)

发展为先，打造区域合作"金色样板"

澜湄六国同为发展中国家，具有强烈的求团结、谋合作、促发展的愿望，深知团结合作才能应对发展挑战。中国始终同区域国家分享合作红利，让澜湄合作更添活力、更富动力、更具魅力

日前，位于湄公河畔的中老铁路万象南站换装场正式建成投用，首批跨境集装箱在此完成标准轨与米轨间换装后驶往泰国，标志着中老泰铁路实现互联互通，搭建起澜沧江—湄公河次区域合作的又一条快车道。在全球发展事业面临空前挑战之际，地区国家携手同心，推动澜湄合作这一新型次区域合作机制高水平发展，为促进地区国家可持续发展注入强大信心。

习近平主席强调，合作才能办成大事，办成好事，办成长久之事。澜湄六国同为发展中国家，具有强烈的求团结、谋合作、促发展的愿望，深知团结合作才能应对发展挑战。柬埔寨副首相兼外交大臣布拉索昆表示："在新冠肺炎疫情等挑战面前，次区域国家团结协作，更坚定了对以发展为要义的多边合作的信心。"澜湄合作机制启动6年来，六国坚持走团结进步、合作共赢的康庄大道，成功打造了区域合作的"金色样板"，充分表明澜湄合作是顺应时代发展潮流、符合地区国家普遍需求的正确选择。

澜湄合作是六国共同发起和推进的事业，坚持发展优先、行动导向，展现出强大生机活力。澜湄六国秉持互尊互信、团结协作精神，携手抗击新冠肺炎疫情，深化水资源、互联互通等重点领域合作，通过澜湄合作专项基金支持大量务实项目落实落细，推动澜湄合作机制成长为改善民生、聚焦发展的重要次区域平台，有力促进地区国家可持续发展，为东盟乃至全球发展作出了澜湄贡献。缅甸外长温纳貌伦指出，澜湄合作机制已成为对本区域最具建设性、最让

地区受益的合作机制。

当前，澜湄国家普遍处于改善民生的关键阶段，只有不断增进民生福祉，繁荣才能持久，安全才有保障，人权才有基础，澜湄合作的大船才能够不惧风雨、破浪前行。澜湄合作坚持普惠包容，不断提升地区国家人民的获得感和幸福感。不久前，柬埔寨10岁男孩索卡哈带领网友"云游"位于柬埔寨上丁省的电站移民新村，讲述了村民们在中企建设的桑河二级水电站帮助下摆脱世代水患、实现脱贫增收的故事。这样的澜湄故事，生动诠释了澜湄合作坚持以人民为中心发展理念的宝贵价值。

作为澜湄合作机制的重要成员国，中国始终践行亲诚惠容的周边外交理念，始终坚持义利相兼、以义为先，始终同区域国家分享合作红利，让澜湄合作更添活力、更富动力、更具魅力。习近平主席提出的全球发展倡议和全球安全倡议与澜湄合作互促互补，得到澜湄国家积极响应。六国携手落实两大倡议，对共同应对当前全球性挑战具有重要意义。着眼未来，中方提出农业、水利、数字经济、太空合作、人才培养、公共卫生等六大举措，对标全球发展时代前沿，契合地区国家发展需要，为把澜湄合作打造为实现包容可持续发展的推进器、把澜湄六国建设成捍卫主权平等和多边主义的共同体注入了强劲动力。

同饮一江水，命运紧相连。今年是落实《澜湄合作五年行动计划（2018—2022）》的收官之年，也是澜湄六国共同擘画未来合作蓝图的启航之年。秉持"发展为先、务实高效、开放包容"的澜湄理念，弘扬"平等相待、真诚互助、亲如一家"的澜湄文化，澜湄合作一定能够提质升级、行稳致远，推动构建更加强韧的澜湄流域经济发展带，引领建设更为紧密的澜湄国家命运共同体。

《人民日报》（2022年07月08日　第03版）

继续为世界经济增长贡献动能

中国有信心统筹好疫情防控和经济社会发展工作，争取今年经济发展达到较高水平。中国也将继续携手各国共建开放型世界经济，为世界经济复苏注入更多正能量

中国国家统计局近日公布的数据显示，上半年中国国内生产总值同比增长2.5%，其中第二季度增长0.4%。在国际环境更趋复杂严峻、国内疫情多发散发、各种超预期因素叠加的背景下，中国经济顶住压力实现正增长，展现出强大韧性。

中国上半年经济成绩来之不易。面对复杂严峻的国内外发展环境，中国坚持统筹疫情防控和经济社会发展，有力应对各种挑战。中国坚持人民至上、生命至上，筑牢疫情防控屏障，巩固疫情防控成果，最大程度保护人民生命健康，也最大程度稳住了经济社会发展基本盘。美国马萨诸塞大学医学院前教授约翰·沃尔什指出，中国的抗疫政策不仅拯救了生命，而且保护了经济，可以说取得了双赢。许多国际人士指出，中国经济展现出应对国际局势动荡的韧性和潜力。

观察中国经济，要有辩证思维和长远眼光。疫情的冲击影响是短期的、外在的，韧性强、潜力大是长期的、内在的。中国有长期积累的雄厚物质基础和超大规模市场优势，随着消费恢复、生产回升、创新引领增强、宏观政策落地，中国经济有望持续回升。中国全面贯彻新发展理念、加快构建新发展格局、着力推动高质量发展，正在形成竞争新优势，不断集聚发展新动能，将为经济持续健康发展注入源源不断的动力。英国伦敦经济与商业政策署前署长罗思义认为，中国不仅在过去一段时间里表现优于所有其他主要经济体，而且显然处于

继续跑赢所有主要经济体的最佳位置。

中国经济长期向好的基本面没有变，中国作为全球经济增长重要引擎的地位没有变，国际社会对中国经济前景的信心没有变。今年前 5 个月，中国吸收外资 877.7 亿美元，同比增长 22.6%；前 4 个月，中国新增合同外资 1 亿美元以上大项目 185 个，相当于平均每天有 1.5 个外资大项目落地。中国美国商会 5 月发布的白皮书显示，多数受访者认为，要成为全球赢家，在中国市场保持竞争力至关重要。国际清算银行总经理阿古斯丁·卡斯滕斯近日指出，中国作为一个"非常有韧性"的经济体，将继续为世界经济增长贡献动能。

当前，世界经济滞胀风险上升，主要经济体政策趋向收紧，外部不稳定不确定因素明显增加。面对困难挑战，中国将继续集中精力办好自己的事。美国《华尔街日报》指出，中国通胀压力较小，这意味着中国可以更加明确地把重点放在重振经济上。与此同时，中国将继续扩大高水平对外开放。在全球贸易增长动能减弱的背景下，今年上半年中国外贸进出口逆势增长，货物贸易进出口同比增长 9.4%，这表明中国外贸韧性强大，以开放促发展大有可为。下半年，第二届中国国际消费品博览会、2022 年中国国际服务贸易交易会、第五届中国国际进口博览会等国际经贸盛会将陆续举行。依托超大规模市场优势，中国将在推动经济持续健康发展的同时，给各国带来更多市场机遇、投资机遇、增长机遇。

中国经济是一片大海，而不是一个小池塘。中国有信心统筹好疫情防控和经济社会发展工作，争取今年经济发展达到较高水平。中国也将继续携手各国共建开放型世界经济，为世界经济复苏注入更多正能量。

《人民日报》(2022 年 07 月 18 日　第 03 版)

为全球发展进步注入青春之力

青年的命运，从来都与时代紧密相连。唱响和平发展、团结进步的主旋律，为践行全球发展倡议贡献智慧和力量，青年大有可为

"各国青年要弘扬和平、发展、公平、正义、民主、自由的全人类共同价值，以实际行动推进全球发展倡议，助力落实联合国 2030 年可持续发展议程，共同谱写世界青年团结合作的时代新篇章。"7 月 21 日，习近平主席向世界青年发展论坛致贺信，表达对青年群体在推动全球发展进步中发挥积极作用的殷切期待，展现出中国对全球发展合作的坚定支持。

在不久前举行的全球发展高层对话会上，习近平主席宣布中国将举办世界青年发展论坛，共同发起全球青年发展行动计划，为落实联合国 2030 年可持续发展议程汇聚最广泛力量。受新冠肺炎疫情等多重因素影响，联合国 2030 年可持续发展议程落实进程受阻，全球发展治理面临严峻挑战。国际社会迫切需要把发展置于国际议程中心位置，不断凝聚促进发展的广泛共识。世界青年发展论坛以"促进青年发展、塑造共同未来"为主题，从"就业创业"到"气候变化和绿色发展"，从"数字经济"到"包容和公平的优质教育"，论坛议题与全球发展倡议、联合国 2030 年可持续发展议程高度契合。联合国秘书长古特雷斯表示，此次论坛是一个关键的契机，让青年人聚集在一起，为解决当今最紧迫的全球性问题出谋划策。

中国始终是全球发展的贡献者。新形势下，中国积极推动构建全球发展伙伴关系，积极推动构建全球发展共同体。习近平主席提出全球发展倡议，为破解发展难题贡献了中国方案和中国智慧。全球发展倡议顺应历史潮流、契合各国需求，得到国际社会积极响应和广泛支持。青年的命运，从来都与时代紧密相连。唱响和平发展、团结进步的主旋律，为践行全球发展倡议贡献智慧和力量，青年大有可为。正如世界青年发展论坛发布倡议所提出的："只有通过和平共处、相互尊重、合作共赢，我们才能战胜现有困难，为所有人创造一个多样化、包容性和可持续的未来。"在今年举办的"全球发展共同体"国际青年智汇行动中，来自五大洲 44 个国家和地区的青年提交 100 余份提案，充分展现青年推动构建全球发展共同体的积极意愿。

新时代的中国青年积极参与推动构建人类命运共同体，展现出青春活力和使命担当。几十万名海外中资机构青年员工在异国他乡辛勤工作，为当地经济社会发展作出积极贡献。以青年为主体的国际中文教师志愿者在 100 多个国家服务，帮助各国青年学习中华文化。"中国青年志愿者海外服务计划"累计派出超过 700 名青年志愿者，在亚洲、非洲、拉丁美洲的 20 多个国家，开展医疗卫生、农业技术、土木工程、工业技术等方面服务。中国军队青年官兵积极参加联合国维和行动，胸怀人间大爱，恪守维和使命责任，秉持人道主义精神，为世界和平与发展注入正能量。中国青年用行动证明，青年是推动构建人类命运共同体的重要力量。

青年代表希望，青年创造明天。未来的世界，关系到每一名青年的前途命运，更取决于每一名青年的拼搏奋斗。各国青年团结起来、同向同行，定能不断为推进人类和平发展事业、推动构建人类命运共同体作出贡献，共同开创共赢共享、发展繁荣、健康安全、互尊互鉴的美好未来。

《人民日报》(2022 年 07 月 23 日　第 03 版)

共享中国市场机遇

举办中国国际消费品博览会，既是中国不断扩大开放、与各国深化合作的务实举措，也是中国同各国分享市场机遇、扩大互利共赢的真实写照

7月25日，以"共享开放机遇、共创美好生活"为主题的第二届中国国际消费品博览会在海南海口开幕。八方来客齐聚琼岛，共赴一场开放共赢之约。

举办中国国际消费品博览会，提供一个全球消费精品展示交易平台，既是中国不断扩大开放、与各国深化合作的务实举措，也是中国同各国分享市场机遇、扩大互利共赢的真实写照。作为中国首个以消费精品为主题的国家级展会，消博会去年首次亮相就吸引了来自约70个国家和地区的1500多家国内外企业、2600多个品牌。第二届消博会展览总面积增加至10万平方米，参展品牌增加至2800多个，充分表明国际社会看好中国消费市场活力和经济发展前景。

举办消博会有利于世界各国共享中国市场机遇。市场资源是中国的巨大优势，也是世界经济协同发展的重大机遇。中国有14亿多人口和4亿以上中等收入群体，每年进口商品和服务约2.5万亿美元，消费市场规模和成长潜力巨大。在首届消博会上，各国驻华大使纷纷现身"带货"，国际知名品牌蓄力打造"首发"，以"高、新、优、特"为特色的各类消费精品琳琅满目，折射出中国市场的巨大吸引力。今年上半年，尽管受到新冠肺炎疫情、地缘政治等多重因素影响，中国货物贸易进口总值8.66万亿元人民币，同比增长4.8%，展现出中国消费市场的强劲韧性。中国市场蓬勃发展，正日益成为世界的市场、共享的市场、大家的市场。

举办消博会有利于世界经济复苏和增长。习近平主席指出："一个更加开放包容的世界，能给各国带来更广阔的发展空间，给人类带来更繁荣的未来。"

当前，世界经济下行压力增大，利用好开放合作的引擎是复苏增长的关键。今年上半年，中国经济顶住压力实现 2.5% 的同比增长，展现出强大韧性，再次印证了开放包容、合作共赢才是人间正道。《区域全面经济伙伴关系协定》（RCEP）今年初正式生效，中国上半年与 RCEP 其他成员国贸易额同比增长 5.6%。第二届消博会，除中国外有来自 10 个 RCEP 成员国的 100 多家企业参展，参展面积大幅增长。消博会的举办地海南省，通过推进海南自由贸易港建设，以实施全面深化改革和试验最高水平开放政策的优势，为深化双边、多边、区域合作贡献力量。无论国际风云如何变幻，中国将坚定不移扩大高水平开放，推动构建开放型世界经济，为世界经济复苏增长贡献正能量。

举办消博会有利于中国为世界提供更多优质消费品。中国有高铁、大飞机等国之重器，也有小而美的消费精品。首届消博会上，湖北青砖茶远销蒙古国、俄罗斯、韩国等 10 多个国家和地区，代表"国潮"的海鸥表颇受年轻一代的青睐。随着共建"一带一路"合作不断深化，中欧班列、中老铁路等陆运大动脉联通内外，更多中国消费精品远销海外。中国优质消费品走向世界，为各国民众带去更多选择，正是第二届消博会主题"共享开放机遇、共创美好生活"的体现。

迎五洲客，计天下利。消博会是中国同各国合奏的共赢之曲，带给世界的是市场机遇、发展机遇。面向未来，中国不断推动经济高质量发展，不断扩大高水平开放，将持续为世界经济复苏和增长注入强大动力。

《人民日报》(2022 年 07 月 26 日　第 03 版)

大家的事大家商量着办
——解码共建"一带一路"的强大生命力①

共建"一带一路"始终坚持各方都是平等的参与者、贡献者、受益者。通过持续不断的集思广益、沟通协调,共建"一带一路"的合作共识逐步扩大,合作规划更加贴近各方需求,合作成效有了更切实保障

希腊比雷埃夫斯港业务经受住新冠肺炎疫情考验,2021 年全年营收创下历史新高;蒙内铁路通车运营 5 年,对肯尼亚国民生产总值贡献率超过 2%;中老铁路开通运营 9 个月,国际货运总值突破 100 亿元人民币……在世界经济复苏脆弱乏力之际,共建"一带一路"点亮共建国家的发展梦想,为全球发展注入宝贵动力。

"万物得其本者生,百事得其道者成。"2013 年 9 月 7 日,习近平主席在哈萨克斯坦提出共同建设"丝绸之路经济带"倡议,同年 10 月 3 日在印度尼西亚提出共同建设 21 世纪"海上丝绸之路"倡议。9 年来,从夯基垒台、立柱架梁到落地生根、持久发展,共建"一带一路"取得实打实、沉甸甸的成就,成为当今世界范围最广、规模最大的国际合作平台。149 个国家、32 个国际组织共同参与,共建"一带一路"展现出强大生命力。

正如习近平主席在第二届"一带一路"国际合作高峰论坛开幕式上所指出的:"我们要秉持共商共建共享原则,倡导多边主义,大家的事大家商量着办,推动各方各施所长、各尽所能,通过双边合作、三方合作、多边合作等各种形式,把大家的优势和潜能充分发挥出来,聚沙成塔、积水成渊。"回望共建"一带一路"走过的不平凡历程,共商共建共享原则是其具有强大生命力的根源所在。

共商共建共享原则中的"共商",就是"大家的事大家商量着办",强调平

等参与、充分协商，以平等自愿为基础，通过充分对话沟通找到认识的相通点、参与合作的交汇点、共同发展的着力点。不同于一些国家提出的所谓经济合作倡议参与主体不平等，且往往附带政治条件，共建"一带一路"始终坚持各方都是平等的参与者、贡献者、受益者。

为将"大家的事大家商量着办"落到实处，中国主动作为，积极打造共商国际化平台与载体，举办两届"一带一路"国际合作高峰论坛，并通过中国国际进口博览会、丝绸之路国际博览会、中国—东盟博览会等各类大型展会，持续加强与沿线各国的合作对接。中国不断强化多边机制在共商中的作用，充分利用二十国集团、亚太经合组织、上海合作组织、中国—东盟（10+1）、中非合作论坛、中阿合作论坛、中拉论坛等现有多边合作机制，同各国开展共建"一带一路"实质性对接与合作。中国同沿线各国建立各类二轨对话机制，通过政党、议会、智库、地方、民间、工商界、媒体、高校等各类交往渠道，围绕共建"一带一路"开展形式多样的沟通、对话、交流、合作。通过持续不断的集思广益、沟通协调，共建"一带一路"的合作共识逐步扩大，合作规划更加贴近各方需求，合作成效有了更切实保障。

"大家的事大家商量着办"充分彰显中国外交一以贯之的理念和原则。与个别国家总是将所谓"领导世界"挂在嘴边，动辄要"从实力地位出发"与他国打交道不同，中国充分理解相互尊重、平等协商的重要性，始终坚持国家不分大小、强弱、贫富，都是国际社会平等一员，始终主张国际关系应当实现民主化，国际上的事应该由大家共同商量着办。中国携手各方共建"一带一路"，目的是构建团结、平等、均衡、普惠的全球发展伙伴关系，推动各国共同实现繁荣发展。正是因为共建"一带一路"坚持平等协商，越来越多国家和国际组织主动将其发展规划与共建"一带一路"对接，寻找联动发展的最大公约数。

共建"一带一路"凝聚的广泛合作共识、取得的丰硕合作成果充分表明，只有坚持"大家的事大家商量着办"，才能有效因应时代挑战、共同开创美好未来。在百年变局和世纪疫情相互交织的当下，中国将持续加强与共建各国的对话协商、规划对接，进一步扩大利益汇合点，不断推动把政治共识转化为具体行动、把理念认同转化为务实成果，让高质量共建"一带一路"为共建各国人民带来更大福祉。

《人民日报》（2022年09月07日 第03版）

各方共同参与的"交响乐"
——解码共建"一带一路"的强大生命力②

"一带一路"是大家携手前进的阳光大道,不是某一方的私家小路。共建,体现的是开放包容的胸怀、携手前行的智慧、共谋发展的担当

在印度尼西亚,为建设全长142公里的雅万高铁,1万多名当地工人和大批当地工程师、技术人员参与打通一条条隧道、铺下一根根钢轨;在阿联酋,中国企业与当地企业组成联营体,共同承建该国东西交通"大动脉"——阿联酋铁路二期项目建设;在非洲第一大悬索桥——莫桑比克马普托跨海大桥建设过程中,先后有来自德国、丹麦、美国、英国、葡萄牙、南非、津巴布韦等国家的公司参与项目设计和施工……9年来,"一带一路"始终是各方共同参与的"交响乐"。

共建"一带一路"顺应经济全球化的历史潮流,自倡议提出之日起就具有开放包容的属性。中国始终主张用创新的合作模式推进"一带一路"建设,其中最鲜明的特征之一就是"共建",即所有感兴趣的国家都可以加入进来,共同参与、共同合作、共同受益,各方既是平等的参与者和建设者,也是责任和风险的共同担当者。正是因为这种开放包容属性,共建"一带一路"越来越被视为引领经济全球化的新引擎。

2017年5月,习近平主席在"一带一路"国际合作高峰论坛开幕式上指出:"'一带一路'建设植根于丝绸之路的历史土壤,重点面向亚欧非大陆,同时向所有朋友开放。不论来自亚洲、欧洲,还是非洲、美洲,都是'一带一路'建设国际合作的伙伴。'一带一路'建设将由大家共同商量,'一带一路'建设成果将由大家共同分享。"9年来的实践充分证明,"一带一路"是大家携手前进

的阳光大道，不是某一方的私家小路。

共建，体现的是开放包容的胸怀。共建"一带一路"以打造命运共同体和利益共同体为合作目标。中国推进"一带一路"建设不会重复地缘博弈的老套路，而将开创合作共赢的新模式；不会形成破坏稳定的小集团，而将建设和谐共存的大家庭。在个别国家大搞单边主义和保护主义、试图打造割裂经济联系的"小圈子"之际，共建"一带一路"所体现的开放包容胸怀弥足珍贵。联合国前副秘书长盖图指出："中国不限制国别范畴，不搞封闭机制，不唱独角戏，更不搞一言堂，这正是'一带一路'朋友圈不断扩大的原因。"

共建，体现的是携手前行的智慧。当今世界，全球性挑战层出不穷，迫切需要全球合作、全球应对。共建"一带一路"，破解全球发展赤字，需要各方共同绘制精谨细腻的"工笔画"。中国同各方携手努力，推动各国政府、企业、社会机构、民间团体开展形式多样的互利合作，增强企业自主参与意愿，吸收社会资本参与合作项目，共同打造"一带一路"共建国家多主体、全方位、跨领域的互利合作新平台，汇聚起广泛的发展合力。共建"一带一路"三方、多方市场合作的不断扩大，促进中国企业和各国企业优势互补，实现合作共赢。中国设立丝路基金、倡导成立亚洲基础设施投资银行，也是为了带动更多国家、更多主体参与共建"一带一路"，以"共建"的智慧应对全球发展挑战。

共建，体现的是共谋发展的担当。一起播撒合作的种子，必将收获共同发展的果实。在"一带一路"共建国家，越来越多的普通民众参与到共建"一带一路"中，提升了当地的自主发展能力，为解决全球发展不平衡问题带来了希望。在黑山，莫祖拉风电站工程师佐朗·米洛舍维奇开心地说："每天看到大风机在转动，感觉很自豪，它为我的家乡提供着源源不断的电能，转动的风机送来希望。"在老挝，中老铁路开通运营以来，先后有600余名老挝籍学员掌握了机车驾驶、车辆检修、调度等知识。学员汕第素为实现职业梦想感到无比开心："能为老挝建设发展出一份力，我感到很自豪。"

大道致远，海纳百川。共建"一带一路"顺应时代发展的潮流，正以开放包容的胸怀，扬起合作共赢的风帆，推动各方共同迈向更加繁荣美好的未来。

《人民日报》（2022年09月08日　第03版）

造福沿途各国人民的大事业
——解码共建"一带一路"的强大生命力③

一条条铁路、一座座工厂、一张张笑脸，勾勒出共建"一带一路"合作共赢的绚丽画卷。沿着这条中国同各方共享机遇、共谋发展的阳光大道不断前行，就能走向幸福安宁和谐美好的远方

在巴基斯坦，中巴经济走廊建设稳步推进，电力项目让成千上万个家庭亮起了灯；在乌兹别克斯坦，"安格连—帕普"铁路卡姆奇克隧道贯通，让当地人摆脱了境内运输需要绕道他国的窘境；在非洲之角，亚吉铁路让内陆国埃塞俄比亚有了出海口，企业做生意更方便了，工业园门口求职者络绎不绝……9年来的实践充分证明，共建"一带一路"是一项造福沿途各国人民的大事业。

中国提出"一带一路"倡议，归根结底是为了让各国人民过上更好日子。正如习近平主席在第二届"一带一路"国际合作高峰论坛开幕式上所指出："要坚持以人民为中心的发展思想，聚焦消除贫困、增加就业、改善民生，让共建'一带一路'成果更好惠及全体人民，为当地经济社会发展作出实实在在的贡献，同时确保商业和财政上的可持续性，做到善始善终、善作善成。"

共商、共建，目的在于共享。共享就是兼顾合作方利益和关切，寻求利益契合点和合作最大公约数，使合作成果福及双方、惠泽各方。共建"一带一路"不是"你输我赢"或"你赢我输"的零和博弈，而是双赢、多赢、共赢，让所有参与方获得实实在在的好处，让发展成果更多更好地惠及沿线各国。

共建"一带一路"增进共建国家民生福祉。埃塞俄比亚贝雷斯糖厂、印度尼西亚巨盾镍铁冶炼厂等，为当地创造数以万计的就业岗位；种植中国杂交水稻的莫桑比克农民喜获丰收，出产的大米被当地人命名为"好味道"；柬埔寨

西哈努克港工商学院、阿尔及利亚中企工人培训中心、吉布提鲁班工坊，帮助当地工人更好地实现个人发展……9 年来，一项项共建"一带一路"的民生工程，让越来越多共建国家人民喝上了干净的水，用上了安全的电，找到了稳定的工作，过上了幸福的生活。只要各方不懈努力，共建"一带一路"就能够让共建国家更多人口摆脱贫困，让全球发展更加平衡。

共建"一带一路"增加共建国家发展活力。中马友谊大桥开通时，马尔代夫民众高兴地说"大桥给了我们迈向更美好未来的机会"；克罗地亚佩列沙茨大桥正式通车，克总理普连科维奇感叹"这是克罗地亚历史性的一天！大桥通车实现了几代人的梦想"；中欧班列铺画了 82 条运行线路，通达欧洲 24 个国家 200 个城市，打通亚欧物流大通道……9 年来，"一带一路"共建国家商品、资金、信息、技术等交易成本大大降低，有效促进了跨区域资源要素的有序流动和优化配置，帮助"被遗忘的角落"更好地融入全球产业链、供应链、价值链，实现了共赢发展。美国未来学家奈斯比特夫妇感叹："历史上从来没有谁尝试通过一系列政策的实施，在经济领域将那么多国家和大洲连接起来。"

共建"一带一路"增添全球发展动力。世界银行的研究报告显示，共建"一带一路"将使共建国家贸易增长 2.8% 至 9.7%、全球贸易增长 1.7% 至 6.2%、全球收入增加 0.7% 至 2.9%；若共建"一带一路"框架下的交通基础设施项目全部得以实施，到 2030 年，每年将有望为全球产生 1.6 万亿美元的收益，占全球经济总量的 1.3%，其中 90% 的收益都由伙伴国分享，低收入国家和中低收入国家受益最多。事实表明，共建"一带一路"是一条通向共同繁荣的机遇之路。

一条条铁路、一座座工厂、一张张笑脸，勾勒出共建"一带一路"合作共赢的绚丽画卷。沿着这条中国同各方共享机遇、共谋发展的阳光大道不断前行，就能走向幸福安宁和谐美好的远方。

《人民日报》(2022 年 09 月 09 日　第 03 版)

铺设合作发展的"快车道"

全球发展倡议顺应历史潮流，契合各国需求，搭建起发展合作的公共平台，形成了共建美好世界的最大公约数

9月26日，第七十七届联合国大会一般性辩论在纽约联合国总部落下帷幕。在今年的联大发言中，全球发展成为各方关注的重要问题。根据联合国开发计划署不久前发布的报告，受多重危机影响，超过90%的国家2020年或2021年的人类发展指数得分下降，超过40%的国家连续两年下降，人类发展已经回落到2016年的水平。各方期待携起手来，重振全球发展事业。

习近平主席去年9月提出的全球发展倡议被各方寄予厚望。中方近日在纽约主持举行"全球发展倡议之友小组"部长级会议，联合国秘书长古特雷斯视频致辞，近40个国家的外长及小组成员常驻联合国代表，联合国开发计划署、联合国粮农组织等国际机构负责人出席。各方高度赞赏习近平主席提出全球发展倡议，认为这对提振国际发展合作、助力落实联合国2030年可持续议程意义重大，将为发展中国家特别是中小国家加快发展发挥催化剂作用。

全球发展倡议得到广泛支持，关键在于其顺应历史潮流，契合各国需求，搭建起发展合作的公共平台，形成了共建美好世界的最大公约数。全球发展倡议以构建全球发展共同体为目标，秉持发展优先、以人民为中心等理念，有利于促进全球共同发展、增进人类共同福祉。在全球发展事业进入关键当口之际，全球发展倡议引领各国聚焦重点领域，向发展中国家提供更有力、更具针对性的支持，为落实联合国2030年可持续发展议程提供了关键助力。国际人士指出，全球发展倡议旨在建立互惠的伙伴关系，为解决全球发展遇到的突出问题提供了方案，对引领全球发展合作具有重要作用。

全球发展倡议取得积极进展，关键在于中国不仅是倡议的提出者，也是落实倡议的行动派。今年6月，习近平主席主持全球发展高层对话会，宣布中方落实全球发展倡议的32项重要举措，与各国领导人共同推动将发展议题重新置于国际议程的核心，致力于构建团结、平等、均衡、普惠的全球发展伙伴关系，标志着倡议实现从"打基础"到"搭框架"的跨越，由"写意画"向"工笔画"的迈进。在"全球发展倡议之友小组"部长级会议上，中方表示愿与联合国发展机构加强战略对接，同"全球发展倡议之友小组"国家一道，为落实联合国2030年可持续发展议程再采取七大行动，再次展现了中方坚持行动导向、推动落实倡议的大国担当。中方向联合国赠送全球耕地、森林覆盖等6套全球可持续发展数据产品，将为各国更好实现粮食安全、陆地生态保护等可持续发展目标提供数据支持。

全球发展倡议拥有光明未来，关键在于坚持多边主义，汇聚共促全球发展的合力。促进全球可持续发展，国际社会必须拧成一股绳。100多个国家和包括联合国在内的多个国际组织支持全球发展倡议，60多个国家加入"全球发展倡议之友小组"，充分表明各方以合作谋发展的良好意愿。中方同各方一道积极落实全球发展高层对话会32项推进倡议合作的务实举措，取得多项早期收获。成立国际民间减贫合作网络，首批已有来自17个国家和地区的相关机构加入；同近40个国家和地区的150家机构共同筹建世界职业技术教育发展联盟；同13个国家开展新冠疫苗联合生产……中国坚持共商共建共享，坚持协同增效，坚持包容共进，为落实全球发展倡议凝聚起集体智慧和力量。外国学者指出，全球发展倡议呼吁加强全球发展伙伴关系，重视推动多边发展合作进程和发挥联合国的统筹协调作用，有助于形成合力，提高发展资源利用效率。

在发展的道路上，一个国家都不能少，一个人都不能落下，这是全球发展倡议的朴素愿景，也是联合国倡导的努力目标。中国将继续与各国分享发展经验和机遇，坚持同广大发展中国家站在一起，全力以赴推进落实全球发展倡议，吹响共同发展的"集结号"，铺设合作发展的"快车道"，携手落实联合国2030年可持续发展议程，共建更加美好的人类命运共同体。

《人民日报》（2022年09月27日　第03版）

共担数字时代责任　共促数字经济发展

中国愿同世界各国一道，携手走出一条数字资源共建共享、数字经济活力迸发、数字治理精准高效、数字文化繁荣发展、数字安全保障有力、数字合作互利共赢的全球数字发展道路

创新是引领世界发展的重要动力，是应对人类共同挑战的决定性因素。越是关键时刻，越要向创新要动力。数字技术作为世界科技革命和产业变革的先导力量，日益融入经济社会发展各领域全过程，深刻改变着生产方式、生活方式和社会治理方式。在二十国集团领导人第十六次峰会第一阶段会议上，习近平主席指出："二十国集团要共担数字时代的责任，加快新型数字基础设施建设，促进数字技术同实体经济深度融合，帮助发展中国家消除'数字鸿沟'。"在亚太经合组织第二十八次领导人非正式会议上，习近平主席强调："要坚持创新驱动大方向，点燃数字经济新引擎，让数字技术的成果惠及更多亚太地区人民。"

弥合数字鸿沟是全球共同的紧迫任务。在 2022 年世界互联网大会乌镇峰会期间举行的"互联网之光"博览会上，从农业、工业到政府治理、社会生活，数字技术的身影随处可见；在第五届中国国际进口博览会现场，跨国企业竞相展示新技术、新服务和新应用，让人们充分感受到数字经济快速发展的生机活力。但国际电信联盟统计显示，全球仍有近 30 亿人没有接入互联网，其中大多数来自发展中国家。中国携手各方推进落实全球发展倡议，将数字时代互联互通作为重点合作领域之一，有利于加强数字基础设施建设，弥合全球数字鸿沟，促进共同发展。

完善全球数字治理是各方的共同愿望。面对数字化带来的机遇和挑战，国

际社会应加强对话交流、深化务实合作，携手构建更加公平合理、开放包容、安全稳定、富有生机活力的网络空间。习近平主席提出构建网络空间命运共同体重要理念，顺应信息时代发展潮流和人类社会发展大势，回应网络空间风险挑战，彰显了中国共产党为人类谋进步、为世界谋大同的情怀，表达了中国同世界各国加强互联网发展和治理合作的真诚愿望。中国提出全球数字治理应遵循秉持多边主义、兼顾安全发展、坚守公平正义三原则，发起《全球数据安全倡议》，积极参与国际和区域性多边机制下的数字经济治理合作，得到国际社会高度肯定。

中国是数字经济大国，也是全球数字经济健康有序发展的重要推动者。据研究机构测算，截至 2021 年，中国数字经济规模达 45.5 万亿元，连续多年稳居世界第二，数字经济占国内生产总值比重达 39.8%；电子商务交易额、移动支付交易规模居全球第一。迄今，中国与 17 个国家签署"数字丝绸之路"合作谅解备忘录，与 23 个国家建立"丝路电商"双边合作机制，与非洲国家共同制定实施"中非数字创新伙伴计划"，与东盟国家共同建设中国—东盟信息港，建立中国—中东欧国家、中国—中亚五国电子商务合作对话机制，积极为非洲、中东、东南亚国家以及共建"一带一路"国家提供云服务支持，积极推动二十国集团、亚太经合组织、金砖国家、世贸组织等多边框架下的数字经济合作……中国积极参与数字经济国际合作，大力推进信息基础设施建设，为全球数字经济发展作出重要贡献。

互联网是人类共同的家园，发展好、运用好、治理好互联网，让互联网更好造福人类，是国际社会的共同责任。中国愿同世界各国一道，携手走出一条数字资源共建共享、数字经济活力迸发、数字治理精准高效、数字文化繁荣发展、数字安全保障有力、数字合作互利共赢的全球数字发展道路，加快构建网络空间命运共同体，为世界和平发展和人类文明进步贡献智慧和力量。

《人民日报》(2022 年 11 月 14 日 第 03 版)

陆

为动荡变化的世界注入更多稳定性

"

国际社会要摒弃零和博弈，共同反对霸权主义和强权政治，构建相互尊重、公平正义、合作共赢的新型国际关系，树立休戚相关、安危与共的共同体意识，让和平的阳光照亮世界。

"

将中非友好合作精神不断发扬光大

携手实现现代化，携手构建新时代中非命运共同体，中非必将书写人类文明史上的辉煌篇章

"加强同中国的伙伴关系对非洲实现发展至关重要，同中国携手合作对非洲大陆13亿人民意义重大""没有中国的有力支持，就没有肯尼亚今天的发展成就""中国的发展就是科摩罗的机遇，中国的成功就是非洲的成功"……非洲国家领导人高度评价非中关系，彰显出中非历久弥坚的深厚友谊，展现出中非携手合作的光明前景。

重信守诺、务实高效是中国对非合作的鲜明特色。一个多月前，习近平主席在中非合作论坛第八届部长级会议上总结提炼中非友好合作精神，提出构建新时代中非命运共同体的"四点主张"，宣布中非务实合作"九项工程"。论坛会议结束以来，中非创新合作大会、中非现代农业技术交流示范和培训联合中心挂牌仪式等活动相继举办。中国同厄立特里亚关系提升为战略伙伴关系，中国同肯尼亚签署关于数字经济、投资、农业以及肯尼亚农产品输华等一系列双边合作文件，中方提出愿帮助科摩罗年内实现全民免疫接种、2025年前彻底消除疟疾、支持科方"2030新兴国家"发展战略……这些落实论坛会议成果的具体行动，推动构建新时代中非命运共同体走深走实。

中非守望相助、团结抗疫，是构建新时代中非命运共同体的应有之义。疫情发生以来，中国向非洲53国和非盟提供了120批次抗疫物资，实现对非抗疫援助全覆盖，中国新冠疫苗几乎覆盖所有非洲国家。在非洲面临新一轮疫情之际，习近平主席宣布再向非洲提供10亿剂疫苗，助力非洲国家实现非盟确定的2022年60%非洲人口接种疫苗的目标。这一最大规模的援非计划已经开

始执行，一批批中国疫苗跨越山海，运往非洲需要的每一个角落。这些行动表明，中国将始终坚定地同非洲站在一起，直至取得抗疫的最终胜利。

中国是最大的发展中国家，非洲是发展中国家最集中的大陆，双方在实现经济发展和民族振兴的道路上互帮互助，有利于增进中非 27 亿人民的共同福祉。中国始终秉持真实亲诚理念和正确义利观开展对非合作，中非双方已合作建设超过 1 万公里铁路、近 10 万公里公路、近千座桥梁、近百个港口，还有大量医院和学校。近日，中方承建的肯尼亚蒙巴萨油码头竣工，这是中非真诚友谊的又一见证，是中非共建"一带一路"的可喜成果，昭示着中非携手走向现代化的光明前景。只要中非继续团结合作，就一定能走出一条发展中国家实现现代化的新路。

"肯中合作是真正伙伴之间的雪中送炭。我经常被问及为何肯中合作如此密切，我告诉他们，因为中国与我们相互尊重、平等相待。"肯尼亚总统肯雅塔的话，道出了中非友好合作历久弥新的重要原因。中国开展对非合作从不附加任何政治条件，从不做强加于人的事情。中国一贯主张非洲应是国际合作的大舞台，不应是大国博弈的竞技场。如果有什么要竞争的话，那就是比一比谁为非洲做的更多，谁为非洲贡献更大，谁为非洲人民付出更多的汗水和辛劳。中国真诚帮助非洲国家，愿同所有国家在非洲开展合作，非洲人民明白谁是真朋友。厄立特里亚总统伊萨亚斯表示，中国是非洲不可或缺的真正发展伙伴，期待中国在非洲和平、发展进程中发挥更大作用。

真诚友好、平等相待，互利共赢、共同发展，主持公道、捍卫正义，顺应时势、开放包容，中非友好合作精神必将代代相传，不断发扬光大。携手实现现代化，携手构建新时代中非命运共同体，中非必将书写人类文明史上的辉煌篇章。

《人民日报》（2022 年 01 月 10 日　第 03 版）

为中俄关系发展注入更多生机活力

中俄两国元首此次"新春之会"，展现出推动中俄高水平互信不断转化为各领域合作成果、切实造福两国人民的良好愿望，彰显出中俄矢志不渝深化背靠背战略协作、肩并肩维护国际公平正义的坚定决心

2月4日，习近平主席在北京同俄罗斯总统普京举行会谈，就中俄关系以及事关国际战略安全稳定的一系列重大问题深入充分交换了意见，为新历史条件下的中俄关系规划蓝图、定向领航。两国元首此次"新春之会"，展现出推动中俄高水平互信不断转化为各领域合作成果、切实造福两国人民的良好愿望，彰显出中俄矢志不渝深化背靠背战略协作、肩并肩维护国际公平正义的坚定决心。

中俄元首冬奥互访，是中俄团结协作的生动写照。2014年2月，习近平主席应普京总统邀请赴俄罗斯出席索契冬奥会开幕式。"按照中国习俗，邻居办喜事，我当然要专程来当面向你贺喜，同俄罗斯人民分享喜庆。"习近平主席如是表达中国人民对俄罗斯举办冬奥会的热情支持。壬寅虎年新春，北京冬奥会如期而至。普京总统来华访问并出席北京冬奥会开幕式，延续了中俄两国办大事喜事相互支持的友好情谊。

此次"新春之会"，是2013年以来习近平主席同普京总统的第三十八次会晤。中俄两国元首建立起深厚友谊，引领中俄关系迎来历史上最好时期，树立了大国战略互信的典范、邻国互利合作的典范、新型国际关系的典范。中俄两国坚守初心，始终保持双边关系稳健前行。双方坚定支持彼此维护本国核心利益，政治和战略互信日益巩固，双边贸易额再创历史新高。双方积极参与全球治理体系改革和建设，共同践行真正的多边主义，守护真正的民主精神，为团

结国际社会共克时艰、维护国际公平正义发挥了中流砥柱的作用。

中俄关系是世界上最重要的一组双边关系，更是最好的一组大国关系。一个高水平、强有力的中俄关系，不仅符合中俄双方利益，也是维护国际战略平衡和世界和平稳定的重要保障。当前，国际形势深刻复杂演变，不断深化中俄新时代全面战略协作伙伴关系，是对中俄两国乃至世界都具有深远影响的战略抉择。在此次"新春之会"中，习近平主席着眼双边关系长远发展，强调充分发挥两国关系政治优势，推动两国全方位务实合作取得更多成果；着眼两国战略协作，强调始终坚持"四个相互坚定支持"共识，有力支持彼此维护主权、安全、发展利益，有效应对外部干涉和地区安全威胁，维护国际战略稳定；着眼全球治理大局，强调密切在国际事务中的协调配合，在抗击疫情、提振经济、应对气候变化等国际社会急难愁盼的问题上展现大国胸怀，拿出大国作为。普京总统表示，俄中深化全面战略协作有助于实现两国各自发展，有助于维护两国共同利益，对维护世界战略安全稳定也具有重要意义。

两国元首会谈后，中俄双方发表《中华人民共和国和俄罗斯联邦关于新时代国际关系和全球可持续发展的联合声明》，集中阐述中俄在民主观、发展观、安全观、秩序观方面的共同立场，反映了两国共同捍卫全人类共同价值，共同维护以联合国为核心的国际体系、以国际法为基础的国际秩序的坚定意志，展现了推动完善全球治理、践行真正多边主义、捍卫国际公平正义、促进世界和平发展的大国胸怀和大国作为。

一年之计在于春。中俄两国元首"新春之会"为中俄关系发展指明了方向、注入了更多生机活力，为国际社会携手应对全球性挑战、实现全球战略稳定注入了信心和力量。瞩目未来，中俄双方全面落实两国元首达成的各项共识，深化各领域互利合作，推动两国关系持续高质量发展，将不断为构建新型国际关系和人类命运共同体作出更大贡献。

《人民日报》（2022 年 02 月 05 日　第 02 版）

传递守望相助的温暖和力量

在应对挑战的共同努力中、在实现发展的共同追求中、在维护和平正义的共同愿景中，中国同太平洋岛国关系将不断深化，不断取得新的务实合作成果

2月18日，中国援助的超过20吨抗疫物资运抵所罗门群岛；2月21日，中国援助萨摩亚的24万人份新冠病毒检测试剂从广州启运；2月23日，中方援助的抗疫物资包机抵达基里巴斯首都塔拉瓦……近期，多个太平洋岛国暴发新一波新冠肺炎疫情，中方第一时间向有关国家送去援助物资，充分展现了中国同太平洋岛国的友好情谊，传递了守望相助的温暖和力量。

患难见真情。面对疫情挑战，中国同太平洋岛国坚持风雨同舟、团结合作。为帮助太平洋岛国抗击疫情，中国不仅援助多批防疫物资，还通过举办副外长级特别会议、卫生专家视频会议等分享防控救治经验等。中国成立"中国—太平洋岛国抗疫合作基金"，为太平洋岛国抗疫发挥重要作用。事实证明，中国是太平洋岛国真正的朋友。

携手抗疫，是中国秉持正确义利观和真实亲诚理念发展同太平洋岛国关系的生动体现。长期以来，中国同太平洋岛国相互尊重、平等相待，在涉及彼此核心利益和重大关切问题上相互支持，为维护南太平洋地区和平稳定作出重要贡献。2018年11月，习近平主席同建交太平洋岛国领导人举行集体会晤，商定建立相互尊重、共同发展的全面战略伙伴关系，开辟了双方全方位合作的新时代。中国坚持国家不分大小一律平等，尊重岛国人民自主选择发展道路的权利，尊重岛国联合自强、平等参与国际和地区事务的努力，坚持以诚相知、以礼相待、以心相交。中国同太平洋岛国友好合作关系持续深化，成为不同地域、不同大小、不同制度国家间友好交往、团结合作的范例。

中国同太平洋岛国积极开展经贸合作，为促进地区发展繁荣作出重要贡献。中国已同所有10个建交岛国签署共建"一带一路"合作文件，共同推进一大批惠民生合作项目，促进当地发展。在萨摩亚，中国帮助援建了太平洋岛国最大的综合性示范农场、9个农业站和100个示范农户的农业推广体系，累计帮助当地培训上万人次；在巴布亚新几内亚，中国援助的菌草、旱稻种植等技术项目，改善了当地民众生活水平；在瓦努阿图，中国援助扩建马拉坡学校，被誉为"像一座灯塔，照亮瓦努阿图年轻一代学习知识的道路"……双方合作切实增进了当地人民的福祉。2021年，首届中国—太平洋岛国渔业合作发展论坛召开，中国—太平洋岛国应对气候变化合作中心落户山东省聊城市，中国—太平洋岛国应急物资储备库在广东省广州市正式启用……中国同太平洋岛国合作进入快速发展轨道，在多个领域开花结果。

中国和太平洋岛国同为发展中国家，在维护国际秩序和公平正义方面有很多共同利益。面对单边主义、霸凌行径不断抬头，中国和太平洋岛国都坚定支持多边主义，为促进国际公平正义、构建人类命运共同体注入了正能量。中国和太平洋岛国一致认为，要坚持和平、发展、公平、正义、民主、自由的全人类共同价值，推动构建人类命运共同体。太平洋岛国欢迎中方提出的全球发展倡议，愿意支持和加入这一重要倡议，共同推动实现更加强劲、绿色、健康的全球发展。

以心相交，方能成其久远。在应对挑战的共同努力中、在实现发展的共同追求中、在维护和平正义的共同愿景中，中国同太平洋岛国关系将不断深化，不断取得新的务实合作成果，为推动构建更加紧密的中国—太平洋岛国命运共同体注入新动力。

《人民日报》（2022年02月26日　第03版）

加强疫苗合作　共筑免疫屏障

中国是团结抗疫的积极倡导者、务实行动派，是疫苗公平分配的最大贡献者，是疫苗合作生产的坚定践行者，是疫苗多边合作的积极参与者

2月25日，联合国大会新冠疫苗高级别会议举行。在新冠肺炎疫情已延宕两年、疫苗分配不公现象仍在严重影响着全球抗疫进程的重要关头，各国代表共同探讨普及疫苗接种之策，呼吁全球团结起来、激发动力，加速全球范围内的新冠疫苗接种。正如联大主席沙希德在会议上指出的，"我们的力量在于团结"。人类必须团结在一起，尽早实现全球疫苗接种目标，才能尽早结束疫情大流行。

习近平主席不久前在会见联合国秘书长古特雷斯时指出，当前和今后一个时期，世界上有三件大事值得认真思考和关注。团结抗疫是习近平主席提到的第一件大事。当前，全球已接种超过100亿剂疫苗，但非洲仍有约83%的人口尚未接种一剂疫苗，27个国家的接种率不到10%，实现疫苗公平可及分配、消除"免疫鸿沟"是当务之急。作为全球公共产品的提供者，中国秉持人类卫生健康共同体理念，为全球团结抗疫作出重要贡献，赢得国际社会广泛赞誉。

中国是团结抗疫的积极倡导者和务实行动派。中国坚定支持全球团结抗疫，最早提出并积极践行将疫苗作为全球公共产品的承诺。习近平主席去年提出全球疫苗合作行动倡议，核心就是加快实现疫苗在发展中国家的公平可及，早日构筑起"免疫屏障"。习近平主席在2022年世界经济论坛视频会议上强调："特别是要用好疫苗这个有力武器，确保疫苗公平分配，加快推进接种速度，弥合国际'免疫鸿沟'，把生命健康守护好、把人民生活保障好。"古特雷斯感谢中国政府为发展中国家疫苗可及性作出了贡献。

中国是疫苗公平分配的最大贡献者。中国言必信，行必果，全力支持联合国提出的今年年中70%人口接种疫苗的目标，迄今已向120多个国家和国际组织提供超过21亿剂疫苗，成为对外提供疫苗最多的国家。全球使用的疫苗中，每两支就有一支是"中国制造"。很多国家特别是发展中国家迄今获得的大多数疫苗来自中国。中国提供的疫苗增强了发展中国家抗疫的能力、信心和决心。全球疫苗免疫联盟首席执行官伯克利强调："这是中国为全球抗疫作出的重要贡献。"

中国是疫苗合作生产的坚定践行者。中国最早支持疫苗知识产权豁免，率先向发展中国家转让技术，迄今已同20国开展合作生产，形成10亿剂年产能。2月20日，中国和埃及联合向加沙地带援助50万剂新冠疫苗，这是埃及首次对外提供中埃联合生产的疫苗。埃及代理卫生部长加法尔表示，埃中两国公司合作建立的非洲大陆首条新冠疫苗生产线已生产约3000万剂安全、有效的疫苗。中国以实际行动增强发展中国家的疫苗生产能力，树立起团结抗疫的标杆。

中国是疫苗多边合作的积极参与者。中国支持世界卫生组织发挥中心协调作用，优先保障"新冠疫苗实施计划"采购需求，已经向该计划供应超过2亿剂疫苗。中国还向该计划捐赠1亿美元，用于向发展中国家分配新冠疫苗。在联合国大会新冠疫苗高级别会议上，中方提出织牢免疫"安全网"、丰富抗疫"武器库"、完善卫生"治理盾"、强化发展"稳定锚"四点建议，展现出支持多边合作的坚定意志。

"孤举者难起，众行者易趋。"世界只要存在免疫"缺口"，就不可能彻底安全。国际社会必须将疫苗作为全球公共产品，担起应尽职责，发挥多边机制作用，切实促进疫苗的公平性、可及性、可负担性。中国愿继续同各方一道，携手加强疫苗合作，同心共筑免疫长城，不断汇聚团结抗疫的强大力量。

《人民日报》（2022年02月27日　第03版）

为动荡变化的世界注入更多稳定性

作为负责任大国，中国从维护全球共同利益的高度谋合作、促发展、护和平，展现了推动构建人类命运共同体的大国担当

"我们要拿出担当，为动荡变化的世界注入更多稳定性和确定性""双方要维护全球市场稳定和供应链畅通，推动全球发展倡议落地走实""中方愿同各方坚持真正的多边主义，维护国际公平正义，维护新兴市场国家和发展中国家正当权益和共同利益"……近日，习近平主席同多位外国领导人举行视频峰会、通电话、视频通话，从维护全球共同利益的高度谋合作、促发展、护和平，展现了推动构建人类命运共同体的大国担当。

今年是一个充满挑战的年头。新冠肺炎疫情仍未彻底战胜，乌克兰危机又接踵而来，本来就充满不确定性的国际局势更加复杂动荡。关键时刻更见勇毅担当。作为负责任大国，中国始终站在历史前进的正确方向上，高举多边主义旗帜，同所有爱好和平、谋求发展的国家一道，加强团结合作，携手应对挑战，努力为世界开辟美好未来。

中国是维护世界和平的重要力量。当前，个别大国为了维护霸权地位，重拾冷战思维，制造阵营对立，进一步加剧了动荡与分裂。中国认为，大国竞争不是时代主题，零和博弈不是正确选择。中国强调，要秉持共同、综合、合作、可持续的安全观，摒弃独享安全、绝对安全的想法，坚持通过谈判停止冲突，通过对话解决争端，通过合作增进互信，共同建设持久和平的世界。乌克兰危机发生后，中国致力于劝和促谈，强调应该支持一切有利于和平解决危机的努力，与个别国家拱火浇油的做法形成鲜明对比，充分体现出中国坚持的和平发展理念。

中国是促进共同发展的积极行动派。可持续发展才是好发展，大家一起发展才是真发展。中国在集中精力办好自己的事、推动中国经济高质量发展的同时，积极发展全球伙伴关系，不断扩大同各国的利益交汇点，不断拉紧同各国共同发展的纽带。中国持续推进高质量共建"一带一路"，共建"一带一路"大家庭成员达到 180 个。中国提出全球发展倡议，不断凝聚推动全球可持续发展的国际共识。当前，个别国家借乌克兰危机实施全方位、无差别制裁，拖累疫情下本就负重前行的世界经济，对各方都不利，受罪的还是老百姓。中国一直在为和平尽力，就是充分考虑到全球稳定和几十亿人民的生产生活，努力为全球发展创造有利条件。中方支持印度尼西亚发挥二十国集团主席国作用，聚焦"共同复苏、强劲复苏"主题，办好巴厘岛峰会，就是为了凝心聚力、共促发展。

中国是加强全球治理的中流砥柱。面对全球性挑战，没有国家可以置身事外，各国必须同舟共济、共克时艰，在应对新冠肺炎疫情、气候变化等全球性问题上加强沟通协调，凝聚最大公约数，画出最大同心圆。中国坚定维护并践行真正的多边主义，倡导和平、发展、公平、正义、民主、自由的全人类共同价值，反对霸权主义和强权政治，反对集团政治，坚定捍卫以联合国为核心的国际体系，坚定维护以联合国宪章宗旨和原则为基础的国际关系基本准则，推动全球治理体系朝着更加公平合理的方向发展。作为今年金砖主席国，中国与各方一道推动金砖合作机制保持发展势头，构建更加全面、紧密、务实、包容的高质量伙伴关系，有利于进一步扩大新兴市场国家和发展中国家在全球治理中的发言权。

事实充分表明，在动荡变化的世界里，中国始终代表着稳定性和正能量，始终站在历史前进的正确方向上。无论国际风云如何变幻，中国都将继续胸怀天下、担当尽责，坚定不移地高举和平、发展、合作、共赢的旗帜，推动建设新型国际关系，推动构建人类命运共同体，同世界上一切进步力量一道，合力谋发展，一起向未来。

《人民日报》（2022 年 03 月 21 日　第 03 版）

为非洲之角和平发展贡献力量

中国支持地区国家应对安全、发展、治理三重挑战，实现长治久安和发展繁荣

"中方提出'非洲之角和平发展构想'体现了对本地区的重视，愿同中方一起积极落实构想""中方倡议为地区国家探索独立自主应对安全、发展、治理挑战提供了宝贵平台和机遇"……非洲国家政要积极评价中国为非洲之角实现长治久安和发展繁荣发挥的积极建设性作用，纷纷表示愿全力参与、支持"非洲之角和平发展构想"落实。

非洲之角战略位置重要，发展潜力巨大，地区和平稳定对整个非洲的和平稳定、发展繁荣具有重要意义。近年来，非洲之角和平安全局势总体向好，但地区国家间传统边界、部族、宗教等矛盾依然复杂，热点问题时有发生。地区国家普遍认同中国对非外交政策，期待中国为地区和平发展发挥更大作用。今年初，中国提出"非洲之角和平发展构想"，支持地区国家应对安全、发展、治理三重挑战。构想一经提出，立即得到地区国家积极响应，吉布提、厄立特里亚、肯尼亚、埃塞俄比亚、索马里等国均表示愿深化与中方各领域友好合作，就推进落实构想同中方保持沟通合作。

中非从来都是命运共同体，中国始终尊重非洲、支持非洲。中国认为，非洲是非洲人的非洲，非洲的事情应该由非洲人说了算。"非洲之角和平发展构想"的核心，是支持地区国家摆脱大国地缘争夺的干扰，坚定走团结自强之路，把命运掌握在自己手中。为此，中国积极推动加强域内对话，建议地区国家召开非洲之角和平会议，形成共护和平安全的政治共识。肯尼亚国际问题专家卡文斯·阿德希尔认为，"非洲之角和平发展构想"将有效缓解冲突，保护生命，

促进经济恢复，使数百万在战争和欠发达背景下岌岌可危的人们得以喘息。

贫瘠的土地上长不成和平的大树，连天的烽火中结不出发展的硕果。中国提出"非洲之角和平发展构想"，支持地区国家加快区域振兴，克服发展挑战，将从根本上为和平稳定创造条件，不断增进人民福祉。目前，中企承建的蒙内铁路和亚吉铁路两条主轴正在助力非洲之角经济发展，"一带一路"倡议正在红海沿岸和东非沿岸加速落地，"两轴＋两岸"发展框架有利于加速构建地区产业带经济带，创造更多就业和增长，提高地区国家自主发展能力。推动落实"非洲之角和平发展构想"，是中国在对非合作中坚持义利相兼、以义为先的具体体现。

非洲的发展振兴，有赖于找到适合非洲国家国情的发展道路。在对非合作中，中国坚持不干预非洲国家探索符合国情的发展道路，不干涉非洲内政，不把自己的意志强加于人，不在对非援助中附加任何政治条件，不在对非投资融资中谋取政治私利。中国提出并推动落实"非洲之角和平发展构想"，支持用非洲人的方式妥善处理民族、宗教、地域纠纷，构建非洲之角团结、稳定、和谐的发展环境，有助于地区国家探求有效路径，克服治理挑战。中国始终支持地区国家探索符合自身国情的发展道路，不断加强与地区国家的治国理政交流互鉴，有利于地区国家突破治理瓶颈，真正实现发展振兴。

从 2015 年中非合作论坛约翰内斯堡峰会"十大合作计划"，到 2018 年中非合作论坛北京峰会"八大行动"，再到中非合作论坛第八届部长级会议"九项工程"，中国始终秉持真实亲诚理念和正确义利观开展对非合作，为落实"非洲之角和平发展构想"创造了有利条件。未来，中国将与地区国家一道，积极推进落实"非洲之角和平发展构想"，不断为构建新时代中非命运共同体注入动力。

《人民日报》（2022 年 03 月 25 日 第 03 版）

坚定不移站在历史正确的一边

　　站在历史正确的一边，必须支持劝和促谈、推动和平发展、捍卫公平正义。时间将证明，中国主张是实现世界永续和平发展、开创人类更美好未来的正确方向

　　百年变局和世纪疫情相互交织，世界进入动荡变革期。乌克兰危机的爆发，让本来就充满不确定性的国际局势更加错综复杂。面对动荡多变的国际形势，只有站在历史正确的一边，拿出智慧、勇气和担当，才能作出正确选择。

　　乌克兰危机发展至今，是所有爱好和平的国家和人民不愿看到的。有关事态再次表明，国家关系不能走到兵戎相向这一步，冲突对抗不符合任何人的利益，和平安全才是国际社会最应珍惜的财富。然而，在此关键时刻，个别西方国家出于一己之私利，一边对局势发展"拱火浇油"，一边指责其他国家通过对话谈判解决乌克兰危机的公正立场，甚至宣称"现在是包括中国在内的所有国家选择站在历史哪一边的时候"。这种"你不听我的，就是站在历史错误一边"的霸权逻辑和公然要求其他国家选边站队的言行，本身就是看不清历史大势、没有站在历史正确一边的体现。

　　站在历史正确的一边，必须支持劝和促谈。面对乌克兰危机，是劝和促谈还是挑动对立，是平息战火还是煽风点火，是追求共同利益还是谋求一国私利，是非功过，历史都将公正地记上一笔。中国主张，各国主权、领土完整都应该得到尊重，联合国宪章宗旨和原则都应该得到遵守，各国合理安全关切都应该得到重视，一切有利于和平解决危机的努力都应该得到支持。这是从事情本身的是非曲直出发、独立自主作出的判断，也是着眼长远、维护和平的正确选择。解决乌克兰危机，各方应该共同支持俄乌对话谈判，谈出结果、谈出和平。美

国和北约也应该同俄罗斯开展对话，解开乌克兰危机的背后症结。中国主张有利于避免紧张局势升级，体现了以和为贵的理念，展现了真正的大国担当。

站在历史正确的一边，必须推动和平发展。当今世界，和平、发展、合作、共赢是不可阻挡的时代潮流。各国人民殷切期盼和平发展。主张和平，反对战争，这是中国历史文化传统。作为安理会常任理事国和负责任大国，中国始终忠实履行自身国际义务，为维护世界和平稳定发挥建设性作用。中国从未侵略他国，从不搞代理人战争，从不寻求势力范围，从不参与军事集团对抗，是和平与安全纪录最好的大国。解决乌克兰危机，当务之急是继续对话谈判，避免平民伤亡，防止出现人道主义危机，早日停火止战。中国一直在为和平尽力，将继续发挥建设性作用。

站在历史正确的一边，必须捍卫公平正义。世界多极化、经济全球化、国际关系民主化的大方向没有改变，世界上的事情越来越需要各国共同商量着办，建立国际机制、遵守国际规则、追求国际正义成为多数国家的共识。中国倡导维护国际法和公认的国际关系基本准则，坚持按照联合国宪章办事，主张共同、综合、合作、可持续的安全观。解决乌克兰危机，乌克兰的主权安全应当得到维护，俄罗斯的合理安全关切同样应当得到尊重，欧洲的和平稳定值得捍卫，其他国家的和平稳定同样值得守护。大国相互尊重、摒弃冷战思维、不搞阵营对抗，逐步构建均衡、有效、可持续的全球和地区安全架构，这是解决危机的长久之道。中方乐见欧俄美及北约开展平等对话。

大国之所以为大国，关键在于其推进和维护国际和平的责任和能力。面对动荡变革的世界，中国始终维护并践行真正的多边主义，始终站在历史正确的一边，站在和平合作和公道正义的一边，站在人类进步的一边。时间将证明，中国主张是实现世界永续和平发展、开创人类更美好未来的正确方向。

《人民日报》(2022 年 03 月 28 日　第 03 版)

支持阿富汗人民开创美好未来

作为阿富汗的友好邻邦，中国坚定支持阿富汗走出一条自立自强、繁荣进步、和平发展之路

"一个和平、稳定、发展、繁荣的阿富汗，是全体阿富汗人民的期盼，也符合地区国家和国际社会共同利益。"3月31日，习近平主席向第三次阿富汗邻国外长会发表书面致辞强调，阿富汗邻国要各尽所能，凝聚共识，协调配合，支持阿富汗人民开创美好未来。与会邻国外长感谢习近平主席的重要致辞为阿富汗邻国协调合作机制注入强劲动力，赞赏中方为汇聚邻国合力、支持阿和平重建发挥的重要作用。

阿富汗饱经沧桑，百业待兴，正处在由乱及治的关键时期。去年8月底，美国从阿富汗仓促撤军，留下满目疮痍。半年多来，阿临时政府为稳定局势、改善民生、保障人权作出努力，取得一定阶段性成果。但阿富汗仍面临人道、经济、安全等多重挑战，实现持久和平、可持续发展和推进对外关系任重道远。此次阿富汗邻国外长会宣布启动阿富汗特使定期会晤机制，建立政治外交、经济人道、安全稳定三个工作组，进一步凝聚了邻国在阿富汗问题上的共识，为共同推动阿富汗局势向稳、支持帮助阿富汗人民贡献了"邻国方案"。

中国是阿富汗的友好邻邦，两国友好源远流长。阿富汗形势出现根本变化以来，中国第一时间以平等和尊重方式同阿临时政府开展对话交流，第一时间克服困难向阿方提供紧急人道援助，第一时间推动建立阿邻国外长会机制，体现了中方倡导阿邻国承担应尽责任、发挥建设作用的正义立场，彰显了中国真诚视阿富汗和各邻国为山水相连、休戚与共的命运共同体。

中国坚定支持阿富汗走出一条自立自强之路。支持阿富汗人民自主决定国

家前途命运，让"阿人主导、阿人所有"原则真正落到实处，实现阿民族和解和国内团结，探索符合阿国情、顺应时代发展要求的治理模式，这是阿富汗实现长治久安的关键。中国一贯支持阿富汗的主权、独立、领土完整，尊重阿富汗人民作出的自主选择，尊重阿富汗的宗教信仰和民族习惯。中国从不干涉阿内政，从不在阿谋求任何私利，从不寻求所谓势力范围，赢得阿富汗人民的充分信任和国际社会的广泛赞誉。

中国坚定支持阿富汗走出一条繁荣进步、和平发展之路。向阿提供人道援助是当务之急。中国已向阿提供粮食、疫苗、药品、越冬物资等紧急援助，一批批人道主义援助承载着中国人民的深情厚谊，有助于帮助阿富汗人民渡过难关。提升阿自主发展能力是长远之道。中阿两国间的货运班列从未中断，农产品贸易也正在恢复。去年，中国通过"松子空中走廊"进口1400多吨阿富汗松子。今后中国还将进口更多阿富汗优质农产品，助力阿富汗人民创收增收。中国欢迎阿富汗积极参与共建"一带一路"，将积极推动中巴经济走廊向阿富汗延伸，复制更多成功经验，使地处"亚洲之心"的阿富汗成为地区互联互通的纽带桥梁。

解决阿富汗问题需要集体智慧、共同努力。美国发动的长达20年的阿富汗战争，造成大量阿富汗平民伤亡，酿成严重人道主义危机。作为阿富汗困局的始作俑者，美国应该负起首要责任，而不是继续做让阿富汗局势雪上加霜的事情。然而，与国际社会的期望相背离，美国的作为令人大跌眼镜：世界最大经济体竟然将阿富汗央行70亿美元外汇储备冻结并非法瓜分。联合国安理会决议明确阿富汗的资产属于阿富汗人民，美国无权对阿富汗资产进行无理冻结或任意处置，更不能将阿富汗人民资产据为己有。美国应停止单边制裁，无条件归还阿富汗国家资产，停止在阿制造乱局、祸害地区的图谋。

亲仁善邻，国之宝也。中国将继续与各方一道，支持阿富汗实现和平稳定发展。相信在阿富汗人民的努力下，在国际社会和地区国家的共同支持下，阿富汗能够实现独立和自主发展，开创美好未来，实现地区持久和平。

《人民日报》（2022年04月01日　第03版）

为世界和平进步作出中欧应有贡献

中欧双方应该秉持正确相互认知，坚持相互尊重、对话合作、互利共赢，推动中欧关系不断取得新发展，为世界和平进步作出中欧两大力量、两大市场、两大文明的应有贡献

4月1日晚，习近平主席在北京以视频方式会见欧洲理事会主席米歇尔和欧盟委员会主席冯德莱恩。习近平主席立足中欧关系发展全局，深刻指出中欧要做维护世界和平的两大力量、促进共同发展的两大市场、推动人类进步的两大文明，并对解决乌克兰危机提出四点意见，为推动中欧关系持续健康发展提供引领、指明方向。

2014年3月，习近平主席对欧盟总部进行历史性访问，提出中国愿同欧洲一道打造中欧和平、增长、改革、文明四大伙伴关系，赋予中欧全面战略伙伴关系新的战略内涵。中方的这一愿景至今未改变，当前形势下更有现实意义。世界进入动荡变革期，双方应以中欧关系的稳定性应对国际形势的不确定性，以中欧开放合作推进经济全球化深入发展，以中欧团结协作应对全球性挑战。

中欧是全球两大独立自主的力量，有着广泛战略共识和共同利益。对话合作是中欧关系的主导面，互利共赢是中欧合作的主基调。要和平不要战争、要多边不要单边、要对话不要对抗是双方的共识。中欧双方要从更广阔的战略维度、更深邃的历史视野看待中欧关系，带头维护以联合国为核心的国际体系、以国际法为基础的国际秩序、以联合国宪章宗旨和原则为基础的国际关系基本准则，共同抵制阵营对抗思维复活、反对制造"新冷战"，为维护世界和平稳定发挥关键性作用。欧方应形成自主的对华认知，奉行自主的对华政策，同中方一道，推动中欧关系行稳致远，为动荡的世界局势提供一些稳定因素。

中欧双方互为重要经贸伙伴，合作领域广泛，已形成"你中有我、我中有你"的利益交融格局。中国已连续两年保持欧盟第一大贸易伙伴地位，2021年中欧贸易额首次突破 8000 亿美元，中欧贸易结构不断优化，航空航天、生物、光电、电子等领域贸易增长显著。中国坚定不移深化改革、扩大开放，为欧洲企业来华投资兴业提供了重要机遇。中欧地理标志协定生效助力更多特色优质名品进入彼此市场，不断跑出"加速度"的中欧班列为保障国际产业链供应链稳定作出积极贡献。欧盟各界人士积极评价中欧合作优势互补、互利共赢，认为中国是非常重要的贸易伙伴、最重要的市场之一。作为世界两大重要经济体，中欧经贸合作具有强大韧性和潜力，不仅有利于各自发展，而且有利于推动世界经济复苏。

面对日益增多的全球性挑战，中欧应践行真正的多边主义，倡导以共商共建共享为原则的全球治理观。从携手为达成《巴黎协定》作出重要贡献，到共同引领生物多样性合作，从面对新冠肺炎疫情相互支援、共克时艰，到进一步加强抗疫合作、消除全球免疫鸿沟，中欧在全球层面加强合作有着广泛的基础。中国提出全球发展倡议，欢迎欧方支持和参与，助力全球可持续发展。中欧为促进世界和平、经济增长和共同繁荣作出努力，将为完善全球治理贡献重要智慧和力量。

乌克兰局势攸关地区与世界安全稳定，受到国际社会高度关注。习近平主席阐明中国在乌克兰问题上的立场，提出要坚持劝和促谈、防止出现更大规模人道主义危机、构建欧洲和亚欧大陆持久和平、防止局部冲突扩大化等四点意见，充分彰显中国始终站在历史正确的一边，为捍卫世界和平和全人类共同利益发挥建设性作用的大国担当。支持和平谈判，推动局势降温，预防大规模人道主义危机，控制危机外溢影响，是中欧在乌克兰问题上的共识。双方都不希望世界走向分裂，更反对任何形式的"新冷战"。

中欧没有根本利害冲突，合作远大于竞争，共识远大于分歧。双方应该秉持正确相互认知，坚持相互尊重、对话合作、互利共赢，推动中欧关系不断取得新发展，为世界和平进步作出中欧两大力量、两大市场、两大文明的应有贡献。

《人民日报》(2022 年 04 月 03 日 第 03 版)

树立正确的安全观才能实现普遍安全

中国倡导各国树立共同、综合、合作、可持续的安全观，不仅为缓解乌克兰危机、推动局势转圜发挥建设性作用，也为建设一个持久和平、普遍安全的世界贡献力量

乌克兰危机的爆发，促使国际社会深入思考困扰当今世界的各类安全问题。习近平主席指出，乌克兰危机的根源在于欧洲长期积累的地区安全矛盾，治本之策是照顾有关各方的合理安全关切。中国倡导各国树立共同、综合、合作、可持续的安全观，不仅为缓解乌克兰危机、推动局势转圜发挥建设性作用，也为建设一个持久和平、普遍安全的世界贡献重要力量。

看待安全问题需要准确把握时代大势。在经济全球化深入发展的今天，全人类命运与共、安危与共，世上没有绝对安全的世外桃源。安全的内涵超越冷战时期对峙平衡的安全，超越传统意义上的军事安全和一国一域的安全，呈现出更加突出的联动性、跨国性、多样性。

新的安全形势，呼唤树立新的安全观念。习近平主席早在 2014 年的亚信上海峰会上就指出，要跟上时代前进步伐，就不能身体已进入 21 世纪，而脑袋还停留在冷战思维、零和博弈的旧时代，强调各方应该积极倡导共同、综合、合作、可持续的亚洲安全观。此后，习近平主席不断阐释和发展这一安全观，推动国际社会树立符合时代潮流的新安全观，充分展现中国致力于加强全球安全治理的真诚愿望。

共同、综合、合作、可持续的新安全观，深刻总结人类社会在安全问题上的经验教训，着眼世界长治久安，赋予全球安全治理新的丰富内涵。共同安全，就是要尊重和保障每一个国家的安全。安全问题是双向的、联动的，只顾一个

国家的安全而罔顾其他国家的安全，牺牲别国安全谋求自身所谓绝对安全，不仅不可取，而且最终会贻害自己。综合安全，就是要统筹维护传统领域和非传统领域安全。面对传统安全威胁和非传统安全威胁相互交织的现实，唯有多管齐下、综合施策，才能有效应对各类安全挑战。合作安全，就是要通过对话合作促进各国和本地区安全。"吹灭别人的灯，会烧掉自己的胡子"，这是时代现实的真实写照。各国要超越你输我赢的零和思维，坚持以合作谋和平、以合作促安全。可持续安全，就是要发展和安全并重以实现持久安全。只有重视安全赤字背后的发展赤字，才能夯实安全基础，实现标本兼治。

乌克兰危机警示世人，时代发展到今天，不能再用冷战思维来构建世界和地区安全框架。为推动实现停火止战、重建和平，中国坚持劝和促谈，主张重视各国合理安全关切，支持建立均衡、有效、可持续的欧洲安全机制。中国的建设性立场，彰显中国践行正确安全观、坚持做世界和平建设者的大国担当。美国主导的北约抱持冷战思维，以损害他国安全为代价维护自身安全，以扩张军事集团谋求地区安全，是对国际安全的最大威胁。乌克兰危机启示世人，真正实现安全需要共建共享，而不是借渲染安全威胁打造封闭、排他的"小圈子"。

当前，世界既不太平也不安宁，和平与发展的时代主题面临严峻挑战。树立并践行正确的安全观，具有更加突出的现实紧迫性。中国将继续秉持共同、综合、合作、可持续的安全观，携手各国加强全球安全治理、应对各类安全挑战，为建设一个持久和平、普遍安全的世界而不懈努力。

《人民日报》（2022 年 04 月 18 日　第 03 版）

志同道合　风雨同舟　并肩前行

"近年来，中国同太平洋岛国相互尊重、共同发展的全面战略伙伴关系不断向前发展，取得丰硕成果，成为南南合作、互利共赢的典范。"5月30日，习近平主席向第二次中国—太平洋岛国外长会发表书面致辞强调，无论国际形势如何变幻，中国始终是太平洋岛国志同道合的好朋友、风雨同舟的好兄弟、并肩前行的好伙伴。在世界正面临前所未有的挑战和变革之际，中国与太平洋岛国不断深化各领域合作，有助于双方实现共同发展和繁荣，也有助于使这个世界更加公平、更加和谐、更加稳定。

中国同太平洋岛国关系不断向前发展，深刻诠释了相互尊重、平等相待的相处之道。中方一贯坚持大小国家一律平等，秉持正确义利观和真实亲诚理念发展同太平洋岛国友好关系。中方始终尊重岛国的主权和领土完整，尊重岛国人民探索符合自身国情的发展道路。中方从不干涉岛国的内政，从不附加任何政治条件，也从不谋取任何地缘私利。正如《萨摩亚观察家报》所指出的，中国与太平洋岛国之间的每一项计划和双边协议都以尊重为基础。个别国家无端猜忌、刻意炒作中国同太平洋岛国关系，恰恰暴露出其对以诚相知、以礼相待、以心相交的无知。

中国同太平洋岛国关系不断向前发展，生动印证了合作共赢、共同发展的时代潮流。中国和太平洋岛国同为发展中国家，面临着振兴经济、改善民生的共同使命。近期发布的中国—太平洋岛国合作事实清单和广东省、福建省、山东省与太平洋岛国合作成果清单表明，中国同岛国的合作遍及各个领域，给岛国人民带来了实实在在的利益。巴布亚新几内亚独立大道、瓦努阿图塔纳岛和马勒库拉岛公路、斐济纳乌瓦医院等一大批惠民生合作项目，极大改善了当地发展状况。中国全力帮助岛国抗击自然灾害和新冠肺炎疫情，在涉及国家主权安全以及气候变化、海洋权益、可持续发展等岛国关切问题上，同岛国坚定站在一起。中方打造减贫、气变、防灾、农业、菌草中心等6个新合作平台，以实际行动证明中国是太平洋岛国发展的倡导者、建设者、推动者。太平洋岛国论坛秘书长普那表示，中国是太平洋岛国重要的对话和发展伙伴，长期以来为岛国发展作出了不可或缺的贡献。

中国同太平洋岛国关系不断向前发展，充分体现了开放包容的伙伴精神。太平洋岛国不是谁家的"后院"，更不是地缘对抗的棋子。中国是同太平洋岛国相知相交多年的老朋友，中国同岛国关系的快速发展是水到渠成的事情。在发展同太平洋岛国关系时，中国从不做所谓选边站队、强买强卖、谋求势力范围的事，始终是地区谋和平、促发展、求合作的建设性力量。中方尊重岛国地区既有合作机制和安排，也支持其他有意愿的国家为促进岛国发展加大投入，开展三方乃至四方合作，优势互补，形成合力。个别国家出于地缘政治考虑，恶意抹黑中国与太平洋岛国合作，是对地区安全稳定和开放合作局面的破坏。

维护亚太和平稳定、促进各国发展繁荣是地区人民的共同愿望，也是地区国家的共同责任。亚太是全球最具增长活力和发展潜力的地区，中国同太平洋岛国发展友好合作关系，促进共同发展繁荣，符合双方根本和长远利益，也有利于促进亚太地区的和平、稳定与繁荣。中方同岛国加强在联合国等多边机构中的协调配合，坚持真正的多边主义，有利于共同维护发展中国家尤其是中小国家的正当权益。

开放合作、共同发展的时代大潮不可阻挡，同舟共济、命运与共的历史大势不可阻挡。面向未来，中国将同太平洋岛国一道，坚定共迎挑战的信心，凝聚共谋发展的共识，汇聚共创未来的合力，携手构建更加紧密的中国同太平洋岛国命运共同体。

《人民日报》(2022年06月01日 第03版)

凝聚起推进全球生态文明建设的国际合力

　　1992年6月，中国签署《联合国气候变化框架公约》和《生物多样性公约》。作为最早签署和批准两项公约的缔约方之一，中国30年来坚定履行应对气候变化义务和对外做出的承诺，主动实施一系列应对气候变化战略、措施和行动，积极参与和推动全球气候治理进程，积极采取一系列生物多样性保护行动，不断深化生物多样性国际合作，为共建清洁美丽世界作出重要贡献，充分彰显共同构建人与自然生命共同体的大国担当。

　　生态环境是人类生存和发展的根基，保持良好生态环境是各国人民的共同心愿。30年来，中国以时不我待的精神推进生态环境保护，取得突出成效。党的十八大以来，中国把生态文明建设作为关系中华民族永续发展的根本大计，坚持绿水青山就是金山银山的理念，开展了一系列根本性、开创性、长远性的工作，美丽中国建设迈出重要步伐，推动中国生态环境保护发生历史性、转折性、全局性变化。中国行动告诉世界，只要坚定信念，付出长期不懈努力，就能够实现人与自然和谐共生。中国经验告诉世界，保护生态环境和发展经济完全可以并行不悖。

　　保护生态环境，构建人与自然生命共同体，中国始终是坚定行动派。在今年6月5日世界环境日来临之际，国际奥委会发文称赞北京冬奥会在低碳环保和可持续发展方面所做的努力与尝试。从二氧化碳制冷系统首次在中国和冬奥会上使用，到"绿电"点亮冬奥场馆，再到"微火"成炬……北京冬奥会让世界看到，中国在推进生态文明建设上不仅有坚定意志，更有实力和底气。北京冬奥会所展现的，也是中国主动作为、持之以恒保护生态环境的重要成果。正如巴基斯坦亚洲生态文明研究与发展研究所首席执行官沙基尔·拉迈所指出的，一代代中国共产党人以坚定信念和奉献精神，不畏艰险、坚守岗位，带领中国人民为建设生态文明作出了不可磨灭的贡献。

保护生态环境，构建人与自然生命共同体，中国始终是重要引领者。近年来，习近平主席出席气候变化巴黎大会、气候雄心峰会、领导人气候峰会等一系列多边活动，在联合国生物多样性峰会上通过视频发表重要讲话，出席《生物多样性公约》第十五次缔约方大会领导人峰会并发表主旨讲话，站在人类可持续发展的高度，为加强全球气候治理和生物多样性保护提出一系列重要倡议和主张，推动各方维护多边共识、聚焦务实行动、加速绿色转型，为共同建设清洁美丽的世界注入重要信心和力量。中国提出的绿水青山就是金山银山、构建地球生命共同体等理念在国际社会日益深入人心，为加强全球环境治理贡献重要智慧。

保护生态环境，构建人与自然生命共同体，中国始终具有全球视野。面对生态环境挑战，人类是一荣俱荣、一损俱损的命运共同体。中国不仅致力于保护本国生态环境，也从全人类共同利益出发，致力于共建全球生态文明。从以更加积极姿态参与全球气候谈判议程和国际规则制定，推动构建公平合理、合作共赢的全球气候治理体系，到为广大发展中国家应对气候变化提供力所能及的支持和帮助；从成为《生物多样性公约》及其议定书核心预算的最大捐助国，有力支持《生物多样性公约》的运作和执行，到成立昆明生物多样性基金，支持发展中国家生态保护事业；从与31个合作伙伴发起"一带一路"绿色发展伙伴关系倡议，到携手各方共建绿色丝绸之路，中国坚定践行真正的多边主义，凝聚起推进全球生态文明建设的国际合力。

地球是人类赖以生存的唯一家园，守护地球家园是全人类的共同事业。中国将继续坚持走生态优先、绿色低碳的发展道路，携手各国，为建设清洁美丽的世界砥砺前行，为构建人与自然生命共同体贡献中国智慧和力量。

《人民日报》（2022年06月11日　第03版）

中国无私援助展现负责任大国担当

中国无私援助有效帮助困境中的阿富汗人民，是对两国人民守望相助友好情谊的生动诠释，也是中国践行人类命运共同体理念的具体行动

阿富汗不久前发生 20 多年来最严重地震，造成严重人员伤亡和财产损失。作为阿富汗的友好近邻和真诚朋友，中国对阿富汗人民遭遇的困难感同身受，第一时间宣布向阿富汗提供人道主义援助，第一时间将承诺的援助物资全部交付。中国无私援助有效帮助困境中的阿富汗人民，是对两国人民守望相助友好情谊的生动诠释，也是中国践行人类命运共同体理念的具体行动，体现了真正的大国担当。

天灾无情人有情，雪中送炭暖人心。阿富汗地震发生后，中国迅速展开援助行动，成为向阿富汗抗震救灾提供援助最多、最实、最快的国家之一。为确保有关物资及时送达灾民手中，中方争分夺秒、加班加点，在两周左右时间里动用多架次运 -20 运输机和商业包机将援助物资运往阿富汗。在阿中资企业和华侨华人也积极伸出援手，自发购买药品、帐篷等，自筹资金运往灾区。中国援助给阿富汗人民送去希望，令阿各界人士备受感动。他们纷纷称赞："中国援助来得正是时候！""我们要感谢中国人民！你们是我们的好邻居！"

亲望亲好，邻望邻安。阿富汗长期战乱，民众饱受苦难。中国高度重视阿富汗人民面临的各种困难，一直尽力伸出援手。援助阿富汗，中国坚持重信守诺。去年 8 月美军仓皇撤离阿富汗后，中国政府宣布向阿提供紧急人道主义援助，首批物资去年 9 月运抵，目前承诺援助已全部交给阿方。援助阿富汗，中国坚持民生为本。根据阿富汗人民的需要，中国及时提供粮食、越冬物资、疫苗和药品等。援助阿富汗，中国注重凝聚国际合力。中国强调应尊重阿临时政

府接受外援的主导地位，反对将人道主义援助政治化。今年3月，中国主持召开第三次阿富汗邻国外长会，推动各方就关注阿富汗面临的严峻人道主义困难达成共识，决定继续向阿富汗人民提供人道主义援助，支持阿富汗经济重建和自主发展。

"一个和平、稳定、发展、繁荣的阿富汗，是全体阿富汗人民的期盼，也符合地区国家和国际社会共同利益。"习近平主席向第三次阿富汗邻国外长会发表书面致辞强调。中国在阿富汗问题上始终采取负责任态度，尊重阿富汗独立、主权和领土完整，尊重阿富汗人民做出的自主选择，尊重阿富汗的宗教信仰和民族习惯。中国从不干涉阿内政，从不在阿谋求任何私利，从不寻求所谓势力范围。中国坚持面向全体阿人民的友好政策，支持阿富汗包容建政，止乱回稳，重建家园，使阿富汗人民能够沐浴在和平安宁的阳光下。国际人士称赞，中国主张有利于帮助阿富汗人民开创美好未来。

如何处理同阿富汗的关系，考验大国良知，检验大国担当。为阿富汗人民运送赈灾物资的中国飞机抵达喀布尔机场，在互联网上引发广泛关注。许多网友对比去年8月美军仓皇撤离阿富汗时出现的平民坠亡画面，犀利地指出："同样是在喀布尔机场，两架飞机，一架带走生命，一架送去希望。"这样的对比，让更多人清楚地看到何谓真正的负责任大国的担当。美国是当前阿富汗人道主义灾难的始作俑者，比任何国家都更有义务向阿富汗人民提供经济、民生和人道主义援助。然而，美国非但不正视自身责任，还强行冻结阿富汗人民的70亿美元救命钱。美国的这一强盗行径令阿富汗人民的苦难雪上加霜，受到国际社会广泛谴责。

阿富汗饱经沧桑，百业待兴，正处在由乱及治的关键时期。推动阿富汗和平重建进程，国际社会必须共同发挥建设性作用。中国将继续为阿富汗灾后重建和防灾减灾提供力所能及的帮助，也将继续秉持人类命运共同体理念，与国际社会一道，为阿富汗和平重建发挥积极建设性作用。

《人民日报》（2022年07月14日　第03版）

朝着共筑中非安全共同体的美好愿景迈进

7月25日，习近平主席向第二届中非和平安全论坛致贺信，强调中国始终秉持正确义利观和真实亲诚理念发展对非关系，愿同非洲朋友一道，坚持共同、综合、合作、可持续的安全观，维护以联合国为核心的国际体系，维护国际公平正义，推动落实全球安全倡议，构建新时代中非命运共同体。习近平主席的贺信充分体现了中方对中非和平安全合作的高度重视，为中非加强团结协作、实现共同安全指明了方向。

一段时间以来，非洲安全形势面临诸多不稳定性因素，恐怖主义、新冠肺炎疫情、气候变化、粮食安全等非传统安全威胁突出。在此背景下，中非加强和平安全合作的现实意义更加凸显。本届中非和平安全论坛吸引来自非盟和非洲国家的50个部长级官员和高级代表出席。与会非洲国家代表纷纷表示，中国是非洲值得信赖的好朋友、好伙伴、好兄弟，感谢中方对非洲和平安全的支持帮助，期待与中方加强团结协作，为构建非中命运共同体作出积极贡献。

实现持久和平和普遍安全是中非人民的共同心愿，和平安全合作是中非合作的重要组成部分。在2015年中非合作论坛约翰内斯堡峰会、2018年中非合作论坛北京峰会和2021年中非合作论坛第八届部长级会议上，习近平主席亲自擘画、亲自推动中非和平安全合作，分别提出中非实施和平与安全合作计划、和平安全行动、和平安全工程等一系列重要倡议。习近平主席提出设立中非和平安全论坛，旨在为中非在和平安全领域加强交流提供平台。双方在中非合作论坛框架内的和平安全合作，是携手打造安全共筑的中非命运共同体的重要举措。

同个别域外大国频频为一己私利干预非洲事务不同，中国参与非洲和平安全事务以充分尊重非洲国家意愿、不干涉非洲国家内政、恪守国际关系基本准则为基础。中国支持非洲国家和非盟在非洲和平安全事务中发挥主导作用，支持非洲提升自主维和、维稳和反恐能力，支持非洲国家和非盟等地区组织落实"消弭枪声"倡议，支持联合国为非盟自主维和行动提供资金支持。中国积极参与非洲加强和平安全能力建设。日前举行的非洲之角和平会议，是中非双方共同推进"非洲之角和平发展构想"的重要举措，为地区国家自主解决地区和平与安全问题提供了重要助力。落实中非合作论坛第八届部长级会议提出的和平安全工程，中国还将为非洲援助实施 10 个和平安全领域项目，继续落实对非盟军事援助，支持非洲国家自主维护地区安全和反恐努力，开展中非维和部队联合训练、现场培训、轻小武器管控合作。

中国长期致力于帮助非洲提升自主发展能力，强调发展和安全并重以实现持久安全，从根本上铲除各种不安全因素滋生的土壤。在发展、维和、斡旋非洲热点问题等诸多方面，中国发挥的积极作用受到广泛赞誉。"中国不干涉非洲国家内部事务，与我们的合作是平等互利的。"乌干达负责区域合作的国务部长约翰·姆林巴表示。

中非从来都是命运共同体，坚持安全上守望相助是构建高水平中非命运共同体的应有之义。在百年变局和世纪疫情交织叠加、世界进入新的动荡变革期之际，中非双方更应秉持中非友好合作精神，践行全球发展倡议和全球安全倡议，朝着共筑安全共同体的美好愿景迈进，为破解全球安全赤字、促进世界和平发展作出更大贡献。

《人民日报》（2022 年 07 月 27 日　第 03 版）

打造发展中大国互利共赢的典范

中印尼同舟共济，展现发展中大国责任担当，践行真正的多边主义，统筹安全和发展两大课题，将为推进全球治理提供东方智慧、贡献亚洲力量

7月26日，习近平主席在北京同印度尼西亚总统佐科举行会谈。两国元首就中印尼关系以及双方共同关心的国际地区问题全面深入交换了意见，达成一系列重要共识。两国元首明确了共建中印尼命运共同体的大方向，双方发表关于两国元首会晤的联合新闻声明，续签"一带一路"与"全球海洋支点"构想合作谅解备忘录，凸显元首外交对双边关系发展不可替代的战略引领作用。

佐科总统是北京冬奥会后中方接待的首位外国元首，中国是佐科总统此次东亚之行的首站，充分体现出双方对发展中印尼关系的高度重视。近年来，在两国元首共同引领下，中印尼关系蓬勃发展，彰显强劲韧性和活力。此访期间，两国元首同意确立共建中印尼命运共同体的大方向，打造发展中大国互利共赢的典范、共同发展的样板、南南合作的先锋，呼应两国人民的共同心声，符合两国人民的普遍期待，必将有力提升中印尼关系的重大战略意义和深远全球影响。双方以共建命运共同体为统领，持续深化政治、经济、人文、海上合作"四轮驱动"的双边关系新格局，将推动中印尼关系不断取得新的更大发展。

中国和印尼发展阶段相似，共同利益相连，理念道路相通，前途命运攸关。印尼是21世纪海上丝绸之路的首倡之地，印尼支持和重视全球发展倡议和全球安全倡议，两国持续深化各领域务实合作具有得天独厚的优势。此访期间，两国元首均表达了推动高质量共建"一带一路"合作不断走向深入、结出更多硕果的愿望，双方同意在双边和地区层面打造落实全球发展倡议亮点工程，并签署了一系列合作文件。在世界经济复苏步履维艰、全球发展面临严峻挑战之

际，两国聚焦发展合作，力争如期高质量建成雅万高铁，实施好"区域综合经济走廊"和"两国双园"等重大合作项目，密切公共卫生合作，不断扩大经贸投资规模，促进产业链、供应链深度融合，不仅将为中印尼务实合作培育新的动力源和增长点，也将为世界经济复苏贡献更多正能量。

发展好中印尼关系不仅符合两国共同长远利益，也在地区和全球层面产生积极深远影响。9年前，习近平主席在印尼国会发表重要演讲，首次提出携手建设中国—东盟命运共同体，为维护地区和平稳定和发展繁荣指明了前进方向。印尼是东盟最大经济体，明年将担任东盟轮值主席国。面对错综复杂的地区和国际形势，双方落实好中国—东盟建立对话关系30周年纪念峰会共识，推动共建和平家园、安宁家园、繁荣家园、美丽家园、友好家园，弘扬开放的区域主义，共同维护以东盟为中心的区域合作架构，将不断释放中国东盟全面战略伙伴关系新动能，不断增进地区人民福祉。

世界之变正以前所未有的方式展开，推进全球治理离不开发展中大国发挥作用。中国和印尼今年分别担任金砖国家主席国和二十国集团主席国，全球治理迎来"亚洲时刻"。习近平主席在会谈中表示，中方全力支持印尼主持召开二十国集团领导人巴厘岛峰会，愿同印尼加强协调配合，确保峰会取得圆满成功。佐科总统表示，印尼愿同中方一道，不断深化两国全面战略伙伴关系，为促进地区和平和全球发展作出更大贡献。两国同舟共济，展现发展中大国责任担当，践行真正的多边主义，统筹安全和发展两大课题，将为推进全球治理提供东方智慧、贡献亚洲力量。

中印尼合作既有强劲生机，也有无限潜能，更有光明未来。沿着两国元首确定的道路坚定前行，携手打造命运共同体，两国将继续走在地区和发展中国家团结合作的前列，为增进两国人民福祉、促进亚太长治久安、助力发展中国家团结协作、维护世界和平稳定繁荣作出更大贡献。

《人民日报》（2022 年 07 月 28 日　第 03 版）

加快构建新时代中非命运共同体

无论国际风云如何变幻，中国致力于加强同非洲国家团结友好的决心不变、行动不减。中非友好经得起考验，扛得住风浪，一定会继续成为南南合作的脊梁、国际关系的典范

近日，中非合作论坛第八届部长级会议成果落实协调人会议成功举行。在国际局势日益复杂多变、全球挑战层出不穷之时，中非双方就全面落实中非合作论坛第八届部长级会议成果、深入推进中非友好合作达成重要共识，展现了加快构建新时代中非命运共同体的坚定决心，发出了加强团结合作、聚焦发展共赢、维护公平正义的时代强音。

去年11月，习近平主席出席中非合作论坛第八届部长级会议开幕式并发表主旨演讲，从造福中非人民、维护发展中国家共同利益出发，以战略眼光和深邃思维，提出构建新时代中非命运共同体，提炼总结"中非友好合作精神"，宣布中非务实合作"九项工程"，为中非关系行稳致远、中非合作提质升级、中非人民世代友好擘画蓝图、凝聚共识。构建新时代中非命运共同体写入《中非合作论坛第八届部长级会议达喀尔宣言》，成为中非友好的一面新旗帜。

半年多来，中非双方保持定力，精诚团结，聚焦合作，会议成果落实进度良好，为中非人民带来实实在在的福祉。双方共同捍卫国际公平正义，成为维护发展中国家正当权益、维护多边主义和国际公平正义的中坚力量；双方共同聚焦发展合作，建成一大批重大项目，有力助推非洲工业化进程；双方共同应对全球粮食危机，中国今年以来已同12个非洲国家就98%输华产品零关税签署换文，首批4个中非现代农业技术交流示范和培训联合中心挂牌成立；双方共同打造抗疫牢固屏障，中国已向27个非洲国家提供1.89亿剂新冠疫苗，在

非洲本地化合作生产年产能达到约 4 亿剂；双方共同致力坚韧可持续发展，扩大太阳能、风能等清洁能源合作，实施应对气候变化南南合作项目；双方共同促进地区和平稳定，中方提出"非洲之角和平发展构想"，支持地区国家举办非洲之角和平会议……非洲国家领导人表示，中国言出必行，积极推进对非合作，非中关系堪称时代典范。

中非合作论坛走过 20 多年发展历程，已成为中非携手实现发展振兴的重要平台，为引领国际对非合作正确方向发挥了积极作用。习近平主席提出全球发展倡议，为加大对全球发展合作的资源投入，宣布将南南合作援助基金整合升级为"全球发展和南南合作基金"，并为此增资。习近平主席提出全球安全倡议，为应对国际安全挑战贡献了中国智慧、提供了中国方案。发展和安全合作是中非合作的重要内容，双方推动落实全球发展倡议和全球安全倡议，必将更好地造福中非人民。中方已启动全球发展项目库建设，明确表示欢迎非洲国家提出项目申请。中方加大对中国—联合国和平发展基金投入，有利于优化联合国在非洲的维稳促和行动。

塞内加尔总统萨勒指出，非中一直以务实和有效的方式携手合作，友谊、团结、信任和尊重是中非合作论坛的力量所在，这种力量应该继续承载对未来非中关系的愿景和抱负，推动构建新时代非中命运共同体。

非洲需要的是平和、友善的合作环境，不是你输我赢的冷战思维。非洲欢迎的是造福百姓的互利合作，不是地缘争夺的大国博弈。中国始终践行真实亲诚理念和正确义利观，与非洲做相互尊重、平等相待、真诚合作的伙伴，坚定支持非洲国家走自己的路，坚定支持非洲各国联合自强。中国推进对非合作完全是从非方需要出发，不谋求势力范围，不搞地缘政治争夺，没有任何私利。中非友好经得起考验，扛得住风浪，一定会继续成为南南合作的脊梁、国际关系的典范。

无论国际风云如何变幻，中方致力于加强同非洲国家团结友好的决心不变、行动不减。中方愿同非方一道，不断擦亮中非合作论坛这一"金字招牌"，引领中非合作向更高质量、更宽领域发展。我们相信，中非合作搞得好，全球发展就有更多的新动能，世界稳定就有更多的正能量，各国人民就有更多的新希望。

《人民日报》（2022 年 08 月 22 日 第 03 版）

始终从战略高度把握中德关系大方向

只要秉持相互尊重、求同存异、交流互鉴、合作共赢原则，中德关系的大方向就不会偏，步子也会走得很稳

11月4日，习近平主席在人民大会堂会见来华正式访问的德国总理朔尔茨。习近平主席强调双方要始终从战略高度把握两国关系大方向，以建设性态度追求最大公约数，以开放心态促进务实合作，强调形势越是复杂困难，中欧就越要坚持相互尊重、互利共赢、对话合作，为新形势下发展中德关系和中欧关系明确了思路。

朔尔茨总理此次访问是中共二十大召开后欧洲领导人首次访华，也是其就任以来首次访华。习近平主席在会见时介绍了中共二十大主要情况，重点阐述了中国式现代化的实质意义。"中国始终以自身发展维护和促进世界和平，中国发展同世界发展相互交融、相互成就。中国将坚定不移推进高水平对外开放，坚持经济全球化正确方向，继续推动建设开放型世界经济，扩大同各国利益的汇合点。"习近平主席阐明新时代新征程上中国与世界的相处之道，充分展现中国继续推进与世界各国合作共赢事业的坚定决心。

今年是中德建交50周年，具有承前启后的重要意义。50载历程表明，只要秉持相互尊重、求同存异、交流互鉴、合作共赢原则，两国关系的大方向就不会偏，步子也会走得很稳。习近平主席高度重视政治互信，强调中德应该相互尊重，照顾彼此核心利益，坚持对话协商，共同抵制阵营对抗、泛意识形态化等因素干扰，强调中国对德政策保持高度稳定性连贯性，希望德方也奉行积极对华政策，实现两国互利共赢。朔尔茨总理表示，德方希望同中方保持沟通协调，更好维护地区和世界的和平与安全，强调世界需要一个多极化的格局，

新兴国家的作用和影响值得重视，德方反对搞阵营对抗，政治家有必要为此负起责任。双方积极互动，加强沟通对话，有利于中德关系长期稳定发展。

过去50年，中德务实合作持续深化，双边贸易规模增长近千倍，服务了两国经济社会发展。正因为此，德国商界对朔尔茨总理此次中国之行充满期待。中共二十大为中国发展描绘了美好蓝图，中国着力推进高质量发展将为中德务实合作开辟更广阔的天地。双方在拓展传统领域合作潜力的同时，激活新能源、人工智能、数字化等新领域合作活力，就能继续做大共同利益的"蛋糕"。当今世界，单边主义、保护主义抬头，个别国家鼓吹"脱钩断链"，沉迷于构筑"小院高墙"，给本就困难重重的世界经济增添了新的风险。朔尔茨总理重申，德方坚定支持贸易自由化，支持经济全球化，反对"脱钩"，愿同中方继续深化经贸合作，支持两国企业相互赴对方开展投资合作。中德同为世界主要经济体，两国共同抵制保护主义，有助于维护全球产业链供应链稳定顺畅，为世界经济复苏增添动能。

发展好中德关系不仅惠及两国，对于中欧关系稳定发展也具有重要意义。当前，世界之变、时代之变、历史之变正以前所未有的方式展开。习近平主席强调，中欧关系关乎全球格局稳定和亚欧大陆繁荣，值得双方努力维护好、发展好。中方始终视欧洲为全面战略伙伴，支持欧盟战略自主，希望欧洲稳定繁荣，坚持中欧关系不针对、不依附、也不受制于第三方。中欧双方应加强在国际事务中的协调合作，共同为应对气候变化、保护生物多样性、促进粮食安全等全球性问题寻找解决方案。当前形势下，国际社会应该共同支持一切致力于和平解决乌克兰危机的努力。中方支持德方、欧方为劝和促谈发挥重要作用，推动构建均衡、有效、可持续的欧洲安全框架。

站在新的历史起点上，中方发展中德关系的初衷不变，同德方加强合作的真诚愿望不变，对中德共同办成更多有意义大事的信心不变。中德双方携手努力，进一步巩固政治互信、深化务实合作，推动中德、中欧关系取得新的发展，一定能为世界和平与发展作出更多贡献。

《人民日报》（2022年11月07日 第03版）

维护世界粮食安全的坚定决心和责任担当

粮食安全是事关人类生存的根本性问题。11月12日，习近平主席向"杂交水稻援外与世界粮食安全"国际论坛发表书面致辞强调，中方愿继续同世界各国一道，坚持命运与共、和衷共济，推进全球发展倡议，加强粮食安全和减贫领域合作，为加快落实联合国2030年可持续发展议程、建设没有饥饿贫困的世界作出更大贡献。中国主张和行动充分彰显中国维护世界粮食安全的坚定决心和责任担当。

粮食安全也是即将举行的G20巴厘岛峰会讨论的重要内容之一。当前，全球粮食安全形势严峻复杂。联合国粮农组织最新发布的《世界粮食安全和营养状况》报告指出，2021年全球饥饿人口达8.28亿，31亿人无力负担健康膳食。不久前，在出席世界粮食日全球活动时，联合国秘书长古特雷斯呼吁国际社会齐心协力保障全球粮食安全，全力应对饥饿和营养不良问题。

中国始终积极致力于维护全球粮食安全。半个世纪前，杂交水稻在中国率先成功研发并大面积推广，既帮助中国实现粮食自给奇迹，也为解决全球粮食短缺作出了重要贡献。自1979年起，杂交水稻技术推广到近70个国家，为各国粮食增产和农业发展作出突出贡献。中方还通过国际培训班为80多个发展中国家培训超过1.4万名杂交水稻专业技术人才。

去年9月，习近平主席郑重提出全球发展倡议，把粮食安全作为重点合作领域之一。今年6月，在全球发展高层对话会上，中方强调将同各方携手推进重点领域合作，动员发展资源，深化全球减贫脱贫合作，提升粮食生产和供应能力。为落实全球发展倡议，中方提出推进"促进粮食生产专项行动"，在数字和创新农业金融、动植物疫病防治、可持续土壤和水资源管理等领域开展合作。中方主办"杂交水稻援外与世界粮食安全"国际论坛，是落实全球发展倡议的具体举措，也是为推动实现联合国 2030 年可持续发展议程和"零饥饿""零贫困"目标贡献力量。

维护全球粮食安全，中国坚持"授人以渔"。中国通过援建农业技术示范中心、粮食仓储和加工等基础设施，提供杂交水稻、菌草等农业技术援助，派遣农业技术专家，开展农业技术人力资源开发合作等方式，全方位提升发展中国家粮食生产、供给和保障能力，从根本上帮助缺粮国家提高粮食供应韧性，促进受援国农业发展，保障全球粮食安全。中国同非洲国家共同实施"九项工程"，通过为非洲援助实施减贫和农业项目、向非洲派遣农业专家等方式，帮助非洲国家发展农业。中国与东盟确定 2023 年为"中国东盟农业发展和粮食安全合作年"，双方将重点深化农业绿色发展、减贫与乡村振兴、数字农业与智慧农业等领域合作。

维护全球粮食安全，中国方案引领全球治理体系变革。中国始终坚定维护和践行真正的多边主义，积极推动全球粮食安全治理体系向更公平合理的方向变革，更好地保障全球粮食安全。从提出国际粮食安全合作倡议、推动粮食减损国际合作，到呼吁各国保持粮食贸易开放、畅通国际粮食产业链供应链，中国携手各方汇聚应对粮食安全挑战的合力，推动增强非洲等发展中国家在涉粮国际组织中的代表性和发言权，支持发展中国家的合理诉求。

解决全球粮食安全问题，国际社会应践行真正的多边主义，采取协调行动，支持联合国发挥中心作用。中国将与各方一道，积极推动落实全球发展倡议，加强粮食安全和减贫领域合作，为维护世界粮食安全作出不懈努力。

《人民日报》(2022 年 11 月 15 日第 02 版)

维护全球气候正义　提振气候治理雄心

气候变化是全人类面临的共同挑战，人类要合作应对。中国将继续同各方一道，积极推动构建公平合理、合作共赢的全球气候治理体系，为应对气候变化贡献中国智慧、中国方案、中国力量

《联合国气候变化框架公约》（以下简称《公约》）第二十七次缔约方大会近日在埃及海滨城市沙姆沙伊赫落下帷幕。大会就《公约》及《京都议定书》《巴黎协定》落实和治理事项通过了数十项决议，其中建立损失与损害基金成为一大亮点，释放出坚持多边主义、团结应对气候变化的积极信号。中方代表团全面深入参与近百项议题磋商，坚定维护发展中国家共同利益，为会议取得一揽子积极成果作出了重要贡献。

此次大会将主题定位为共同落实，体现了推动实现气候正义和雄心的愿望。当前，全球气候变化进程面临严峻挑战，发展中国家是气候变化问题最大的受害者。历史上，发达国家曾长期享受无序碳排放带来的发展红利，人均历史累计碳排放量远超发展中国家。如今，发达国家不仅没有兑现早在2009年就做出的到2020年每年向发展中国家提供1000亿美元气候资金支持的承诺，也没有就适应资金翻倍做出明确的出资安排，这已构成全球应对气候变化的"资金瓶颈"。在此次大会上，发达国家依然没有充分正视自身的历史责任，在向发展中国家提供资金和技术支持等问题上态度消极。美国《外交事务》杂志刊文指出："西方国家必须诚实、认真地履行其发展援助和气候融资承诺。"

应对全球气候变化，中国始终是言行一致的实干家和行动派。从提前超额完成2020年气候行动目标，到制定实现碳达峰、碳中和的时间表和路线图，再到构建落实双碳目标的"1+N"政策体系……中国减排的步伐坚实笃

定。2012 年至 2021 年，中国以年均 3% 的能源消费增速支撑了平均 6.6% 的经济增长，中国单位国内生产总值（GDP）二氧化碳排放下降约 34.4%，单位 GDP 能耗下降 26.4%。2021 年 7 月，全国碳市场正式启动上线交易，年覆盖温室气体排放量 45 亿吨，成为全球最大的碳市场。此次大会期间，中方向《公约》秘书处正式提交了《中国落实国家自主贡献目标进展报告（2022）》，反映了中国落实国家自主贡献目标的最新进展和成果，体现了中国推动绿色低碳发展、积极应对全球气候变化的决心和努力。埃及环境部部长福阿德对中国提出"双碳"目标和付出的巨大努力高度赞赏，认为中国提出绿水青山就是金山银山的理念鼓舞人心。

作为发展中国家和负责任大国，中国一直是应对气候变化南南合作的积极倡导者和务实实践者，始终坚持在发展框架内推进应对气候变化国际合作。在日前举行的二十国集团领导人第十七次峰会第一阶段会议上，习近平主席强调："应对气候变化挑战、向绿色低碳发展转型，必须本着共同但有区别的责任原则，在资金、技术、能力建设等方面为发展中国家提供支持，积极开展绿色金融合作。"截至目前，中国已与 38 个发展中国家签署 45 份气候变化合作文件，实施 3 个低碳示范区建设项目，开展 42 个减缓和适应气候变化项目，累计在华举办 45 期应对气候变化南南合作线下培训班和 7 期线上培训班，为 120 多个发展中国家培训约 2000 名气候变化领域的官员和技术人员。《公约》秘书处执行秘书西蒙·斯蒂尔表示，中国在气候变化领域持续取得实质性进展，在推进全球应对气候变化进程中发挥了重要作用。

地球是个大家庭，人类是个共同体，气候变化是全人类面临的共同挑战，人类要合作应对。中国将继续同各方一道，积极推动构建公平合理、合作共赢的全球气候治理体系，为应对气候变化贡献中国智慧、中国方案、中国力量。

《人民日报》（2022 年 11 月 26 日　第 03 版）

柒

"中国之治"有着坚实的民主基础

"要把人民利益作为出发点和落脚点，不断解决好人民最关心最直接最现实的利益问题，努力让人民过上幸福生活，这才是最大的人权。"

不断为人类进步事业作出更大贡献

中国共产党始终不忘初心、牢记使命，紧紧依靠人民创造历史伟业，将让世界看到更多平凡铸就伟大的中国故事

"大国之大，也有大国之重。千头万绪的事，说到底是千家万户的事。"在二〇二二年新年贺词中，习近平主席深情回顾过去一年中国共产党团结带领中国人民取得的成绩，深刻指出唯有踔厉奋发、笃行不怠，方能不负历史、不负时代、不负人民。习近平主席的话语字字深情、句句铿锵，让世界看到中国共产党践行以人民为中心的发展思想、为人民谋幸福的坚定决心。

"民之所忧，我必念之；民之所盼，我必行之。"过去一年，习近平主席顶风雪、冒酷暑、踏泥泞，先后 10 次深入基层考察调研，每到群众家中，常会问一问，还有什么困难，父老乡亲的话习近平主席都记在心里。一次次的倾心交流，一句句的朴实话语，饱含着人民领袖"我将无我，不负人民"的真挚情怀，映照出百年大党始终保持同人民群众血肉联系的赤子之心。

中国共产党来自人民、植根人民、服务人民。100 年来，中国共产党以人民忧乐为忧乐，以人民甘苦为甘苦，与人民有福同享、有难同当，有盐同咸、无盐同淡，团结带领人民创造历史伟业。"幸福喜悦都写在脸上""民众安居乐业，生活蒸蒸日上"……国际人士通过在中国的亲身经历、亲眼观察，真切体会到中国人民不断增强的获得感、幸福感、安全感，真切感受到 100 年来中国共产党的发展逻辑和胜利密码。

让人民生活幸福是"国之大者"，也是"国之重者"。在革命、建设、改革的不同历史时期，中国共产党始终把人民放在心中最高位置，把人民对美好生活的向往作为奋斗目标。经过一代代接续努力，以前贫困的人们，现在也能吃

饱肚子、穿暖衣裳，有学上、有房住、有医保。中国共产党坚持为人民谋幸福，赢得外国政党政要等的普遍称赞。巴基斯坦正义运动党领导人、国民议会副议长苏里表示，在中国共产党领导下，中国人民彻底摆脱了贫困，在一个人口如此巨大的国家实现了和平、稳定与繁荣，为世界各国树立了发展典范。

全面小康、摆脱贫困是中国共产党给人民的交代，也是对世界的贡献。改革开放以来，中国7.7亿农村贫困人口摆脱贫困，占同期全球减贫人口70%以上，提前10年实现联合国2030年可持续发展议程减贫目标，创造了减贫治理的中国样本，为全球减贫事业作出了重大贡献。联合国秘书长古特雷斯认为，中国减贫是"最美好的故事"。肯尼亚总统肯雅塔表示，中国减贫经验值得其他国家学习。

让大家过上更好生活，不能满足于眼前的成绩，还有很长的路要走。全面建设社会主义现代化国家、向着第二个百年奋斗目标进军的新征程已经开启。新的伟大征程上，中国共产党继续为人民幸福不懈奋斗，不仅团结带领中国人民做大"蛋糕"，也将用心分好"蛋糕"，着力推进全民共享、全面共享、共建共享、渐进共享，坚定不移走全体人民共同富裕道路。埃及共产党总书记阿德利说，中国共产党想人民之所想、为人民办实事，以实际行动带领全体人民奔向共同富裕。英国学者马丁·雅克指出："中国正在以推进共同富裕的方式为解决不平等问题探索出一条应对之道。"

"党的根基在人民、血脉在人民、力量在人民，人民是党执政兴国的最大底气。"从打赢脱贫攻坚战，到全面建成小康社会，再到扎实推进共同富裕，中国共产党始终不忘初心、牢记使命，紧紧依靠人民创造历史伟业，将让世界看到更多平凡铸就伟大的中国故事，不断为人类进步事业作出更大贡献。

《人民日报》（2022年01月03日　第03版）

促进和保护人权是各国的共同事业

在推动本国人权事业取得历史性成就的同时，中国积极参与全球人权治理，为世界人权事业发展作出了中国贡献、提供了中国方案

2月28日，联合国人权理事会第四十九届会议高级别会议开幕。在新冠肺炎疫情仍在全球肆虐、贫困和不平等加剧、全球人权事业发展又面临严峻挑战的当下，如何更有效促进和保护人权，需要各国不断探索前行。中国坚持走顺应时代潮流、适合本国国情的人权发展道路，在推动本国人权事业取得历史性成就的同时，积极参与全球人权治理，为世界人权事业发展作出了中国贡献、提供了中国方案。

尊重和保障人权是中国共产党人的不懈追求。中国共产党的百年奋斗史，贯穿着党团结带领人民为争取人权、尊重人权、保障人权、发展人权而进行的不懈努力。中华民族站起来、富起来、强起来的过程，就是中国人民的生存权、发展权和其他各项基本权利保障不断向前推进的过程。中国全面建成小康社会，历史性地解决了绝对贫困问题，为人权事业发展打下了更为坚实的物质基础。中国坚持人民至上、生命至上，有力应对新冠肺炎疫情，最大限度保护了人民生命安全和身体健康。中国是世界上唯一持续制定和实施四期国家人权行动计划的主要大国。国际社会日益清晰地看到，中国是保护和促进人权的真正践行者。

人权是历史的、具体的、现实的，不能脱离不同国家的社会政治条件和历史文化传统空谈人权。中国人权事业之所以取得历史性成就，关键在于坚持中国共产党领导，坚持尊重人民主体地位，坚持从中国实际出发，坚持以生存权、发展权为首要的基本人权，坚持依法保障人权，坚持积极参与全球人权治理。

这些是中国人权发展的主要特征，也是在推进中国人权事业实践中取得的宝贵经验。2017 年 6 月以来，联合国人权理事会 3 次通过中国提交的"发展对享有所有人权的贡献"决议，充分说明中国人权事业发展经验得到国际社会的广泛认可。

没有发展，一切人权都无从谈起，也难以持续。发展权利是联合国《发展权利宣言》确认的一项不可剥夺的人权。推动全球人权治理，中国致力于做共同发展的积极贡献者。中国认为，世界长期发展不可能建立在一批国家越来越富裕、另一批国家长期贫穷落后的基础之上。只有各国共同发展了，世界才能更好发展。首倡并推动共建"一带一路"，致力于加强国际发展合作，帮助各国共享发展成果；积极开展南南合作，力所能及向其他发展中国家提供不附加任何政治条件的援助，支持和帮助广大发展中国家特别是最不发达国家消除贫困；提出全球发展倡议，推动加快落实联合国 2030 年可持续发展议程……中国为促进世界人权事业发展不断贡献中国智慧、提供中国方案。

评价一个国家是否有人权，不能以别的国家标准来衡量，更不能搞双重标准，甚至把人权当作干涉别国内政的政治工具。推动全球人权治理，中国致力于做公平正义的坚定维护者。中国坚定不移推动国际关系民主化和法治化，践行真正的多边主义，推动全球人权治理朝着更加公平公正合理包容的方向发展。中国愿意在平等和相互尊重的基础上同各国开展国际人权交流合作，但绝不接受"人权教师爷"，坚决反对打着人权的幌子搞集团对抗。中国联合广大发展中国家在联合国人权理事会发出响亮的正义声音，坚决反对美西方借人权问题干涉别国内政，对于推动世界人权事业健康发展具有重要意义。

实现人权是人类的共同目标，促进和保护人权是各国的共同事业。中国愿同各方一道，弘扬和平、发展、公平、正义、民主、自由的全人类共同价值，共同促进世界人权事业健康发展，推动构建人类命运共同体。

《人民日报》(2022 年 03 月 02 日　第 03 版)

"中国之治"有着坚实的民主基础

  今年的全国两会，为世界感知中国式民主的实践、读懂中国式民主的真谛，提供了一次重要契机。代表委员积极履职尽责，民声民意凝聚成国家治理的共识，让国际社会充分感受到中国式民主是广泛真实管用的民主，"中国之治"有着坚实的民主基础。

  民主，起始于人民意愿的充分表达。今年的《政府工作报告》起草从多个渠道征求和听取了几千条意见建议，其中汇总精选有代表性的网民建言1100多条，重点意见得到了吸收。广大网民踊跃参与"我给全国两会捎句话"建言征集活动，积极建言献策，闪耀着人民智慧的各类建议直达全国两会。今年，全新优化升级的"2022·代表/委员对政府工作留言"小程序正式上线，代表委员的留言经过分类整理、梳理汇总，将及时转有关部门办理回应。透过两会窗口，世界看到中国人民参与民主的意愿不断增强，参与的广度和深度不断拓展，参与的形式和渠道不断增多。在中国生活20多年的美国作家马意骏指出，中国创新网络议政、远程协商等各种方式，人民积极表达诉求，有序参与社会管理，为民主注入了更多活力。

  民主，落实于人民意愿的有效实现。今年全国两会前夕，国务院新闻办表示，2021年国务院部门共办理两会期间代表建议8666件、委员提案5718件，分别占建议、提案总数的96.4%和93.4%，已全部按时办结。国务院各部门认真研究代表委员的意见建议，共采纳代表委员所提意见建议4300多条，出台相关政策措施1600多项。这些详实的数据充分说明，在中国，人民的期盼、希望和诉求，从国家大政方针，到社会治理，再到百姓衣食住行，有地方说、说了有人听、听了有反馈。南非姆贝基非洲领导力研究所高级研究员谭哲理指出："在中国，人民的利益始终被放在最高位置，民主体现在各个环节。中国的民主制度保障了人民需求和关切得到及时有效回应。"

一段时间以来，国际社会围绕民主有效性的讨论增多。人们看到，在一些国家，民主实践趋于"口号化""形式化"。人民只有在投票时被唤醒、投票后就进入休眠期，只有竞选时聆听天花乱坠的口号、竞选后就毫无发言权，只有拉票时受宠、选举后就被冷落。中国始终认为，民主不是装饰品，不是用来做摆设的，而是要用来解决人民需要解决的问题的。人民意愿只能表达、不能实现，不是真正意义的民主。中国的民主是人民民主，人民当家作主是中国民主的本质和核心。中国发展全过程人民民主使国家政治生活和社会生活各环节、各方面都体现人民意愿、听到人民声音。全过程人民民主是人民当家作主的生动实践和必由之路。

中国式民主是广泛真实管用的民主，人民利益要求既能畅通表达，也能有效实现。中国人民既是民主的参与者，也是民主的受益者。近年来，中国取得抗击新冠肺炎疫情重大战略成果，历史性地解决绝对贫困问题，全面建成小康社会，化解一系列重大风险，开启全面建设社会主义现代化国家新征程，向着全体人民共同富裕迈进。这一系列成就的取得，与中国式民主所激发的人民伟力密不可分。埃及著名法学家舒基·赛义德指出，中国所取得的巨大发展成就已经证明，中国的全过程人民民主合理有效，推动了国家的发展进步，激发了人民的创造活力。

中国民主的高质量，促进了国家治理的高效能，提升了国家治理体系和治理能力现代化水平。中国基于本国国情发展全过程人民民主，既推动了中国的发展与中华民族的复兴，也丰富了人类政治文明形态。瞩目未来，中国式民主必将进一步展现生机活力，为人类文明进步作出更大贡献。

《人民日报》(2022年03月14日　第02版)

实现科技与人权的良性互动

中国积极推进科技创新与人权保障平衡发展，为促进世界人权事业发展、推进全球人权治理作出重要贡献

5月10日，以"科技与人权"为主题的"2022·中欧人权研讨会"在中国武汉和奥地利维也纳两个主会场举行。与会代表围绕"科技发展对人权的贡献""科技与发展权""数字技术与人权"等议题交流思想、增进理解、凝聚共识。与会代表认为，尊重和保障科技时代的人权已成为人权事业发展的新趋势和新特点。中国积极推进科技创新与人权保障平衡发展，为促进世界人权事业发展、推进全球人权治理作出重要贡献。

呵护人的生命、价值和尊严，实现人人享有人权，是人类社会的共同追求。人类社会发展的历史表明，科技能够为促进人权事业提供强大动力。在抗击新冠肺炎疫情过程中，中国坚持人民至上、生命至上，坚持科学技术是人类同疾病较量最有力的武器。从快速分离出病毒毒株，到加快疫苗研发和药物诊疗，再到大数据、人工智能等新技术广泛应用于疫情防控中，中国科技的"硬核"力量，不仅为保障中国人民的生命权和健康权提供有力支撑，而且为国际社会战胜疫情提供了有力支持。中国向120多个国家和国际组织提供超过22亿剂疫苗，同多个发展中国家合作生产并灌装疫苗，中国科技为弥合全球免疫鸿沟、守护人类生命健康、促进世界人权事业发展注入正能量。

发展权利是一项不可剥夺的人权。当今世界，百年变局和世纪疫情交织叠加，全球发展进程遭受严重冲击，全球发展的不平等问题更加突出，发展权遭遇严峻挑战。中国提出全球发展倡议，致力于同各国一道加快落实联合国2030年可持续发展议程，是中国为促进国际人权事业贡献的重要公共产品，

已获得联合国和100多个国家响应支持。中国在数十个国家和地区推广种植杂交水稻，在100多个国家和地区推广菌草项目，这些都是中国科技助力全球共同发展的生动实践，都是中国坚持以人民为中心的发展思想，在实现自身发展的同时促进全球共同发展，在更高水平上增进各国人民福祉、促进世界人权事业进步的生动例证。

当前，新一轮科技革命和产业变革给人类社会带来深刻影响。科学技术在改善人民生活、提升人权保障的同时，也带来了隐私权保护、算法歧视、数字鸿沟等人权问题，实现科技与人权的良性互动是促进人权发展的题中应有之义。作为世界上唯一持续制定和实施四期国家人权行动计划的主要大国，《国家人权行动计划（2021—2025年）》开创性地将个人信息权益保障放在突出位置，体现了中国回应时代所需、促进人权进步的务实之举；作为数字技术处于领先地位的国家，中国提出《全球数据安全倡议》，正式申请加入《数字经济伙伴关系协定》，引导数字领域技术标准和人权规则朝着更加开放包容、公平公正的方向发展，彰显了中国积极参与全球人权治理的行动和担当。

正如出席"2022·中欧人权研讨会"的奥地利前总统海因茨·菲舍尔所言，互联网、大数据和人工智能改变了我们的生活，也在人权保护领域带来了新挑战和机遇。加强各国之间的交流沟通，将为推进全球人权事业带来更多的理解和合作。各国应积极开展科技领域国际合作，努力让科技为促进世界人权事业健康发展、推动构建人类命运共同体作出更大贡献。

《人民日报》（2022年05月13日　第02版）

坚定不移走中国人权发展道路

中国人权事业取得巨大进步，离不开科学人权理念的引领。以人民为中心，奉行人民至上，坚持人民主体地位，是中国共产党的核心人权理念

近来举行的"中国这十年"系列主题新闻发布会，聚焦党的十八大以来中国发展实现的历史性跨越，也是观察中国人权事业进步的重要窗口。从政法改革、法律体系完善，到经济社会发展、生态文明建设等，中国各领域发展不断取得新成就，标记着中国人权事业的不断进步。这些充分说明，在中国共产党的领导下，中国坚持以人民为中心，把人民利益放在首位，以发展促进人权，推进全过程人民民主，促进了人的自由全面发展。中国的人权发展道路顺应时代潮流、适合本国国情，是一条成功的人权发展道路。

尊重和保障人权是中国共产党人的不懈追求。党的十八大以来，以习近平同志为核心的党中央坚持把尊重和保障人权作为治国理政的一项重要工作，推动中国人权事业取得历史性成就。中国组织实施人类历史上规模最大、力度最强的脱贫攻坚战，历史性地解决了困扰中华民族几千年的绝对贫困问题，为人权事业发展打下了更为坚实的物质基础。中国不断发展全过程人民民主，推进人权法治保障，坚决维护社会公平正义，人民享有更加广泛、更加充分、更加全面的民主权利。中国建成世界上规模最大的教育体系、社会保障体系和医疗卫生体系，基本养老保险参保人数达 10.3 亿，基本医疗保险参保人数增加到 13.6 亿，人均预期寿命由 75.4 岁提高到了 77.9 岁，中等收入群体的比重由 1/4 左右上升到了 1/3 左右。中国人民生活水平和质量不断提高，正是中国人权事业进步的生动体现。

中国人权事业取得巨大进步，离不开科学人权理念的引领。以人民为中心，

奉行人民至上，坚持人民主体地位，是中国共产党的核心人权理念。人民性是中国人权发展道路最显著的特征。中国坚持保障人民民主权利，充分激发广大人民群众积极性、主动性、创造性，让人民成为人权事业发展的主要参与者、促进者、受益者，切实推动人的全面发展，全体人民共同富裕取得更为明显的实质性进展。"中国将人的发展置于核心位置，我们应该借鉴这一经验，一起前进，一起发展""14 亿多中国人的获得感、幸福感、安全感不断增强，中国的做法为其他国家推进人权事业提供了宝贵经验"……许多长期观察中国人权事业的国际人士称赞中国以人民为中心的人权理念。

中国是世界上最大的发展中国家，发展是解决中国所有问题的总钥匙，也是推动中国人权事业进步的发力点。习近平总书记指出，生存是享有一切人权的基础，人民幸福生活是最大的人权。中国坚持从国情出发，创造性地提出"生存权、发展权是首要的基本人权"的人权观，成为推动中国人权事业不断发展进步的重要密码。根据联合国开发计划署发布的"人类发展报告"，中国的人类发展指数从 1990 年的 0.499 增长到 2019 年的 0.761，是自 1990 年联合国开发计划署在全球首次测算人类发展指数以来，唯一从低人类发展水平组跨越到高人类发展水平组的国家。联合国人权理事会先后 3 次通过中国提交的"发展对享有所有人权的贡献"决议，中国"以发展促进人权"的理念获得了国际社会广泛认可和支持。

中国人权事业取得历史性成就充分说明，尊重和保障人权必须要在坚持人权的普遍性原则基础上，走符合本国国情的人权发展道路。人权是历史的、具体的、现实的，不能脱离不同国家的社会政治条件和历史文化传统空谈人权。评价一个国家是否有人权，不能以别的国家标准来衡量，更不能搞双重标准，甚至把人权当作干涉别国内政的政治工具。

人权保障没有最好，只有更好。中国已经开启全面建设社会主义现代化国家新征程，这也是中国人权事业发展的新起点。中国将继续坚持以人民为中心，坚定不移走中国人权发展道路，更加重视尊重和保障人权，不断推动中国人权事业进步，为世界人权事业发展作出更大贡献。

《人民日报》（2022 年 05 月 19 日　第 02 版）

新疆最成功的人权故事

新疆各族人民平等享有稳定、安全、发展和进步，享受着前所未有、实实在在的幸福生活

在日前的第十二个"中国旅游日"中，新疆各地举办形式多样、内容丰富的主题活动，合力叫响"新疆是个好地方"品牌。新疆旅游业展现出强劲活力，在经济社会发展中的引领作用不断凸显，从一个侧面展现出新疆人权事业的进步。

人人充分享有人权是人类社会的伟大梦想，也是包括新疆各族人民在内的全体中国人民长期追求、不懈奋斗的共同目标。新中国成立70多年来，新疆的人权事业蓬勃发展，取得了历史性成就。特别是党的十八大以来，中国共产党和中国政府不断丰富和发展治疆方略，坚持依法治疆、团结稳疆、文化润疆、富民兴疆、长期建疆，坚持以保障和改善民生为重点，大力发展各项事业，共享改革发展成果，切实保障各族人民平等参与、平等发展权利，新疆人权事业不断得到新的发展。

新疆各族人民平等享有稳定、安全、发展和进步，享受着前所未有、实实在在的幸福生活，这是新疆最成功的人权故事。新疆维吾尔自治区成立60多年来，新疆地区经济总量增长160倍，人均地区生产总值增长30倍，维吾尔族人口总量从220万增长到约1200万，人均预期寿命从30岁提高到74.7岁。新疆地区平均每530名穆斯林就拥有一座清真寺，这一比例比很多西方国家和伊斯兰国家都要高。2018年12月以来，来自100多个国家和地区的2000多名各界人士参访新疆，见证了新疆社会安宁、经济繁荣、民族和谐的发展成就。曾多次到访新疆并完成多本关于新疆专著的法国中国问题专家索尼娅·布雷斯莱指出，正是由于中国政府的民族政策和治疆方略，新疆这样一个地域辽阔、民族众多的地区实现了巨大的经济发展，当地人民的生活条件不断改善，幸福感不断增强。

发展权是一项不可剥夺的基本人权。由于自然和历史的原因，新疆曾经是中国脱贫攻坚的主战场和重点地区之一。经过艰苦卓绝的努力，新疆2020年底成功攻克深度贫困堡垒，打赢精准脱贫攻坚战，现行标准下306.49万农村贫困人口全部脱贫，3666个贫困村全部退出，35个贫困县全部摘帽，绝对贫困问题得到历史性解决。天山南北，新疆各族人民摆脱贫困、勤劳致富，获得感、幸福感、安全感持续增强，这是最好的人权实践。多国人士积极评价新疆人权保障成就，赞赏中国坚持以人民为中心的发展思想，通过发展促进人权，取得巨大的人权成就，也为国际人权事业作出了贡献。

社会安定是实现人权的重要保障。新疆地区曾深受民族分裂势力、宗教极端势力、暴力恐怖势力的叠加影响，恐怖袭击事件频繁发生，对各族人民生命财产安全造成极大危害，严重威胁新疆各族人民的生命权、健康权、发展权等基本人权。面对恐怖主义暴行，中国依法开展反恐怖主义和去极端化斗争，最大限度地保障了广大人民群众的基本人权。2016年底以来，新疆已连续5年多未发生暴力恐怖案（事）件，极端主义渗透得到有效遏制，各族人民生命权得到充分保障。凡是参访过新疆、并秉持公正客观态度的国际人士都公认，中国新疆的反恐和去极端化经验值得国际社会学习借鉴。

美西方一些政客无视新疆人权事业取得的巨大成就，炮制和传播涉疆谎言，抹黑中国治疆政策，歪曲新疆人权状况，滥用单边制裁。这种颠倒黑白的错误行径，是将人权问题政治化、工具化，是对全球人权事业的亵渎和侵犯。许多国家的学者、媒体等纷纷发表文章讲述真实的新疆故事，指出美西方一些政客炮制涉疆谎言，其根本目的是为了打压遏制中国，破坏新疆民族团结和稳定发展。在去年召开的三届联合国人权理事会和第七十六届联大第三委员会会议上，近百个国家的代表以共同发言、单独发言、致函等方式，支持中国在涉疆问题上的正当立场。这些正义声音充分说明公道自在人心。

今天的新疆正处于历史上最好的发展时期，新疆的人权事业正不断取得新的成就。展望未来，在全面建设社会主义现代化国家的新征程中，包括2500多万新疆各族人民在内的中国人民必将在团结奋进中迎来更加美好的未来，共同谱写中国人权事业新篇章，共同促进全球人权事业健康发展。

《人民日报》（2022年05月22日　第03版）

共同推进国际人权事业，造福各国人民

中国将始终高举人权旗帜，做人权保障事业的倡导者、践行者和推动者

5月25日，习近平主席在北京以视频方式会见联合国人权事务高级专员巴切莱特，结合中国历史和文化，深入阐述事关中国人权事业发展的重大问题，表明中国党和政府致力于全方位维护和保障人权的原则立场。中方克服疫情困难接待联合国人权高专访华，充分展现了中方愿意在平等和相互尊重基础上，同各方积极开展人权对话和合作，扩大共识、减少分歧、相互借鉴、共同进步，共同推进国际人权事业，造福各国人民的鲜明立场。

为中国人民谋幸福、为中华民族谋复兴是中国共产党的初心使命，尊重和保障人权是中国共产党人的不懈追求。经过长期艰苦奋斗，中国成功走出了一条顺应时代潮流、适合本国国情的人权发展道路，中国人民的人权得到前所未有的保障。作为联合国安理会常任理事国和负责任大国，中国始终遵循联合国宪章和《世界人权宣言》精神，积极参与全球人权治理，认真履行国际人权义务。中国先后批准或加入28项国际人权文书，包括6项联合国核心人权条约；成功参与3次联合国人权理事会国别人权审议，被称为"履约典范"；中国五度担任人权理事会成员，是当选次数最多的国家之一……这些事实和成就既是对中国人权事业成就的肯定，也展现了中国积极开展人权对话和合作的诚意。

习近平主席指出，当前，最重要的是做好四件事。一是坚持以人民为中心。二是尊重各国人权发展道路。三是统筹兼顾各类人权。四是加强全球人权治理。这四件事既是中国人权事业发展进步的经验，也是推动国际人权事业发展需要格外注意的问题。"一国人权状况好不好，关键看本国人民利益是否得到维护，人民的获得感、幸福感、安全感是否得到增强，这是检验一国人权状况的最重要标准""人权是历史的、具体的、现实的，各国国情不同，历史文化、社会制度、经济社会发展水平存在差异，必须也只能从本国实际和人民需求出发，探索适合自己的人权发展道路""人权内涵是全面的、丰富的，必须综合施策，系统推进""促进和保护人权是全人类的事业，需要大家共同努力"……习近平主席阐述的重要主张，为加强国际人权交流合作、推动完善全球人权治理进一步指明方向。

各国的人权发展道路不同，对人权内涵的理解也不尽相同，但促进和保护人权、推动国际人权事业发展进步应是共同目标。中国长期以来一直积极开展人权对话和合作，为国际人权事业发展贡献力量。中国积极拓展与联合国人权高专办交流与合作，与人权理事会特别机制开展合作，并与美国、英国以及欧盟等进行人权对话和交流，与俄罗斯、埃及以及非盟等开展人权磋商。中国还通过社会组织"走出去"和"请进来"等形式，促进相互理解，增进彼此互信，充实人权内涵，增进人权共识。在联合国人权理事会等多边场合，中国与国际社会分享人权事业发展的经验，推动将构建人类命运共同体、发展促进人权、在人权领域促进合作共赢等重要理念写入决议，丰富了国际人权话语体系。

在人权问题上不存在十全十美的"理想国"，不需要对别国颐指气使的"教师爷"，更不能把人权问题政治化、工具化，搞双重标准，以人权为借口干涉别国内政。个别西方国家长期以"人权教师爷"自居，对他国人权状况指手画脚，却对本国存在的严重人权问题视而不见，这是典型的双重标准和霸权行径。中国依法行使权利，敢于仗义执言，多次代表观点相近国家在联合国人权理事会上作共同发言，讲述真实的中国人权故事，揭露少数西方国家侵犯人权问题，不仅坚定捍卫了国际公平正义，维护了发展中国家主权和尊严，也有力推动了国际人权交流合作和全球人权治理健康有序发展。

人权保障没有最好，只有更好。作为国际社会重要一员，中国将始终高举人权旗帜，做人权保障事业的倡导者、践行者和推动者。中国将坚定弘扬全人类共同价值，坚持平等互信、包容互鉴、合作共赢、共同发展的理念，推动全球人权治理朝着更加公平公正合理包容的方向发展。

《人民日报》(2022年05月26日　第03版)

为国际人权事业进步贡献智慧和力量

当代中国为国际人权事业发展作出了重要贡献，世界越了解中国取得的非凡成就，就越希望本国民众的人权状况得到同样规模的改善

"促进和保护人权是全人类的事业，需要大家共同努力。"习近平主席近日在北京以视频方式会见联合国人权事务高级专员巴切莱特时表示。长期以来，中国在本国人权事业取得历史性成就、为国际人权事业发展提供重要经验的同时，积极推动全球人权治理，为国际人权事业进步贡献智慧和力量。

中国共产党和中国政府始终致力于全方位维护和保障人权。中国奉行以人民为中心的人权理念，人民性是中国人权发展道路最显著的特征。无论是全面建成小康社会，历史性地解决绝对贫困问题，还是坚持人民至上、生命至上，有力应对新冠肺炎疫情，最大限度保护人民生命安全和身体健康，中国始终把人民利益作为出发点和落脚点，不断解决好人民最关心最直接最现实的利益问题，努力让人民过上幸福生活。14亿多中国人民的人权得到前所未有的保障，这本身就是对国际人权事业进步作出的巨大贡献。英国伦敦经济与商业政策署前署长罗思义指出，当代中国为国际人权事业发展作出了重要贡献，世界越了解中国取得的非凡成就，就越希望本国民众的人权状况得到同样规模的改善。

走适合自己的人权发展道路，是国际人权事业健康发展的重要基础。中国坚持将人权普遍性原则同中国实际相结合，走出了一条顺应时代潮流、适合本国国情的人权发展道路，丰富发展了人类人权文明多样性。中国坚持把生存权、发展权作为首要的基本人权，为各国特别是广大发展中国家人权事业发展提供了重要经验。近年来，联合国人权理事会决议写入"构建人类命运共同体"，联合国人权理事会多次通过中国提出的"发展对享有所有人权的贡献""在人权领域促进合作共赢"等决议，中国多次代表发展中国家就"落实发展权""减贫促人权""促进全球疫苗公平分配"等作共同发言，为维护广大发展中国家的基本人权贡献力量，赢得国际社会广泛赞同和支持。巴基斯坦伊斯兰堡国际事务委员会负责人赛义德·乔杜里认为，中国积极参与全球人权治理，为国际人权事业发展提供了中国方案。

促进国际人权事业发展，中国是倡导者，更是行动派。面对各国人民对美好生活的向往，中国携手共建国家高质量共建"一带一路"。世界银行发布的研究报告显示，"一带一路"倡议全面实施可使 3200 万人摆脱日均生活费低于 3.2 美元的中度贫困状态，充分表明共建"一带一路"将有力提升更多国家的人权保障水平。面对世纪疫情，中国实施了新中国成立以来规模最大的全球人道主义行动，积极推动共建人类卫生健康共同体，为守护各国人民生命健康贡献了重要力量。面对全球发展赤字，中国提出全球发展倡议，将增进人民福祉、实现人的全面发展作为出发点和落脚点，已获得 100 多个国家和联合国等多个国际组织响应支持。倡议为推动各国加快落实联合国 2030 年可持续发展议程凝聚起广泛国际共识，有助于增强协同发展的国际合力，为国际人权事业发展提供坚强保障。

人人充分享有人权，是人类社会的伟大梦想。中国将与国际社会一道，弘扬全人类共同价值，践行真正的多边主义，坚持平等互信、包容互鉴、合作共赢、共同发展的理念，推动全球人权治理朝着更加公平公正合理包容的方向发展，共同促进国际人权事业发展进步。

《人民日报》（2022 年 05 月 29 日　第 03 版）

为人类进步事业作出新的更大贡献

世界瞩目中共二十大，进一步认识到中国发展是属于全人类进步的伟大事业，进一步增强对中国全面建设社会主义现代化国家的信心，进一步感受到中国推动构建人类命运共同体的坚定决心

"中共二十大不仅对中国意义重大，也将对世界产生重要影响""中国式现代化将给各国提供重要启示和借鉴""中共二十大报告强调推动构建人类命运共同体，这对世界来说非常重要"……中国共产党第二十次全国代表大会举世瞩目。国际社会持续深入解读习近平总书记代表第十九届中央委员会向大会作的报告，从中把握中国继续逐梦前行、与各国合作共赢的光明前景，认为中共二十大不仅为中国发展提供重要政治指引，将推动中国实现更大发展与繁荣，也为中国人民同世界人民携手开创人类更加美好的未来擘画了新蓝图、注入了新动力。

世界瞩目中共二十大，进一步认识到中国发展是属于全人类进步的伟大事业。新时代十年，党和国家事业取得历史性成就、发生历史性变革。中国共产党和中国人民书写的成功故事，对世界具有深远影响。"中国共产党以负责任的态度领导国家实现持续发展，展现了政治远见和政治智慧""中国特色社会主义和中国的治理体系已成为为人民谋幸福的成功典范""实践表明，中国共产党开创的事业造福的不只是本国人民，还有全世界"……国际社会从不同角度解读新时代的中国取得的伟大成就，探寻中国经验对各国克服发展挑战、实现振兴梦想的借鉴意义。俄罗斯国际事务理事会网站文章指出，中国经济奇迹为那些仍在寻找自身发展道路的国家提供了经验和榜样。

世界瞩目中共二十大，进一步增强对中国全面建设社会主义现代化国家的

信心。今日之中国，不仅是中国之中国，而且是世界之中国。党的二十大报告科学谋划未来5年乃至更长时期党和国家事业发展的目标任务和大政方针，明确提出以中国式现代化全面推进中华民族伟大复兴。"中共二十大作出的决定将为中国下一阶段发展提供一个清晰的愿景""相信中国共产党将继续带领中国沿着为中国人民谋幸福、为中华民族谋复兴的道路不断前行""面向未来，中国有信心创造新的更大奇迹"……国际社会展望中国发展进步的美好前景，相信朝着全面建设社会主义现代化国家目标砥砺前进的中国，将为变乱交织的世界增添稳定性和确定性，为中国同各国互利合作开辟更广阔空间。

世界瞩目中共二十大，进一步感受到中国推动构建人类命运共同体的坚定决心。当前，世界之变、时代之变、历史之变正以前所未有的方式展开。世界又一次站在历史的十字路口，何去何从取决于各国人民的抉择。习近平总书记指出，只要共行天下大道，各国就能够和睦相处、合作共赢，携手创造世界的美好未来。中国始终坚持维护世界和平、促进共同发展的外交政策宗旨，致力于推动构建人类命运共同体，充分展现了中国共产党的博大胸怀和使命担当。"中共二十大将引领中国继续致力于维护世界和平，推动构建更加公正的国际秩序，团结人类进步力量共同应对贫富差距、气候变化等重大问题""中国共产党必将带领中国迈向另一个里程碑，继续为世界和平、进步和繁荣作出更大的贡献""构建人类命运共同体是让中国梦惠及全世界的更大愿景"……国际社会普遍期待在中国共产党的领导下，中国为人类和平与发展的崇高事业贡献更多智慧和力量。

中国共产党是为中国人民谋幸福的政党，也是为人类进步事业而奋斗的政党。新时代新征程上，中国共产党人将不断拓展世界眼光，深刻洞察人类发展进步潮流，积极回应各国人民普遍关切，为解决人类面临的共同问题作出贡献，以海纳百川的宽阔胸襟借鉴吸收人类一切优秀文明成果，推动建设更加美好的世界。中华民族伟大复兴号巨轮乘风破浪、扬帆远航，必将为人类进步事业作出新的更大贡献。

《人民日报》（2022年10月24日　第06版）

后　记
读懂中国、读懂中国共产党的重要窗口

"和音"是人民日报重要国际评论品牌。

2019 年 11 月开栏至今，"和音"聚焦中国内政外交，解读习近平新时代中国特色社会主义思想特别是习近平外交思想，阐释中国理念、中国实践、中国智慧、中国方案，展现新时代中国回答世界之问、历史之问、时代之问的大国担当，成为读懂中国、读懂中国共产党的重要窗口。

2022 年是党和国家历史上极为重要的一年。党的二十大描绘了以中国式现代化全面推进中华民族伟大复兴的宏伟蓝图，开启了充满光荣和梦想的新的远征。中国始终把自身命运同各国人民的命运紧紧联系在一起，努力以中国式现代化新成就为世界发展提供新机遇，为人类文明发展进步贡献中国智慧，为共同应对各种全球性挑战提供中国方案。本书收录 2022 年的 115 篇"和音"评论，勾勒出世界百年未有之大变局下，中国坚定不移朝着强国建设、民族复兴的宏伟目标奋勇前进，中国特色大国外交迎难而上、勇毅前行的辉煌篇章。

"和音"唱响维护和平安全之音，展现了中国担当作为的大国形象。和平是人民的永恒期望。但随着乌克兰危机外溢效应不断蔓延，国际关系中的紧张因素增多，传统与非传统安全问题交织，世界和平与安全面临新的挑战。2022 年 4 月，习近平主席以视频方式出席博鳌亚洲论坛 2022 年年会开幕式并发表主旨演讲，深刻剖析当今世界面临的安全挑战，从人类前途命运出发郑重提出全球安全倡议。"和音"紧紧围绕倡议"六个坚持"的核心要义，突出全球安全倡议秉持真正的多边主义，着眼后疫情时代全球发展和安全治理的理论意义与实践价值，生动体现中国引领世界共同开辟迈向持久和平和普遍安全的康庄大道的格局与担当。

"和音"唱响促进发展繁荣之音，展现了中国开放包容的宽广胸襟。环顾世界，全球发展进程遭受严重冲击，南北差距、复苏分化、发展断层、技术鸿沟等问题更加突出。在全球发展事业的关键当口，更要攥紧发展这把钥匙。中国携手各方高质量共建"一带一路"、推动落实全球发展倡议，不断凝聚促进发展的国际共识、营造有利于发展的国际环境、培育全球发展新动能、构建全球发展伙伴关系，让发展成果更多更公平惠及每一个国家、每一个人。"种植中国杂交水稻的莫桑比克农民喜获丰收，出产的大米被当地人命名为'好味道'""老挝人民的铁路梦成为现实，柬埔寨进入'高速公路时代'，马尔代夫有了跨海大桥，白俄罗斯有了自己的轿车制造业，非洲有了电气化铁路和轻轨""巴布亚新几内亚独立大道、瓦努阿图塔纳岛和马勒库拉岛公路、斐济纳乌瓦医院等一大批惠民生合作项目，极大改善了当地发展状况"……"和音"讲述的生动故事，从小切口反映"天下一家"的大主题，充分彰显中国坚持以人民之心为心、以天下之利为利，始终不渝做全球发展的贡献者的形象。

"和音"唱响推动团结合作之音，展现了中国自信阳光的鲜明风范。历史规律清晰昭示了一条颠扑不破的真理：和平、发展、合作、共赢是人类共同的事业，唯有同舟共济、团结合作，让团结代替分裂、合作代替对抗、包容代替排他，方能共同破解"世界怎么了、我们怎么办"的时代课题，共渡难关，共创未来。无论是"打造发展中大国互利共赢的典范"，还是"携手开创人类更加美好的未来"；无论是"在合作中积累的宝贵经验和共同财富"，还是"深化金砖合作，让进步的力量越聚越强"；无论是"共同推进人类和平与发展的崇高事业"，还是"为世界和平进步作出中欧应有贡献"……"团结合作"贯穿"和音"评论主题，是中国团结各方应对共同挑战的真实写照，传递出中国一如既往推动和平与发展、深化互利共赢的积极信号。

"和音"唱响共创美好未来之音，展现了中国立己达人的天下情怀。从全局和长远看，国际力量对比"东治西乱""南升北降"是大局大势，世界多极化、国际关系民主化是大局大势，经济全球化、贸易和投资自由化便利化是大局大势，共同安全、综合安全、合作安全、可持续安全是大局大势，不同文明包容互鉴、共存共荣是大局大势，保护地球家园、迈向绿色低碳可持续发展是大局大势。"和音"评论生动展现了中国始终把自身发展置于人类发展的坐标系中，始终把中国人民利益同各国人民共同利益结合起来，不断扩大同各国的互利合作，实现共同发展繁荣的恢弘图景。在共创美好未来的道路上，中国将与一切爱好和平、渴望发展的国家一道，高举构建人类命运共同体旗帜，大力弘扬全人类共同价值，为建设更加美好的世界汇聚更大力量、采取更多行动。

潮流浩荡开胜景，扬帆破浪正当时。今天，中华民族迎来了从站起来、富起来到强起来的伟大飞跃，中华民族伟大复兴进入了不可逆转的历史进程。"和音"将紧跟时代步伐和国际大势，以更多言中国主张、融世界心声的评论，帮助读者更好理解解答时代之问的中国方案，更好认识促进和平发展的中国贡献。

本书编辑组
2023 年 10 月于北京